D'UN MONDE À L'AUTRE

Nicolas Hulot a été animateur et producteur de l'émission *Ushuaïa* et est le fondateur de la Fondation Nicolas Hulot pour la Nature et l'Homme. Engagé depuis trente ans dans la protection de l'environnement, il fut ministre d'État de la Transition écologique et solidaire de mai 2017 à août 2018. Il a également publié de nombreux ouvrages, notamment *Le Syndrome du Titanic*, *Graines de possibles*, *Pour un pacte écologique* avec Pierre Rabhi et *Plus haut que mes rêves*.

Frédéric Lenoir est philosophe et sociologue. Il mène depuis plusieurs années une réflexion sur la sagesse et l'art de vivre. Il est l'auteur de nombreux livres – essais et romans –, traduits dans une vingtaine de langues. Ses récents ouvrages, *Du bonheur, un voyage philosophique*, *La Puissance de la joie* et *Le Miracle Spinoza* ont été en tête des listes de best-sellers.

*Nicolas Hulot
au Livre de Poche :*

GRAINES DE POSSIBLE
(avec Pierre Rabhi)

LE SYNDROME DU TITANIC

*Frédéric Lenoir
au Livre de Poche :*

DU BONHEUR, UN VOYAGE PHILOSOPHIQUE

COMMENT JÉSUS EST DEVENU DIEU

LA CONSOLATION DE L'ANGE

FRANÇOIS, LE PRINTEMPS DE L'ÉVANGILE

LA GUÉRISON DU MONDE

LETTRE OUVERTE AUX ANIMAUX

LE MIRACLE SPINOZA

L'ORACLE DELLA LUNA

PHILOSOPHER ET MÉDITER AVEC LES ENFANTS

LA PUISSANCE DE LA JOIE

LE SECRET

SOCRATE, JÉSUS, BOUDDHA

VIVRE !

En collaboration avec
Violette Cabesos :

LA PAROLE PERDUE

LA PROMESSE DE L'ANGE

En collaboration avec
Simonetta Greggio :

NINA

NICOLAS HULOT ET FRÉDÉRIC LENOIR

D'un monde à l'autre

Le temps des consciences

PROPOS RECUEILLIS PAR JULIE KLOTZ

FAYARD

© Librairie Arthème Fayard, 2020.
ISBN : 978-2-253-10465-0 – 1re publication LGF

*À ma famille, dont mon engagement
m'a parfois éloigné…*

N. H.

*À toutes celles et à tous ceux, généreux anonymes,
qui s'engagent pour la justice sociale,
la sauvegarde des vies humaines et de la planète.*

F. L.

Avant-propos

« Monsieur et cher éléphant,

« J'ai le sentiment que nos destins sont liés. Et pourtant l'on vous considère comme incompatible avec l'époque actuelle.

« Si le monde ne peut plus s'offrir le luxe de cette beauté naturelle, c'est qu'il ne tardera pas à succomber à sa propre laideur et qu'elle le détruira. Il n'est pas douteux que votre disparition signifiera le commencement d'un monde entièrement fait pour l'Homme. Mais, laissez-moi vous dire ceci, mon vieil ami : dans un monde entièrement fait pour l'Homme, il se pourrait bien qu'il n'y eût pas non plus place pour l'Homme.

« Vous êtes notre dernière innocence.

« C'est ainsi, Monsieur et cher éléphant, que nous nous trouvons, vous et moi, sur le même bateau, poussé vers l'oubli par le même vent du rationalisme absolu. Dans une société, vraiment matérialiste et réaliste, poètes, écrivains, artistes, rêveurs et éléphants ne sont plus que des gêneurs. »

En mars 1968, Romain Gary écrivait cette bouleversante *Lettre à l'Éléphant*, dont nous citons ici des extraits. La situation n'a fait qu'empirer depuis. C'est justement parce que nous refusons cette fatalité que nous avons décidé d'écrire ce livre à deux voix. Nous entendons être de ces «gêneurs» qui dénoncent un système devenu fou et les logiques qui l'animent. Il est extrêmement difficile de faire bouger les choses dans le cadre de l'exercice du pouvoir politique, tant les résistances mentales et économiques sont grandes. Pour rendre possible la nécessaire transition écologique et solidaire, c'est d'abord d'un nouveau regard et d'une profonde transformation des esprits que nous avons besoin.

Au-delà des souffrances qu'elle inflige, puissions-nous voir la crise actuelle comme une opportunité qui nous aide à changer notre regard sur le monde et à modifier nos comportements. Puissions-nous ne plus repartir comme si de rien n'était, dans la même frénésie consumériste et de destruction des écosystèmes de la planète. Puissions-nous être unis et solidaires dans la période de résilience qui s'annonce pour nous attaquer aux causes profondes de la crise que nous traversons. Celle-ci a conduit en quelques semaines les gouvernements du monde entier à prendre des mesures qui apparaissaient inimaginables jusqu'alors et qui ont fait exploser les dogmes économiques que ces mêmes gouvernements jugeaient intangibles. Le défi écologique impose de penser autrement et de réviser toutes nos habitudes, certitudes et modes de vie, comme l'ont bien compris, et c'est un signe encourageant, les cent cinquante personnes tirées au sort pour la Convention citoyenne pour le climat. Puissions-nous, ensemble, passer d'un monde à l'autre.

Cette pandémie nous aura au moins rappelé notre extrême fragilité. Nous nous pensions les tout-puissants maîtres et possesseurs de la nature, et la nature nous rappelle, avec un simple virus, à quel point nous sommes impuissants et désemparés. Nous pensions que la globalisation du monde, sous l'égide du libéralisme triomphant, était une force et nous constatons qu'elle nous rend extrêmement vulnérables. Cette pandémie n'est probablement que le prélude de bien d'autres désastres possibles si nous repartons dans cette même logique absurde de croissance infinie dans un monde fini, de pillage et de destruction de la planète au détriment des équilibres naturels, de compétition à l'échelle mondiale au détriment des équilibres sociaux.

Tant que nous continuerons de penser et d'agir comme avant, rien ne sera possible et nous irons de catastrophe écologique en catastrophe écologique, de drame sanitaire en drame sanitaire et de crise sociale en crise sociale. Comme beaucoup, nous aspirons à un monde différent, à la fois plus humain et plus respectueux de la nature. Un monde fondé, non pas sur la force et la compétition, mais sur l'humilité et la collaboration. Un monde plus équitable, plus fraternel, davantage relié à la Terre. Un monde où les grandes joies seraient plus désirées que les plaisirs éphémères. Un monde où les croyances religieuses et les origines culturelles ne seraient plus des obstacles entre les individus. Un monde où l'argent serait moins convoité que la chaleur d'une étreinte ou le partage d'un sourire. Un monde où les éléphants et les poètes auraient encore toute leur place.

Cet autre monde n'est pas une utopie. Mais il ne pourra advenir que par « une révolution globale de la conscience humaine », comme l'écrivait Vaclav Havel, laquelle bouleversera nos modes de vie. C'est le sujet de ce livre, fruit de plus d'un an de travail. Il part de la question du progrès – qu'est-ce qui constitue un véritable progrès pour l'être humain ? – pour aboutir à celle du sens : pourquoi vivre et sur quelles valeurs fonder notre existence individuelle et collective ? Entre ce chapitre inaugural et le chapitre final, nous abordons les grands thèmes qui conditionnent nos vies et où résident les blocages actuels, mais aussi les clés du changement : le plaisir et le désir, l'économie, le politique, l'intérêt individuel et le bien commun, l'unité et la diversité, le réel et le virtuel, l'être et l'avoir. Nous avons croisé nos réflexions, mais aussi nos expériences, tirées de tant de rencontres. Loin de tout esprit incantatoire ou catastrophiste, nous proposons tout au long de ce livre des principes et des valeurs qui dessinent les contours du monde auquel nous aspirons, mais aussi des propositions réalistes et concrètes qui permettraient d'opérer sans plus attendre cette nécessaire mutation.

Nous nous sommes connus à travers nos engagements humanistes et écologiques communs, et sommes devenus amis. Cette amitié a résisté à d'innombrables parties de pétanque en Corse (où Nicolas n'a cessé de battre Frédéric), et c'est également sur l'île de Beauté et en Bretagne que nous avons échangé en présence de la journaliste Julie Klotz, qui a si bien retranscrit nos propos. Nous la remercions du fond du cœur, ainsi que toutes celles et tous ceux qui nous ont soutenus ou inspirés, et qui ont rendu ce livre possible.

Chapitre 1

Quel progrès ?

> « *Notre époque se caractérise par la profusion des moyens et la confusion des intentions.* »
>
> Albert EINSTEIN

NICOLAS HULOT – En s'interrogeant sur ce qui appartient au progrès, ou sur ce qui n'en est qu'une illusion, nous touchons d'emblée le cœur de la réflexion que nous devons engager en ce début de siècle. Sous bien des aspects, le progrès s'est vidé de son sens et est devenu une machine incontrôlable. Les événements provoqués par la pandémie de Covid-19 en sont un triste rappel. Engluée dans les filaments de ses inventions, l'humanité ploie sous le fardeau de ses découvertes. Mais le progrès a eu aussi des effets positifs dans de nombreux domaines, à commencer par la santé, en témoignent l'augmentation de l'espérance de vie, les acquis sociaux et les libertés individuelles, grâce à l'avènement des droits de l'homme et de la femme. Il n'est donc pas juste d'en faire une analyse seulement critique. L'idée est plutôt de redéfinir ce que nous estimons relever du progrès afin de distinguer ce qui est une addition de performances technologiques de ce qui participe à notre raison d'être et à l'amélioration durable de la condition humaine. Cela nous plonge immédiatement dans le grand paradoxe de notre temps : notre intelligence doit indéniablement prendre en charge les conséquences de son propre succès.

« La science a fait de nous des dieux avant même que nous méritions d'être des Hommes », a dit le biologiste Jean Rostand. Notre puissance de titans nous étourdit au point de nous faire oublier qu'il y a des limites à tout. Depuis cent cinquante ans, le monde a connu des progrès indéniables, mais la plupart d'entre eux, comme ceux liés aux nouvelles technologies, nous dépassent. Au-delà de la réalité augmentée, j'entends évoquer la perspective de « l'Homme augmenté » dont rêve le transhumanisme. Qui est-il ? Un post-humain génétiquement modifié capable de s'adapter à son environnement détérioré ? Jusqu'où irons-nous ? Tout ce qui est techniquement et scientifiquement possible n'est pas toujours humainement souhaitable. Le progrès doit rester dans le champ humain sans jamais nous aveugler. Il doit passer par le filtre de la conscience.

Les sciences actuelles nous donnent les moyens de commettre des erreurs aux apparences anodines, mais aux conséquences dévastatrices. Les folies d'aujourd'hui construisent les malheurs de demain. Prenons un exemple. Le nucléaire a été indéniablement un progrès pour la France, car il nous a permis de produire massivement de l'énergie dont nous avons pu profiter. Mais encore faut-il être capable de maîtriser, dans le temps comme dans l'espace, les conséquences d'une erreur ou d'une conjonction d'événements imprévus. Or, trente ans après la catastrophe nucléaire de Tchernobyl, on ne parvient toujours pas à éteindre un réacteur, ou, presque dix ans après celle de Fukushima, des milliers de mètres cubes d'eau radioactive continuent d'être rejetés dans l'océan Pacifique, ou encore aucun pays au monde ne sait que faire de ses déchets, sinon les enfouir.

Qu'est-ce que le progrès ? Qu'est-ce qui en est une illusion ? Voilà les questions que nous devons nous poser individuellement et collectivement. Le couple de la modernité, « avenir et progrès », nous a donné ce sentiment parfois légitime, mais aussi illusoire, que demain serait toujours mieux qu'aujourd'hui et que la science saurait résoudre les difficultés qui surviendraient à notre insu ou bien que nous aurions nous-mêmes provoquées. L'idée que la civilisation occidentale s'inscrit dans un processus infini d'amélioration continue et irréversible, voué à s'universaliser, est encore tenace. Il nous faut l'oublier, adopter une vision plus modérée de notre condition et passer de l'ère des vanités à l'ère de l'humilité.

« Le progrès, dit Victor Hugo, n'est rien d'autre

que la révolution faite à l'amiable. » Et j'ajouterais qu'il vaut par des acquiescements et des renoncements. Autrement dit, il nous impose de trier dans les possibles. « Un homme, ça s'empêche ! » a écrit fort justement Albert Camus. Dans l'expérience récente de confinement subi, nous avons rejeté le frivole et le superflu et retrouvé le goût perdu de l'essentiel. Renoncer, c'est choisir. Là surgit la vraie liberté ! Nous traversons une sorte de crise d'adolescence, enivrés par les applications de la science dont les vertus sont nombreuses, même si elles n'ont pas été uniformément réparties. Notre époque porte une urgence absolue à synchroniser science et conscience. Car la science, couplée à la technologie, va presque plus vite que ce que notre conscience peut recevoir. Quand la conscience émerge, la science nous a déjà en partie échappé. Or un progrès dont les effets nous dépassent n'est pas un indice de civilisation. Un progrès qui est une pure réalisation de prouesses technologiques sans apporter d'épanouissement humain n'en est pas un non plus. Pour moi, le progrès doit être un guide pour soulager l'humanité de son inquiétude originelle, la mort, et permettre de traverser paisiblement, voire amoureusement, la vie.

FRÉDÉRIC LENOIR – Avant de revenir sur la notion de progrès, je voudrais m'attarder sur la notion de civilisation que tu as aussi évoquée, car elle pose la question essentielle : dans quel monde voulons-nous vivre ? Et cette question concerne tous les humains : par la révolution technologique et l'avènement du village planétaire, nous sommes tous dans le même bateau. « La Terre est devenue notre patrie », comme le dit si justement notre ami Edgar Morin. Cette globalisation du monde suscite des problèmes et des défis inédits dans l'histoire de l'humanité. Lorsque l'Empire romain s'est effondré au Ve siècle, l'événement a eu un impact colossal en Occident, mais aucun en Chine ou en Inde. Aujourd'hui, un problème écologique ou économique, comme l'émergence d'un nouveau virus, l'effondrement d'une grande place boursière, ou l'explosion d'une centrale nucléaire, peut avoir un impact planétaire. Nous sommes confrontés à un fait totalement nouveau dans l'histoire humaine : nous avons désormais un destin commun. La famille humaine se découvre un sort partagé. Alors oui, nous devons nous poser ensemble ces questions : quelle civilisation souhaitons-nous construire ? Sur quelles valeurs la fonder ? Quel sens donner à nos actions ? Quels choix faire pour répondre à ce nouveau défi écologique, sans doute le plus grand de l'histoire de l'humanité ?

Pour revenir sur l'ambivalence du mot progrès que tu as bien décrite, j'aimerais rappeler que la notion moderne de progrès est née au XVIIIe siècle, chez des penseurs comme Lessing ou Turgot. Le progrès, tel qu'ils l'ont imaginé, est à la fois fondé sur une observation réelle et sur un mythe. L'observation réelle, c'est celle de l'essor de la raison critique et du développement des sciences et des techniques. Le mythe, c'est de croire que cet essor va nécessairement conduire à un perfectionnement moral et spirituel de l'humanité. De fait, on observe au cours des derniers siècles un progrès réel dans de nombreux domaines, qu'il serait absurde de nier. Comme tu l'as rappelé, on a éradiqué de nombreuses maladies, la souffrance a été réduite grâce aux médicaments et à l'amélioration matérielle des conditions de vie. L'espérance de vie a ainsi augmenté dans le monde entier : depuis 1750, elle est passée de 27 ans à 78 ans pour les hommes, de 28 à 85 ans pour les femmes[1]. L'extrême pauvreté, dont le seuil est aujourd'hui fixé à moins de deux dollars par jour et par personne, a très fortement diminué. En 2020, 10 % de la population mondiale est concerné, contre 80 % il y a un siècle. On a également fortement réduit la pénibilité du travail. Il suffit de relire les romans d'Émile Zola ou de Victor Hugo pour mesurer le tragique de la condition ouvrière au XIXe siècle, même si aujourd'hui cette pénibilité concerne davantage les populations des pays du Sud. Les progrès politiques sont également indéniables. On a vécu pendant des millénaires avec des régimes politiques et religieux despotiques, ce qui est encore vrai dans certaines régions du monde. Les autorités politiques et religieuses pouvaient décider de la vie et de la mort d'un individu en fonction de ses croyances et de ses opinions. La démocratie,

---

1. Les notes se trouvent en fin d'ouvrage, p. 415.

avec des gouvernants élus pour des mandats limités, constitue un net progrès politique. Même si elle a des défauts, on n'a pas trouvé mieux. Comme le disait Winston Churchill : « La démocratie est le pire des systèmes, à l'exclusion de tous les autres. » L'avènement des droits de l'Homme et des libertés individuelles marque un autre progrès majeur. Quand les penseurs précurseurs des Lumières affirmaient, au milieu du XVIIe siècle, que le meilleur système serait un État de droit, où seraient séparés le religieux et le politique, et qui garantirait la liberté d'expression et de conscience pour tous les individus, cela paraissait totalement utopique. Aujourd'hui, c'est le modèle politique dominant à travers le monde. Rappelons aux plus jeunes que choisir son mode de vie, sa sexualité ou ses croyances est un progrès récent et qui n'est pas encore garanti partout. Dans certains pays, les homosexuels ou les femmes adultères sont condamnés à mort. Même s'il y a encore beaucoup à faire, l'émancipation des femmes représente aussi un progrès de l'humanité. S'il faut lutter contre les effets pervers de la globalisation du monde, en pointer les dysfonctionnements techniques et les carences morales, il est capital de rappeler les progrès colossaux que l'humanité a connus au cours des derniers siècles.

Je te rejoins aussi sur ta critique de l'idée, encore très répandue, selon laquelle l'essor des sciences et des techniques entraînerait nécessairement un progrès pour l'humanité. Nous touchons là à ce que j'appelle le « mythe » de la modernité : contrairement à ce qu'ont affirmé la plupart des intellectuels européens jusque dans les années 1930, le progrès de la raison, de la science et des techniques n'implique pas nécessairement un progrès humain et sociétal. À ma connaissance, le premier penseur des Lumières à l'avoir dénoncé est Jean-Jacques Rousseau. Le développement des sciences et des techniques doit s'accompagner d'une éducation de la conscience humaine. Ce mythe du progrès s'est d'ailleurs en partie effondré au milieu du XXe siècle. Après deux guerres mondiales atrocement meurtrières, les camps d'extermination et les bombardements atomiques d'Hiroshima et de Nagasaki, c'est la désillusion. L'être humain se révèle presque plus barbare qu'il ne l'a jamais été. Non seulement le progrès des connaissances scientifiques et techniques n'a pas du tout empêché ces tragédies, mais il les a accompagnées et leur a donné une ampleur inédite. Ainsi a été ébranlé le mythe du progrès comme une progression inéluctable de l'amélioration du sort de l'humanité. Tout progrès matériel doit en effet s'accompagner d'un essor de la conscience humaine. Comme le disait Rabelais au XVIe siècle, de manière prémonitoire : « Science sans conscience n'est que ruine de l'âme. » Mais le mythe du progrès a très certainement repris son essor depuis une trentaine d'années avec les révolutions technologiques et numériques. Il n'est donc pas inutile, tant s'en faut, de repenser cette notion de progrès en s'interrogeant, comme tu le fais, sur le sens que nous donnons à nos actes et à leurs conséquences.

N. H. – J'aimerais, pour aller dans ce sens, me référer à deux formules qui illustrent bien l'ambiguïté de l'époque. La première, prémonitoire, est celle du physicien Albert Einstein : « Notre époque se caractérise par la profusion des moyens et la confusion des intentions. » Par la profusion des moyens, il reconnaît un progrès réel et une intelligence de l'humain qui dispose d'outils bénéfiques et d'autres « maléfiques », selon l'usage qu'il en fait. La confusion des intentions se réfère à deux grands principes, technologique et économique, auxquels nous avons cédé. D'une part, l'être humain utilise les machines sans forcément s'interroger sur l'apport de leurs performances sur son épanouissement. D'autre part, il se paie tout ce qu'il peut sans se limiter. La science et l'économie semblent avoir dépassé sa conscience.

La seconde formule du sociologue Edgar Morin résume très bien les enjeux du XXIe siècle : « Nous sommes technologiquement triomphants et culturellement défaillants. » La bonne nouvelle, c'est que les outils sont là, mais la mauvaise, c'est l'usage qu'on en fait et l'effet qu'ils peuvent avoir sur notre esprit. Je suis convaincu que les technologies ont troublé notre interprétation de la réalité en nous donnant l'illusion que nous pouvons faire cavalier seul. Au fil du temps, celles-ci nous ont éloignés de la nature, devenue une abstraction. Nous croyons que c'est la technologie qui nous fait vivre et la sphère marchande qui met à notre disposition des ressources (gaz, charbon, pétrole, nourriture, métaux…). Or, à la racine de tout, même si l'histoire reste aveugle à elle, il y a la nature. Je suis surpris de constater que la littérature moderne a tendance à évacuer la question écologique.

Ma conviction profonde, et d'ailleurs l'histoire le démontre bien, c'est que plus nous nous libérons de la nature, plus nous devenons vulnérables. L'épisode du Covid-19 et avant lui, celui du SARS-CoV1, puis d'Ebola, n'ont fait que mettre en relief ce que les écologues ont décrit depuis longtemps, la relation de cause à effet entre l'érosion de la biodiversité et l'augmentation des épidémies de maladies infectieuses. Il y a de fortes chances pour que cette crise sanitaire soit la conséquence d'une crise écologique. Plus la biodiversité est forte, plus les microbes se transmettent mal. Les scientifiques appellent cela l'effet dilution. Quand les écosystèmes sont altérés et que la diversité est réduite, un virus qui vivait en équilibre avec son milieu ou un microbe hébergé chez un animal sauvage peuvent changer d'hôtes et muter en agents pathogènes lorsqu'ils trouvent un organisme sans anticorps. Le terrain est alors propice pour la contamination des humains. Sa propagation n'est pas un aléa, elle est le reflet d'une globalisation effrénée et sans limites puisqu'un virus utilise les mêmes moyens de transport que nous.

Qu'en est-il du permafrost, ces terres autrefois fertiles qui se sont refroidies au fil du temps puis ont gelé jusqu'à figer leur microbiologie ? Leur fonte est déclenchée par le réchauffement climatique et impacte surtout les hémisphères boréal et austral. Les glaces blanches disparaissent pour laisser la place à des océans sombres qui renvoient moins d'énergie du soleil vers l'espace. Les scientifiques craignent que la fonte du permafrost libère dans l'atmosphère des virus que l'humanité récente n'a pas connus, en même temps que du méthane, un gaz à effet de serre. Autre risque engendré par le sol qui devient meuble : les canalisations des infrastructures pour acheminer du pétrole pourraient se déverser dans la mer. Quand l'action humaine contrarie en une brièveté de temps les grands équilibres établis depuis des millénaires, cela crée des réactions en chaîne. La vie est une édification où tout est lié. Qui vient déranger un virus quelque part peut provoquer un tsunami à l'autre bout du monde. C'est l'effet papillon... Sans céder à une panique générale, le Covid-19 nous a appris que des scénarios improbables peuvent devenir probables. Les spécialistes disent que les épidémies ne tuent pas plus qu'autrefois mais vont être de plus en plus régulières.

F. L. – Certains nient catégoriquement le lien que tu viens d'établir entre la crise de la biodiversité et l'apparition de nouveaux virus – très dérangeant pour les adeptes inconditionnels du capitalisme ultralibéral à l'origine du désastre écologique – en arguant que les épidémies virales ont toujours existé et qu'il n'y a rien de nouveau sous le soleil. C'est nier une réalité criante : on assiste en effet à une accélération des épidémies et il est établi que les trois quarts des maladies nouvelles ou émergentes affectant les humains sont des zoonoses, c'est-à-dire qu'elles proviennent des animaux. C'est notamment le cas des virus Ebola, Sida, Hendra, SARS et très probablement du Covid-19, qui proviendrait de la chauve-souris et qui se serait transmis jusqu'à nous via un autre animal plus proche de l'Homme, probablement le pangolin, présent sur les marchés chinois. « Un certain nombre de facteurs, dont beaucoup sont intimement liés à l'accroissement des impacts humains sur les écosystèmes, expliquent l'augmentation des zoonoses, affirme Kate Jones, professeure d'écologie et de biodiversité à l'University College de Londres. Parmi les plus importants sur le plan écologique, il y a le changement d'affectation des terres qui se produit à un rythme rapide dans de nombreuses régions du monde[2]. » Ce diagnostic fait consensus chez les chercheurs et est confirmé par l'Organisation des Nations Unies pour l'alimentation et l'agriculture (FAO), pour qui « l'augmentation des maladies infectieuses émergentes coïncide avec la croissance accélérée des taux de déforestation tropicale enregistrés ces dernières décennies[3] ». Plus de 250 millions d'hectares ont disparu en quarante ans, chassant ainsi quantité d'animaux sauvages de leurs habitats naturels et les rapprochant des humains chez qui des virus dont ils sont porteurs vont migrer (en passant parfois par des animaux domestiqués, comme le porc ou le poulet). Pour Serge Morand, écologue de la santé et directeur de recherche au CNRS et au Cirad, la menace épidémique devient explosive de nos jours du fait de la conjonction de trois facteurs : perte de biodiversité, industrialisation de l'agriculture – qui accentue cette perte – et flambée du transport de marchandises et de personnes. « Pour éviter de nouvelles crises telles que celle du coronavirus, qui est l'exemple type d'une crise écologique, nos dirigeants doivent absolument comprendre que la santé et même la civilisation humaine ne peuvent se maintenir qu'avec des écosystèmes qui marchent bien[4] », conclut le chercheur. Nous avons affaibli notre système immunitaire et notre alimentation en est en partie responsable.

N. H. – Sans tomber dans la métaphysique, la nature outragée se venge-t-elle ou tout simplement nous alerte-t-elle ? Nous devons nous méfier d'une civilisation pour laquelle la nature est une simple ressource bonne à exploiter. Sur un plan intellectuel, spirituel et moral, je ne nie pas les acquis du progrès. Mais ils doivent être identifiés pour être préservés car, ne l'oublions pas, ils ne sont jamais définitifs. Ce qui m'inquiète, c'est que la technologie et la science, en délogeant la religion, ont délié les êtres humains. La dimension sacrée ayant quasiment disparu, nous avons oublié que nous faisions partie d'un tout.

F. L. — Tu posais la question de savoir si la nature se vengeait ou nous alertait ? Je serais tenté de répondre : ni l'un ni l'autre. Ces deux notions impliquent l'idée d'une intelligence qui agirait sous la forme d'une conscience délibérative et réflexive, à la manière des humains, or je crois que la nature est mue par une intelligence organisationnelle déterminée qui vise à l'équilibre et à l'harmonie. Les écologues ont remarqué, notamment en milieu marin, que lorsqu'une espèce devient trop forte et menace l'équilibre d'un écosystème, un virus s'attaque à elle pour diminuer sa puissance de nuisance par rapport aux autres espèces. Il se pourrait fort bien, même si ce n'est qu'une hypothèse, que la nature agisse de même à l'échelle de l'écosystème planétaire quand une espèce devient trop forte et trop destructrice. Dès lors, il n'est pas absurde de penser que la multiplication de nouveaux virus ou d'autres catastrophes du même genre qui atteignent l'être humain puissent être le fruit d'une loi naturelle de régulation.

Pour en revenir à la question capitale de l'arrachement de l'Homme à la nature que tu évoquais, je préciserais que même s'il ne date pas de quelques siècles, ce processus s'est fortement accéléré depuis la révolution industrielle et le développement de la vie urbaine. Le sociologue allemand Max Weber a montré qu'était à l'œuvre depuis des millénaires un processus de « rationalisation » qui a entraîné ce qu'il appelle le « désenchantement du monde », à savoir la sortie de la nature. L'être humain a développé son intelligence critique pour devenir le plus efficace et le plus rationnel possible, ce qui est un processus typique de notre espèce. Le développement de cette intelligence rationnelle a provoqué de grands bouleversements dans nos modes de vie, mais nous a aussi progressivement coupés de la nature. La première étape a eu lieu lors du passage du paléolithique au néolithique, qui a commencé il y a plus de 12 000 ans en Mésopotamie, avant de s'étendre au monde entier. À la faveur d'un réchauffement climatique naturel, nos ancêtres abandonnent le modèle de petites tribus nomades de chasseurs-cueilleurs pour adopter un mode de vie sédentaire, en créant des villages, puis des cités, des royaumes et des empires. Au paléolithique, rappelons que l'être humain est plongé dans un monde de croyances symboliques. Il sait qu'il fait partie intégrante de la nature, dont il ne se différencie pas. Il considère qu'une plante ou un animal a autant de dignité que lui. Les premières religions de l'humanité sont animistes. Fondées sur la croyance que la nature est un organisme vivant, avec une partie visible et une partie invisible, elles sont représentées par ce qu'on appelle depuis deux siècles les chamans – un mot sibérien, mais son équivalent existe dans chaque culture – qui entrent en contact avec les esprits de la nature (celui de l'arbre, de l'eau, de la pierre, de l'animal, etc.) dans des états de conscience modifiés.

Avec la sédentarisation, les religions premières

disparaissent peu à peu au profit des grandes traditions religieuses qui établissent un renversement : ce n'est plus dans la nature qu'on rencontre les esprits invisibles, mais au Ciel. On instaure une verticalisation : en dessous, il y a la nature, au-dessus, les dieux, et entre les deux, l'être humain. Cette hiérarchisation s'observe dans toutes les religions antiques. L'être humain a une mission, celle de gérer l'ordre cosmique et naturel, un peu comme un jardinier. Il a une responsabilité envers la nature, car c'est Dieu – ou les dieux – qui lui a donné ce cadre épanouissant, mais il s'en distingue. À partir de ce moment-là, la nature n'est plus considérée comme un organisme vivant, peuplé d'esprits invisibles, mais plutôt comme un environnement, un cadre. Au XVIIe siècle, une nouvelle étape est franchie avec le philosophe René Descartes, qui considère que la nature n'est que de la matière qu'on peut utiliser pour ses ressources. L'être humain devient, selon son mot célèbre, « maître et possesseur de toutes choses ». Cette pensée réductionniste et utilitariste ouvre le champ de la science expérimentale, mais elle s'allie aussi au capitalisme naissant, qui entend dorénavant exploiter les ressources naturelles, sans aucun souci de responsabilité envers la nature. C'est ainsi que la nature est totalement désenchantée, et « perd son aura magique », comme le dit Max Weber. Elle abandonne sa dimension sacrée pour devenir une chose. La pensée cartésienne et le capitalisme nous invitent ainsi à la piller, ce qui engendre *in fine* un désastre écologique.

Aussi, la coupure de l'être humain avec son environnement le renvoie à une forme de solitude. Ne faisant plus partie de la nature, il n'est plus relié au cosmos, ce qui pose une question fondamentale : comment vivre en étant déraciné du monde naturel ? Je crois, comme toi, qu'en se libérant de la nature l'être humain devient plus vulnérable et angoissé.

J'ajouterais encore une chose qui me semble essentielle – et finalement peu perçue – liée à la notion de sacralité que tu as évoquée. L'espace et le temps sont nos deux grands conditionnements. Les sociétés traditionnelles primitives, pour lesquelles le temps est cyclique, vivent dans une sacralisation de l'espace : la nature constitue le lieu de la rencontre avec le monde divin ou invisible. Les lois naturelles sont sacralisées comme le cosmos et tout le monde vivant. À partir du XVIIIe siècle, la nature est définitivement désacralisée en Occident, et nous entrons dans un monde de plus en plus maîtrisé par l'humain. Mais si l'Homme occidental n'a plus le sentiment de vivre dans un espace sacré, il va sacraliser le temps. Au temps cyclique des sociétés traditionnelles, il oppose un temps linéaire – avec un début et une fin – orienté vers un but : on part de quelque chose d'imparfait pour avancer vers quelque chose de plus parfait. Cette sacralisation du temps est le moteur de toutes les idéologies modernes, à commencer par celles du progrès, mais aussi marxiste ou nazie, qui annonçaient l'avènement d'un monde meilleur. Il en va de même pour le capitalisme ultralibéral qui nous promet l'amélioration du sort de l'humanité par la production et la consommation de biens matériels. Cette sacralisation du temps provient en fait d'une laïcisation du judéo-christianisme. La Bible a consacré une rupture essentielle dans l'histoire de l'humanité. Elle a apporté l'idée radicalement nouvelle d'un Dieu créateur, extérieur au cosmos et au temps, qui fonde une alliance entre lui et l'être humain. Cette alliance permet une amélioration du monde, grâce à la foi et à la religion. Saint Augustin, au Ve siècle, a théorisé cette conception biblique d'une histoire entre Dieu et les Hommes dans son ouvrage *La Cité de Dieu*. La modernité a simplement laïcisé cette espérance d'un monde meilleur en se débarrassant de la religion. Mais elle est restée inscrite dans une sacralisation du temps à travers la croyance dans le progrès, et ainsi dans une forme d'espérance. Or, cette espérance est aujourd'hui en crise. Les jeunes générations ne croient plus en un avenir meilleur. « *No future* » criaient déjà les punks à la fin des années 1970. La crise économique nous fait comprendre que nos enfants auront des revenus moindres que les nôtres. Le terrorisme nous montre que le monde reste fondamentalement instable. La crise écologique et les crises sanitaires qui lui sont corrélées nous font prendre conscience de notre extrême fragilité et que la Terre sera peut-être un jour inhabitable pour l'être humain. L'espérance religieuse avait laissé la place en Occident à l'espoir dans le progrès humain et nous assistons actuellement à une crise profonde de cette espérance. Il n'y a plus de sacralisation du temps. Ce « désespoir » a pourtant une vertu : il nous rend plus lucides, puisque nous sommes en train de nous libérer du mythe du progrès. Mais il nous rend aussi plus angoissés et vulnérables, puisque, comme tu l'as rappelé, nous avons aussi perdu notre ancrage et notre lien vivant à la Terre et au cosmos. C'est donc cela qu'il faut redécouvrir. C'est par une nouvelle alliance entre l'être humain et la nature que l'humanité pourra retrouver un équilibre qui lui fait cruellement défaut.

N. H. – Entièrement d'accord. Mais je voudrais revenir sur le mot « environnement ». Il est ambigu, car il nous amène à penser que l'être humain est au centre. Freud souligne que, dans l'histoire de l'humanité, nous avons subi trois humiliations ou « blessures narcissiques ». La première vient de Copernic, quand il nous a démontré que nous n'étions pas au centre du monde. La deuxième de Darwin, quand il a affirmé que nous n'avions pas fait l'objet d'une création séparée, ce que certains n'admettent toujours pas d'ailleurs. La troisième, apportée par la psychanalyse, atteste que nous ne sommes pas libres, parce que nous sommes mus par notre inconscient. J'en ajouterais une quatrième, d'actualité : la honte prométhéenne qui surgit en l'être humain avec la prise de conscience qu'il risque de ne plus maîtriser le progrès et qu'il est victime de son propre succès. Qu'un mal immense puisse être commis avec une absence de mauvaises intentions est en effet difficilement acceptable.

Je me demande pourquoi certains intellectuels si prompts à deviser souvent avec arrogance sont aux abonnés absents sur ces grands sujets de civilisation que sont l'habitabilité de la Terre et la survie de notre espèce. Peut-être que le Covid-19 aura changé cette donne, car notre vulnérabilité a sauté brutalement aux yeux de chacun, puissants et faibles, tout comme notre interdépendance est devenue évidente. Il nous a fait réaliser les limites de l'intelligence humaine face aux forces de l'univers. Plus l'Homme progresse dans son intelligence, plus il devient vulnérable. « À quoi bon les gens d'esprit si on laisse le genre humain refaire toujours les mêmes sottises ? », s'interrogeait déjà Victor Hugo. Une des erreurs de notre époque, sans doute pas définitive dès lors qu'on l'identifie, est d'avoir cédé à cette croyance que l'évolution ou le progrès était un processus irréversible, que l'histoire de l'humanité était adossée à une libération progressive de la nature, que notre gage de bonheur venait de son affranchissement et que notre émancipation était le point d'orgue du progrès. Plus que jamais, cette science qui nous a éblouis, parfois à juste titre, nous pousse à river nos yeux sur des écrans plutôt que sur la beauté de la nature, à tel point qu'on en a perdu la conscience originelle.

Or, dans l'univers, la vie n'est pas la norme, elle est l'exception. Et nous faisons partie de cette exception, nous avons ce premier privilège. Le deuxième, c'est d'en être conscient. N'oublions pas que la sonde *Voyager* qui est sortie du système solaire ne nous a pas encore envoyé le moindre début de preuve de vie ailleurs que sur notre Terre, cette minuscule tête d'épingle. La vie avait des milliards d'autres possibilités que celle d'advenir en l'Homme. Un ami mathématicien m'a dit un jour : « La probabilité pour que la vie chemine sur Terre à partir d'une matière originelle rudimentaire jusqu'à la complexité du cerveau humain était aussi faible que celle de voir des lettres d'imprimerie former l'article premier de la Déclaration des droits de l'Homme et du citoyen en les laissant tomber par terre ! » Nous vivons sur un seuil étroit de tolérance, notre vie tient grâce à un mince bouclier très fragile, au-dessus de notre tête, qui est l'atmosphère, et à une peau tout aussi fragile, sous nos pieds, qui est l'humus. C'est un équilibre subtil et délicat. Qu'un micro-organisme parvienne en quelques jours à mettre la planète à genoux en est une tragique démonstration. En prendre conscience nous mènerait vers une vénération spontanée et un respect inné pour la nature. Cette crise doit nous responsabiliser pour protéger cette matrice qu'est la vie.

En nous privant de la nature, et je n'évoque ici que les préjudices psychologiques, nous renonçons aussi à une source infinie de plaisirs et de joies, à un réservoir d'émotions et de curiosités qui devraient presque suffire à notre bonheur. La contemplation de la nature m'a fait maintes fois toucher du doigt un état de plénitude. Dans une société urbaine où le virtuel se substitue souvent au réel, tout contribue à nous éloigner de la nature. S'y reconnecter représente un défi individuel avant d'être collectif. Le hasard de mes activités professionnelles m'a permis de vivre avec intensité une diversité inouïe de connexions avec la nature. Pendant le quart de siècle où je réalisais *Ushuaïa*, au cours des six cents reportages que nous avons effectués, j'ai tissé un lien unique avec le vivant. Trop de complicités, de moments magiques, de scènes merveilleuses pour imaginer que seuls le hasard ou la chance en soient la cause. Combien de fois ai-je vu les baleines venir docilement à mon contact, les dauphins m'entraîner dans leurs jeux, les orques avancer au rythme de mon canoë, les aigles ou les condors venir progressivement m'observer en vol, suspendu à mon aile delta, et suivre ma trajectoire, les zèbres ou les girafes galoper au rythme de mon cheval... Au risque de paraître hâbleur, je pourrais énumérer les surprises inimaginables que les animaux m'ont réservées. De l'éléphant me réveillant du bout de sa trompe alors que je dormais en plein air dans mon duvet, au Zimbabwe, à la loutre géante au cœur du Pantanal, au Brésil, venue sous l'eau s'amuser avec moi, ou à la femelle gorille m'enlaçant dans les montagnes du Virginia, au Rwanda. Ce sont de trop belles coïncidences, répétées pendant trente ans, pour ne pas y voir la marque d'un échange, d'une connivence avec le monde végétal et animal. Je ne place pas l'Homme au-dessus ou au-dessous des autres créations, mais au même niveau. Pour avoir observé le monde infiniment petit ou géant, je sais que nous nous comprenons. Car nous avons la même matrice. J'ai cette conscience aiguë que nous sommes la nature, que nous devons utiliser notre intelligence pour préserver son intégrité et sa diversité. L'instinct est le propre de la vie et l'intelligence conceptuelle peut être le propre de l'humain. Nous sommes désormais appelés à accomplir la dernière phase de notre humanisation.

La nature doit être notre source d'inspiration, car elle fonctionne selon des principes de partage et de coopération. Combien savent que l'atmosphère primitive était composée de CO_2 impropre à la vie ? Les océans chargés de plancton ont capté ce CO_2, et le déchet de cette digestion a donné l'oxygène qui a permis à la vie d'évoluer. La vie commence donc par un partage. C'est pour cette raison que je place la solidarité comme une valeur nécessaire, bénéfique et fondamentale. Elle est la clé de la paix dans le monde et de l'amélioration de la condition humaine. La seule chose qui me fait peur, c'est le déni de réalité. La lucidité ne m'angoisse pas. Je préfère regarder les épreuves en face, même si ça fait mal. Ensuite, reste à trouver le chemin pour les surmonter. C'est de lumière dont nous avons besoin, pas d'obscurité.

Quand la réalité est prévisible, encore faut-il ne pas lui tourner le dos et ne pas attendre, comme souvent, qu'elle nous frappe de plein fouet pour réduire l'écart entre notre conscience et nos actes. Sans polémique, ni procès, mais par seul souci d'enseignements, reconnaissons que nous avons pris la mesure de la situation le jour où le virus s'est pointé au bout de notre nez. Nous l'avons vu venir avec un intérêt limité, étape par étape, depuis la Chine, jusqu'à l'Italie, puis la France, avant de réagir. Pour la crise écologique aux conséquences prévisibles et documentées, avec une communauté scientifique unanime, nous faisons de même, nous attendons l'ultime démonstration pour nous mettre vraiment en ordre de bataille. Nous cultivons ce paradoxe, nous savons parfaitement les choses, mais n'y croyons pas totalement. Nos émotions et notre raison ne s'accordent pas. Nous ne réagissons que face au danger immédiat et tangible. Et comme un poison lent, nous nous accommodons de la gravité.

F. L. – Nous avons de toute évidence en commun ce désir de lucidité et cet amour de la nature. Comme toi, j'ai besoin de la nature, je ne l'envisage pas uniquement comme un environnement pour faire du sport ou me promener, mais comme un organisme vivant et peuplé d'êtres sensibles – animaux, plantes, arbres – qui me ressource et me nourrit. Je suis né à Madagascar et j'ai eu la chance de grandir à la campagne. Même lorsque, avec mes parents, nous avons rejoint Paris, nous passions tous nos week-ends dans la magnifique forêt de Fontainebleau et nos vacances à la montagne, dans les Alpes du Sud. J'ai appris très tôt à communier avec les éléments de la nature, à me passionner pour les animaux, à parler aux arbres, à m'étendre longtemps sur la terre pour me ressourcer. Ma première expérience amoureuse, je l'ai vécue vers 7 ou 8 ans en contemplant un rayon de soleil filtrer dans une clairière en automne. Tant de beauté m'a ouvert le cœur, et j'en ai pleuré de joie. Aujourd'hui, où je me consacre presque totalement à l'écriture, je passe les deux tiers de mon temps dans la nature et je n'ai d'ailleurs jamais écrit une ligne en ville. Donc, oui, la relation à la nature nous procure sérénité, joies, ancrage à la terre et au cosmos.

Je me suis aussi beaucoup interrogé sur la place de l'être humain dans la nature. Je le situe, comme toi, au même niveau que les autres animaux. Il ne leur est pas ontologiquement supérieur, comme il l'affirme depuis des millénaires, sans doute pour se donner bonne conscience afin de les dominer et les exploiter. Ce qui ne signifie pas pour autant que tous les animaux sont semblables. Chaque espèce a ses singularités qui la distingue des autres et la rend en certains domaines plus performante, mais nullement pour autant supérieure aux autres. Le guépard court plus vite que tous les autres animaux terrestres ; les baleines et les dauphins ont des sonars incroyablement sophistiqués pour se repérer dans la mer ; les éléphants perçoivent les infrasons par leurs pattes et sont capables de savoir qu'un orage va arriver plusieurs jours à l'avance ; les oiseaux migrateurs ont des GPS ultraperformants, etc. Chacune de ces espèces a développé, au cours de l'évolution, des facultés adaptatives remarquables et parfois uniques.

L'Homme n'est pas supérieur aux autres espèces animales, mais, comme les autres, il a développé des facultés qui le rendent singulier ou plus performant dans certains domaines. Il a ainsi développé de manière remarquable son intelligence rationnelle, qui lui a donné un langage sophistiqué et une capacité d'abstraction unique. Toutes ses connaissances et ses prouesses techniques en découlent, de même que sa conscience morale et religieuse, tout à fait singulière : aucune autre espèce animale n'a à ce point ritualisé la mort, édifié des lieux de culte ou écrit des codes moraux. Plutôt que d'utiliser son intelligence pour exploiter la planète et les autres espèces, l'être humain ferait mieux de l'utiliser pour en être le protecteur. Le véritable progrès serait d'utiliser notre singularité rationnelle, notre conscience morale, pour nous montrer responsables et respectueux envers nos semblables et tous les êtres sensibles.

N. H. – Toutes ces intelligences et tous ces instincts doivent se nourrir les uns des autres. Ils ont tous une raison d'être. Rien n'est là par hasard. Le fait que la nature soit désacralisée est un préjudice. L'époque nous invite à prendre un rendez-vous critique avec nous-mêmes et il ne faut pas l'esquiver. Ma seule crainte, c'est que, emportés dans la précipitation et l'euphorie du progrès, nous ne prenions pas le temps nécessaire pour organiser collectivement une réflexion. « Quand on appuie sur le bouton pause d'un ordinateur, il s'éteint. Quand on appuie sur le bouton pause d'un humain, il s'allume. Il recommence à réfléchir, à penser, à imaginer », souligne avec justesse le journaliste américain Thomas Friedman. Étonnant hasard, avant que la crise sanitaire n'éclate, je travaillais sur un projet intitulé « Semaine des consciences » avec l'Unesco. Encouragé par mon ami et mentor Edgar Morin, l'idée est, à travers un dialogue avec les peuples racines du monde entier, de parler de l'invisible qui nous relie plutôt que de nous affronter sur les apparences qui nous séparent. Comment s'inspirer de ces peuples qui représentent une mémoire précieuse du monde ? À travers une palette d'événements culturels et artistiques, nous souhaitions inciter une fois par an dans le monde à faire collectivement et individuellement un pas de côté pour se poser des questions essentielles. D'où venons-nous ? Où en sommes-nous ? Où allons-nous ? Où pouvons-nous aller ? L'idée est de nous forcer à engager une introspection salutaire que la course au temps ne nous permet plus. Une halte providentielle pour reprendre notre souffle, s'élever, vérifier si le chemin emprunté a bien une issue, faire l'inventaire de nos bagages, n'en garder que l'essentiel pour s'alléger. Ce rendez-vous critique voulait être un point d'étape pour entamer ce que j'appelle le « chapitre 2 ». Et puis le coronavirus nous a infligé ce moment de pause inattendu pour réfléchir, méditer et prendre conscience individuellement et collectivement. Une expérience salutaire de laquelle ont surgi des textes, des réflexions magnifiques de gens connus et inconnus. Au-delà de lourdes souffrances subies par certains, l'avenir nous dira rapidement si elles ont été vaines ou, au contraire, si ce temps d'arrêt nous aura éclairés sur la réalité du monde et permis de reprendre le contrôle sur notre destin.

Le progrès sécrète des effets secondaires. Ce n'est pas parce que nous vivons plus longtemps, avec des capacités physiques démultipliées et des capacités intellectuelles en partie externalisées avec les ordinateurs, que nous sommes devenus des titans. Comme le disait Nelson Mandela, notre plus grand danger n'est ni notre faiblesse ni notre force, mais notre aveuglement. Quelle est notre place ? Quel est notre rôle ? Quels sont les possibles qui s'offrent à nous ? Il est très difficile, dans une société où le temps de réflexion et d'élévation n'a pas de place, de mener un exercice de discernement. Nous sommes exclusivement dans la réaction. Nous subissons, comme des esclaves, alors que nous devrions prendre des décisions et faire des choix. La révolution qui se présente actuellement à nous n'est pas technologique, elle est celle de l'esprit. Et nous devons l'accomplir ensemble. La technologie pourrait justement nous y aider en diffusant des connaissances, des interrogations, des doutes, des réflexions. Nous vivons un moment paradoxal, à la fois angoissant et enthousiasmant. N'oublions pas que dans beaucoup de domaines, nous avons tous les outils. Ce qui est un fruit indéniable du progrès. Face à cela, l'Homme doit faire fonctionner son esprit pour sortir du désarroi tragique de ne plus être relié à rien. Le but est de retisser des liens qui ne soient pas vides de sens.

F. L. – Depuis de nombreuses années, ma réflexion philosophique porte principalement sur la conscience et sur l'esprit, car je suis convaincu que le regard dirigé sur soi-même, sur les autres et sur le monde est la clé de tout. Tu connais la célèbre pyramide des besoins d'Abraham Maslow, qui part à la base des besoins physiologiques pour monter vers le sommet de la pyramide jusqu'à nos besoins spirituels et d'accomplissement, en passant par les besoins de sécurité, d'appartenance et de reconnaissance. Ces besoins sont bien décrits, mais on peut contester le fait que l'être humain passe à une aspiration supérieure lorsqu'un besoin plus fondamental a été satisfait. Autrement dit, le sommet de la pyramide (besoins spirituels et d'accomplissement) ne pourrait être atteint que si tous les autres ont été satisfaits. Ce n'est pas ce que l'expérience de la vie m'a montré. J'ai rencontré à travers de nombreux voyages des gens qui avaient parfois à peine de quoi survivre (de manière subie ou volontaire) et dont la dimension spirituelle les aidait fortement à vivre et à être joyeux. Je dirais que la sécurité intérieure apportée par une vie spirituelle (qu'elle soit religieuse ou laïque) peut nous aider à supporter ou à sublimer un manque de sécurité matériel. De manière plus générale, nous avons tous constaté que, selon la manière dont nous orientons notre esprit, nous pouvons être heureux ou malheureux, faire du monde un lieu de paix et d'harmonie ou un enfer pour tous les êtres sensibles. Après une épreuve, certains êtres résilients grandissent quand d'autres s'effondrent. Quelqu'un qui ne travaille pas sur lui, qui n'utilise donc pas son esprit, manque d'outils intérieurs pour comprendre comment traverser un moment difficile, par exemple la maladie ou le deuil. C'est la réaction de notre esprit face aux événements que nous ne pouvons pas maîtriser qui fait de nous des êtres joyeux ou tristes. C'est aussi la réflexion intellectuelle et morale qui nous permet de grandir en humanité et de vivre en harmonie avec les autres humains et espèces sensibles. Alors, je te rejoins complètement : face à l'essor de notre maîtrise technique, la grande aventure de notre siècle doit être celle de l'esprit et de l'essor de la conscience morale de l'humanité.

N. H. – Dans l'histoire du monde, il y a déjà eu deux sauts. Le saut de la vie végétale et animale, mue par une irrésistible pulsion, a émergé du chaos minéral originel, sur un scénario improbable. Dans le foisonnement du vivant, une espèce a pris conscience d'elle-même, l'Homme, qui, lui, a accompli le saut de l'esprit. Au XXIe siècle, nous devons effectuer un troisième saut, celui du sens. Je pense que tout se joue entre deux scénarios : l'un sombre, l'autre épanouissant. « Je déplore le sort de l'humanité d'être, pour ainsi dire, en d'aussi mauvaises mains que les siennes », a dit le philosophe et médecin français,

Julien Offray de La Mettrie. Battons-nous pour lui donner tort. Et notre réussite ne dépend pas d'un problème de moyens, mais plutôt de vision, de valeurs et de principes. Notre destin est scellé de six sceaux : l'humilité, la diversité, la solidarité, la dignité, la sobriété et le sens. Il s'agit à la fois d'un enjeu universel et d'un exercice individuel. Personne ne peut s'en extraire. Si chacun fait sa part, ce siècle peut être enchanteur ! Nous nous trouvons sur une crête et il en faut peu pour basculer d'un côté ou de l'autre. C'est l'accomplissement de l'humanité qui se joue.

Nous sommes nés à une époque qui comporte les avantages et les inconvénients des succès des cent cinquante dernières années. Nous héritons d'une dette écologique importante. En quelques années, nous avons épuisé des ressources accumulées pendant des millions d'années. Sur beaucoup de biens communs, l'horizon de la rareté se précise. Pour s'en prémunir, gardons à l'esprit que de la rareté à la pénurie, il n'y a qu'un pas. Et que la pénurie est le creuset des pires barbaries. Tout, absolument tout, a changé d'échelle. Le dénominateur commun de toutes nos crises, c'est l'excès. Comme le rappelle fort justement le philosophe Dominique Bourg, l'étymologie du mot « liberté » révèle la loi que l'on se fixe à soi-même. Au XXIe siècle, pour rester libres, il devient impératif de se fixer des limites !

Chapitre 2

Tout est question de désir

« *Le désir est l'essence de l'Homme.* »

Baruch SPINOZA

FRÉDÉRIC LENOIR – L'être humain est en effet confronté à la nécessité de se fixer des limites. Son principal moteur est la recherche de plaisir, indispensable à la survie de l'espèce, mais qui, lorsqu'il est sans limites, devient destructeur et pourrait paradoxalement entraîner la disparition de l'Homme après avoir conduit à celle de nombreuses autres espèces vivantes. Comme le disait finement le philosophe Henri Bergson : « Le plaisir est une ruse que la nature a inventée pour la survie de l'espèce. » Sans plaisir à manger ou à faire l'amour, l'être humain ne survivrait pas. La science a montré que le plaisir produisait dans le corps une libération de substances chimiques, principalement la dopamine. Chaque fois que l'on ressent une sensation agréable, ou bien que l'on augmente notre puissance vitale, il y a une satisfaction. Et ce jeu de satisfaction est fondamental pour le bonheur humain.

Il faut se rappeler que le bonheur – que je définis comme la conscience d'un état global et durable de satisfaction de l'existence – est fondé en grande partie sur le plaisir. C'est parce que nous avons du plaisir à manger, à faire l'amour, à parler avec des amis, à être reliés à nos proches et à la nature, que nous sommes heureux. Celui-ci – physique, affectif, social, spirituel – est indispensable à l'épanouissement humain. Mais la problématique actuelle, c'est que nous sommes mus par une quête permanente et insatiable de plaisirs immédiats auxquels nous devenons dépendants. C'est typiquement le cas de nombreux enfants et adolescents qui passent leur temps sur leurs jeux vidéo et leurs smartphones et qui présentent de graves troubles de l'attention, de stress et d'anxiété, car ils sont devenus *addicts* au plaisir immédiat que leur procurent les écrans interactifs. Plongés dans un état chimique d'euphorie, nous recherchons toujours davantage de plaisir. Une recherche d'autant plus aisée dans une société de consommation, où l'on dispose de temps libre et de loisirs multiples. Dans les sociétés traditionnelles, le plaisir est limité en raison du temps consacré aux besoins primaires. Dans les sociétés modernes, il y a la possibilité d'un plaisir quasi illimité, qui guide la plupart de nos choix. L'être humain devient dépendant à cette recherche permanente du plaisir et au *shoot* chimique qui en découle. Ce qui pose deux problèmes majeurs. Le premier est celui de la perte de liberté : l'addiction au plaisir immédiat et permanent ne permet pas d'être dans la capacité d'orienter sa vie selon des valeurs qui font sens. Le second est celui de la surconsommation : nous voulons toujours davantage de biens matériels. Le pillage et la destruction des ressources de la planète sont en grande partie liés à ce besoin de posséder toujours plus. Comme le disait déjà dans l'Antiquité le philosophe grec Épicure, si l'on souhaite aller vers un bonheur plus profond, il faut savoir modérer ses plaisirs. La recherche permanente d'un plaisir qui se renouvelle sans cesse finit par en altérer la profondeur et l'intensité. Mieux vaut choisir des plaisirs intenses et rares que d'être dans une multiplication de plaisirs qui finissent par devenir superficiels. C'est ainsi qu'Épicure définit le bonheur comme la capacité à se limiter dans ses plaisirs et à les discerner. On est beaucoup plus heureux avec quelques vrais amis qu'avec une pléiade de connaissances avec qui on entretient des relations superficielles. Le bonheur est lié à la modération et à la capacité de s'autolimiter. Ce qui est vrai à l'échelle individuelle l'est aussi à l'échelle collective. Cette incapacité à se modérer dans cette recherche permanente du plaisir est l'une des causes principales de la crise que nous traversons.

NICOLAS HULOT – « La définition absolue de la liberté, la voici : équilibre. » Tout est résumé dans cette phrase de Victor Hugo. Mais j'aimerais rebondir sur ce que tu dis et sur la phrase de Bergson, car il est toujours troublant de voir se croiser une analyse intellectuelle avec une thèse scientifique. Les travaux du docteur en neurobiologie Sébastien Bohler sur nos mécanismes cérébraux méritent tout notre intérêt. Dans le striatum se niche, à la base du cerveau, un petit noyau de neurones qui, en réponse à un stimulus, libère la dopamine, souvent nommée la molécule du plaisir. Une étude a montré qu'un rat à qui on enlevait ce petit noyau se laissait rapidement mourir. Le cerveau n'a pas beaucoup évolué depuis que l'Homme s'est redressé. Pour se nourrir, se reproduire, se chauffer, se sauver ou se soigner, ce dernier répond à des stimuli et reçoit une récompense grâce à ce noyau de neurones. Pour Sébastien Bohler, cela ne fait aucun doute que cette molécule du plaisir a permis à l'être humain d'avancer. Ce mécanisme de réponse aux stimuli vitaux, expliqué et étayé par la science, est à l'origine du succès de l'évolution. Mais aujourd'hui, nous sommes confrontés à une telle profusion de stimuli que le cerveau ne distingue plus les stimuli vitaux des autres. Sous le feu de multiples tentations et promesses de plaisirs empruntant toutes sortes de vecteurs (télévision, jeux vidéo, réseaux sociaux, etc.), nous avons basculé dans un monde qui crée sans cesse de nouveaux besoins, attentes et désirs que nous ne soupçonnions pas la veille et que nous abandonnons aussitôt après les avoir assouvis pour nous projeter vers d'autres !

Nous sommes en permanence les proies de

désirs inédits qui procurent toutes sortes de plaisirs, intenses, éphémères, superficiels et inutiles, qui engendrent parfois une situation de dépendance. Prisonniers de nos instincts, asphyxiés par nos besoins et nos désirs, nous sommes les victimes inconscientes et insouciantes de l'utopie matérielle et de la violence mimétique. La grande difficulté, explique Sébastien Bohler, c'est que nous ne sommes pas programmés pour résister à ces désirs ; nous ne possédons pas de fonction de modération. Et comme la plupart des sollicitations de notre société de consommation sont matérielles, cela participe en effet à l'épuisement de nos ressources, à la pollution et à l'altération de la planète. Fort heureusement, nous découvrons dans son livre, *Le Bug humain*, que certaines activités et certains comportements créent des plaisirs moins addictifs, plus épanouissants. Acquérir une connaissance ou prendre le temps de savourer permet également de sécréter de la dopamine. Le partage, la transmission, l'altruisme, le don de soi sont aussi vecteurs de plaisir. Il est intéressant d'identifier ce mécanisme en nous pour le contrôler, le modérer et le diriger vers ce qui procure un plaisir qui fait sens, à défaut de l'annihiler. Il existe toute une gamme de plaisirs qui nous font parfois perdre notre esprit critique. Il s'agit de choisir individuellement et collectivement ceux qui participent à notre épanouissement et non pas à notre asservissement. L'esprit doit triompher de la matière. Pour paraphraser Épicure, nous devons apprendre à nous contenter de peu pour nous satisfaire de tout.

L'épreuve du Covid-19 a été l'occasion pour beaucoup, et évidemment surtout pour celles et ceux qui ont été épargnés des affres sanitaires, de faire l'expérience de la sobriété et d'une forme de simplicité. Le besoin vital est venu rebattre les cartes, saisir l'indicible, l'essentiel, et réanimer notre humanité. Jamais, nous n'avons été aussi isolés les uns des autres et jamais, dans ce monde délité, nous n'avons été en même temps aussi proches. Dans ce temps offert soudainement, ce ralentissement subi, nous avons éprouvé du plaisir à parler aux autres, à écouter, à regarder, à manger, à prendre simplement conscience que vivre est une faveur. Dans l'incertitude du lendemain, nous avons découvert le bonheur du moment présent.

F. L. – En 2016, j'ai cocréé avec Martine Roussel-Adam la fondation SEVE (Savoir être et vivre ensemble), abritée par la Fondation de France, et une association qui porte le même nom et forme des animateurs de pratique de l'attention et d'ateliers philo avec des enfants. Ceux-ci possèdent en eux des graines de sagesse que les adultes ont perdues par manque de spontanéité, mais aussi à cause des conditionnements de notre société. Lors d'un atelier en Corse, dans le délicieux village d'Erbalunga, j'ai invité des enfants de 6-7 ans à réfléchir à la question du bonheur. Dans un premier temps, plusieurs d'entre eux ont évoqué l'assouvissement des désirs : « Être heureux, c'est avoir ce que l'on veut. Je suis heureux parce que j'ai envie d'une glace et que je l'ai... » Jusqu'à ce qu'un petit garçon, Julien, intervienne pour dire : « Moi, je ne suis pas d'accord avec vous. Ce n'est pas vrai, car quand on a quelque chose, on n'est pas satisfait, on veut toujours autre chose. Quand j'ai un jouet, j'en veux un autre. Alors, j'ai compris que si je voulais être heureux, il fallait que j'apprenne à me satisfaire de ce que j'ai. » Cet enfant a petit à petit convaincu la plupart des autres. « C'est vrai que quand je vais au supermarché et que je dis à ma maman que je veux ce jouet et qu'elle me l'achète, je ne suis pas tout à fait satisfait, car je ne l'ai pas suffisamment désiré. Si j'avais attendu plus longtemps, j'aurais eu plus de joie à l'avoir... » ajoute un autre. Ces enfants ont déjà conscience que l'être humain est perpétuellement insatisfait, qu'il a du mal à se contenter de ce qu'il a. Et là, je ne peux m'empêcher de citer saint Augustin : « Le bonheur, c'est de continuer à désirer ce que l'on possède déjà. » Pour la petite histoire, cet enfant est rentré chez lui le soir, radieux, et a dit à sa mère : « Maman, maman, quand je pense que j'ai attendu 7 ans et demi pour faire de la philosophie ! » *(Rires)*

N. H. – Comment s'extraire, en effet, de cette profusion d'objets de désir et parvenir à la sobriété ? La première injonction est, je pense, de trouver collectivement l'équilibre entre ce que la nature peut nous donner et ce que nous pouvons en prélever. À défaut de cela, nous vivons à découvert, dans une dette écologique. « La société est une modalité d'oubli de la nature », constate le psychologue social, Serge Moscovici. Mais la nature ne nous oublie jamais. Contrairement à ce que pensent certains, nous ne pouvons raisonner qu'avec une seule planète et dans un temps raisonnable. Il en va d'ailleurs de notre santé psychologique. Inconsciemment, nous sommes dans une forme d'addiction qui nous écarte de plaisirs plus simples et nous plonge dans une frustration permanente. Il y aura toujours quelqu'un qui aura quelque chose que nous n'avons pas, il y aura toujours quelque chose que nous voudrions et que nous n'avons pas. Cette frustration crée de l'individualisme et de l'égoïsme plutôt que de l'altruisme. Nous évoluons dans un monde qui suscite un repli sur soi-même et de la violence. Pour exister, il faut posséder. Tout est consumériste, même les loisirs. Nous sommes des drogués et nous l'ignorons. Prenons l'exemple d'un fumeur en manque de nicotine. Entre le plaisir immédiat de fumer une cigarette et la joie de s'épargner une grande souffrance à venir, il n'hésite pas. C'est symptomatique de la pression de l'instant présent et de la satisfaction immédiate qui se retrouve à l'échelle politique et géopolitique. Comme le futur est aléatoire, on se dit que c'est toujours ça de pris ! À cause de cette profusion de plaisirs instantanés et éphémères, on s'éloigne du bien-être durable et profond, notamment dans le domaine relationnel.

F. L. – C'est aussi ce qui fait la différence entre le plaisir et la joie. Bergson définit la joie comme une victoire, un accomplissement. Elle est le fruit d'une augmentation de notre puissance vitale. C'est parce que nous grandissons au niveau de l'être, et non de l'avoir, que nous sommes dans la joie. Bergson prend appui sur le philosophe Spinoza, selon qui tout organisme vivant fait un effort pour persévérer et grandir dans son être. Chaque fois qu'il grandit, il est dans la joie. Chaque fois qu'il régresse et rencontre des obstacles pour s'épanouir selon sa nature, il est dans la tristesse. La vie est une recherche de cet accomplissement qui met en joie. Le problème, c'est que nous sommes portés vers ce désir de joie, cette envie de grandir et de nous accomplir, mais que nous en sommes détournés en permanence par une multitude de petits plaisirs qui nous empêchent de faire l'effort d'aller vers les grandes joies. Dans l'apprentissage d'un instrument de musique, par exemple, la joie provient de la persévérance dans l'effort, ce qui demande exigence et constance. Grâce à la maîtrise des gammes, nous aurons la joie de pouvoir jouer un morceau de Bach ou de Beethoven.

N. H. – Et c'est une joie durable... Le plaisir instantané et éphémère nécessite d'être immédiatement reproduit et remplacé, alors que la joie installe un état de bien-être pérenne. Quand un enfant se réjouit de la réalisation d'un bon score sur un jeu vidéo, une forme de tristesse s'installe ensuite en lui, car son plaisir s'éteint avec l'écran. Que reste-t-il de cela ? Juste la frustration de ne pas pouvoir prolonger ce moment. Comme cet enfant, nous autres, adultes, cessons d'aimer ce que nous avons et désirons aussitôt ce que nous n'avons pas.

F. L. – C'est très vrai : le plaisir crée de la frustration, mais pas la joie. Celle-ci s'installe plus durablement, car elle modifie un état d'être. Nous nous sentons grandis, notamment dans le domaine de la connaissance. Face à Speusippe, le neveu et successeur de Platon à l'Académie, qui considérait qu'il valait mieux éviter le plaisir pour être heureux, Épicure le valorise au contraire, car il constitue une des sources essentielles du bonheur. Mais il y a deux pièges au plaisir. Le premier est qu'il ne dure pas, c'est la raison pour laquelle nous allons le multiplier pour le satisfaire dans l'immédiat. Le second est qu'il dépend presque toujours de causes extérieures, ce qui peut nous priver de liberté. Au contraire, la joie est un sentiment intérieur qui peut durer et qui n'est pas nécessairement lié à la rencontre avec un objet extérieur.

Le bonheur n'est pas simplement l'addition des plaisirs, il est aussi fait de la conscientisation des menus plaisirs du quotidien : prendre une douche ou un bain, déguster son café ou son thé, regarder un rayon de soleil... Plutôt que de savourer ces plaisirs simples et accessibles, nous avons la tête ailleurs et préférons souvent aller chercher des plaisirs plus sophistiqués et onéreux, notamment ceux liés à la technologie. Et nous entrons dans un cercle vicieux d'insatisfaction permanente. Or, les études menées par les neuroscientifiques depuis une trentaine d'années ont montré que notre cerveau produit des neuromédiateurs ou des hormones, comme la dopamine, la sérotonine, l'acétylcholine ou le gaba, qui sont nécessaires à notre équilibre émotionnel et à notre bien-être. Ces substances chimiques sont sécrétées uniquement lorsque nous sommes totalement attentifs à ce que nous faisons. Cela rejoint la sagesse des Anciens qui nous invitaient à être attentifs à l'instant présent pour être heureux : *Carpe diem*, « Cueille le jour », écrivait le poète Horace à la suite d'Épicure.

À cause de l'angoisse de la mort et de la déstabilisation de nos habitudes de vie, la crise que nous traversons a pu provoquer, dans un premier temps, un effondrement de nos neuromédiateurs. Mais beaucoup ont su s'adapter et retrouver un équilibre émotionnel en profitant du confinement pour prendre le temps de vivre et de savourer justement les menus plaisirs de l'existence. Plutôt que de regarder en boucle les images anxiogènes sur les chaînes d'infos, ils ont pris le temps d'aimer, de rire, de contempler, de faire la cuisine, de lire, de réfléchir. Et, en dégustant ces plaisirs, ils ont redynamisé, sans le savoir, leurs neuromédiateurs tout en redécouvrant les vraies valeurs de l'existence.

N. H. – On ne naît pas avec une notice, il faut apprendre à vivre. À Aragon qui disait «le temps d'apprendre à vivre, il est déjà trop tard», je répondrais que l'on peut au moins anticiper. Je souhaite avant tout mettre en garde les jeunes. Chacun porte en soi cette aspiration intime, cette soif éternelle, ce Graal programmé dans notre ADN, que sept lettres résument: LIBERTÉ. Beaucoup pensent être libres, mais ne le sont pas. Être libre, c'est choisir et ne pas subir. Krishnamurti disait: «Il faut se libérer du connu.» Être libre, c'est aussi se libérer de toutes sortes de conditionnements, y compris des jugements moraux dont nous avons insidieusement hérité. La liberté de penser et d'agir n'est jamais acquise, elle procède d'une discipline et d'un acte de résistance de chaque instant. C'est un exercice au long cours que d'être soi-même.

F. L. – Notre monde renforce ce sentiment que nous n'avons jamais été aussi libres, alors que nous n'avons peut-être jamais été autant esclaves du plaisir immédiat. Trois siècles avant Freud, Spinoza a eu le génie de nous montrer que nous sommes les esclaves de nos affects, de nos désirs, de nos pulsions. Parce qu'il a conquis des libertés politiques fondamentales, l'Homme moderne pensait être devenu libre. Or, tant qu'il n'aura pas engagé un travail de lucidité sur lui-même, il ne saura pas éclairer ses affects par la raison et restera l'esclave permanent de ses passions. Je dis souvent que nous ne naissons pas libres, mais que nous le devenons à travers un long travail de connaissance et d'observation de soi.

J'aimerais rester ici sur la notion de désir. Certes, le désir suscite beaucoup de frustrations et de malheur lorsqu'il est mal orienté, ou qu'on en devient esclave. Mais, comme le disait encore Spinoza, « le désir est l'essence de l'Homme ». Si on lui enlève le désir, il n'est plus humain. Ce qui fait que l'être humain a grandi dans la connaissance, c'est le désir de connaissance. Ce qui a conduit l'être humain à découvrir la science, c'est le désir de science. Ce qui rend l'être humain altruiste, c'est le désir d'autrui, etc. Le désir, c'est ce qui a donné le meilleur de l'être humain, mais c'est aussi ce qui l'a conduit au pire. Certaines philosophies ascétiques ont expliqué que le bonheur de l'être humain passait par la suppression des désirs, voire des plaisirs. Je trouve cela absurde, car le désir est un moteur qui permet d'avancer et de progresser.

Plutôt que de supprimer le désir, Spinoza propose de l'éclairer par des « idées adéquates », autrement dit des idées justes, qui permettent de l'orienter vers des choses ou des personnes qui sont bonnes pour nous et pour les autres. Selon lui, le désir doit s'appuyer sur la raison. Et s'il est guidé par une vraie connaissance de soi, du monde et du réel, il s'inscrit dans une responsabilité. Il ne s'agit plus d'un désir menant à la destruction de soi et d'autrui. Il ne crée plus de malheur. Il devient un désir éclairé par la raison universelle. En mettant de la lucidité dans l'expérience, on découvre ce qui est vrai, ce qui est bon, ce qui est juste pour soi, pour les autres, pour la nature. Toute la philosophie pratique spinoziste, que l'on appelle «L'Éthique» (l'organisation de nos vies), consiste à découvrir les désirs qui nous font grandir et ceux qui nous diminuent. Orienter nos désirs vers des choses ou des personnes qui nous font grandir nous mettra dans la joie, en revanche, les orienter vers des choses et des personnes qui nous diminuent nous plongera tôt ou tard dans la tristesse.

N. H. – Ce que tu dis pour l'individu vaut pour la société. On en revient à cette notion de choix entre subir la situation et saisir les opportunités. Il existe des désirs, des voies d'émancipation qui sont raisonnables, rationnels et nécessaires et d'autres qui sont pervers et dangereux. Nous sommes invités à choisir une direction, pour peu qu'elle participe à l'amélioration du monde. Sur cette notion cruciale, le drame que nous traversons a fait la démonstration improbable que nous étions prêts, sans états d'âme, à renoncer à des libertés fondamentales, notamment celle de circuler, dès lors qu'on en comprenait clairement la raison. À la sortie du tunnel, serons-nous capables de renoncer aux comportements ou aux actes qui entraînent la crise climatique? Un simple exemple, allons-nous arrêter de consommer en plein hiver 650 000 tonnes de fraises importées en avion? La question du renoncement est celle du moment.

Sommes-nous capables individuellement et collectivement de lister ce à quoi nous renonçons ou la manière dont nous sommes prêts à réduire notre consommation ? « Pour grandir, on doit se diminuer » nous guide, là encore, Edgar Morin. Pour les désirs, aussi, il est nécessaire de trier dans les possibles. Nous avons le choix entre fuir dans l'*hubris* techniciste consumériste individualiste ou bien faire une révolution mentale en triant, discernant, choisissant, sans jamais subir. Ce n'est pas une démarche qui se fait spontanément. Il s'agit pour l'être humain d'engager une révolution de l'esprit pour choisir son chemin avec lucidité, en son âme et conscience. C'est ce que j'appelle la sagesse tragique : avoir conscience de vivre un moment délicat, non pour fuir, mais pour choisir.

Un souvenir me revient concernant les Indiens Kogis qui vivent dans la sierra Nevada en Colombie et qui se caractérisent par leur dimension spirituelle. Chaque acte de leur vie quotidienne est précédé de séances de réflexion et de méditation. Peu de peuples sont à ce point reliés dans le temps et dans l'espace. J'ai été initié à leurs rituels, lors d'un séjour mémorable sur leurs terres, avant de recevoir plusieurs fois leurs représentants à l'Élysée ou au ministère de la Transition écologique et solidaire. Sans pouvoir l'expliquer, chaque rencontre m'apaisait et me rechargeait. Elle représentait la délivrance d'un supplément d'âme qui nous fait tant défaut. Récemment, un ami journaliste est allé à son tour les rencontrer. À la question un peu abrupte : « Quel conseil donneriez-vous à notre monde moderne ? », la réponse le fut tout autant : « Arrêtez de courir ! » Tout est dit. Je suis convaincu qu'il n'est pas de plus précieuse et pertinente prescription. Notre société doit en permanence s'interroger sur la finalité de ses choix. Pour faire le tri, encore faut-il ralentir notre course folle. Alors émergera la voie de la sagesse.

F. L. – Tu parles de sagesse tragique. Moi, je dirais tragique et joyeuse. J'associerais les deux mots, car si notre société traverse un moment tragique, nous précipitant au bord du gouffre dans plusieurs domaines, il y a aussi cette possibilité qui nous est offerte d'aller vers des joies de plus en plus grandes. C'est simplement l'orientation juste de notre regard, l'éclairage de notre conscience, qui peut nous permettre de vivre des joies profondes et de surmonter le tragique. Spinoza nous éclaire également sur ce point. Comme le désir est le moteur de l'existence, c'est aussi lui qui va nous aider à changer. Esclaves de notre téléphone portable, des réseaux sociaux, de la cigarette, de l'alcool ou du jeu, comment en sortir ? Le philosophe nous explique que la volonté et la raison ne suffisent pas pour quitter une addiction. Les stoïciens, eux, pensent que la volonté suffit : « Si tu veux, tu peux. » Mais cette maxime rencontre ses limites avec un drogué ou un alcoolique. Parfois il veut, mais ne peut pas. Quant aux épicuriens, ils pensent que la raison suffit. Discerner ce qui est juste pour soi et pour la société permet de changer. Mais quelqu'un pris dans une addiction profonde a beau savoir qu'il doit changer, ce n'est pas pour autant qu'il va y parvenir. Pour résoudre le problème, Spinoza pose cette question : qu'est-ce qui va nous permettre de changer, de quitter un désir qui nous conduit au malheur ? Il nous répond qu'il faut utiliser sa raison pour susciter un autre désir positif. Ce qui revient à dire que l'on ne peut changer qu'en remplaçant un affect négatif par un autre, positif, qui lui sera supérieur. Par exemple, un alcoolique ne pourra quitter son addiction que parce qu'il trouve une nouvelle motivation, comme une relation amoureuse ou la découverte d'un art, qui lui demande la pleine possession de ses moyens. J'ai connu un jeune adulte dépressif et dépendant à Internet qui n'arrivait plus à quitter sa chambre. Un jour, quelqu'un lui a offert un petit chat. Il s'y est terriblement attaché et ce chaton a changé sa vie. Il s'est mis à sortir pour le nourrir et le soigner, il a regagné confiance en lui et a repris une vie sociale. Son affection pour ce chat a été plus forte que son plaisir à passer ses journées et ses nuits, rivé sur son ordinateur.

N. H. – Ton histoire me fait rebondir sur celle de ma nièce dont je suis le parrain. La famille la citait toujours en exemple car elle avait obtenu son baccalauréat très tôt, avait réussi de brillantes études d'économie et travaillait dans la finance au Luxembourg. À 24 ans, réalisant que sa vie ne lui appartenait pas, elle a été frappée d'une dépression la plongeant dans une forme d'anorexie. Comme j'étais la seule personne avec qui elle était restée en lien, je l'ai hébergée dans mon pied-à-terre parisien. Dévorant mes livres consacrés à la nature, elle ne manquait pas de m'interroger sur mes voyages chaque fois que je la croisais. C'est alors que j'ai eu l'idée de lui offrir un stage d'été dans le centre de recherche sur les baleines de Richard Sears, dans le golfe du Saint-Laurent, au Canada. Ce qu'elle accepta. Quelques années plus tard, elle était devenue l'une des responsables de ce centre !

Mes plus grandes joies ont été déclenchées par des échanges de mots ou de regards, des découvertes de personnes ou de lieux, de la gentillesse, de la simplicité, des contemplations, des lectures, des musiques, des savoirs, des talents, des gestes maîtrisés… Parfois, tout cela se mêle dans une pépite de vie. J'ai connu et je connais régulièrement des moments de plénitude qui compensent largement les épreuves de la vie. Il est bon d'aimer et d'être aimé à l'identique, comme une synchronie magique. Aussi, il est bon d'admirer la beauté d'un paysage, de comprendre comment fonctionne la nature, d'avoir un moment de complicité avec elle, ou encore de transmettre une connaissance. Ces expériences procurent un sentiment indicible d'harmonie. Elles nous équilibrent en ouvrant nos sens. Elles sont des fragments de bonheur à savourer dans l'instant.

F. L. – Je voudrais souligner une autre dimension du désir humain : son caractère infini. Je crois que c'est aussi une singularité de notre espèce, pour le meilleur comme pour le pire. En cela, il se distingue des animaux chez qui le désir semble avoir des limites ; une fois qu'ils ont satisfait leurs besoins fondamentaux de survie et sociaux, ils ne cherchent pas plus loin. Je ne connais pas d'espèce animale pour qui la conquête de l'univers soit un objectif. Au contraire, chez l'être humain, le désir est infini dans tous les domaines. La contemplation de la nature est infinie ; il y a toujours quelque chose qui nous conduit plus loin dans l'émotion, la satisfaction et la découverte. La jouissance de la connaissance est infinie ; nous apprenons toujours quelque chose de nouveau, qui nous enrichit et nous fait grandir. L'amour est infini ; nous n'avons jamais fini d'aimer une personne, nous la découvrons toujours davantage sous différentes facettes et au fil de son évolution. Là où nous risquons la frustration, c'est lorsque nous plaçons le caractère infini du désir dans les biens matériels ou la domination. Tant que nous sommes dans l'ordre de l'être, il n'y a aucune frustration possible et nous ne cessons de grandir. Au contraire, quand nous sommes dans l'ordre de l'avoir, nous entrons facilement dans la frustration, car nous souhaitons posséder ce que l'autre possède à cause de la comparaison et du désir mimétique. Le vrai problème du désir n'est pas son caractère infini, mais que l'être humain place son caractère infini dans l'ordre de l'avoir et non de l'être, dans l'ordre de la compétition et non de la communion.

Le désir mimétique, que tu as brièvement évoqué, est exacerbé dans nos sociétés de consommation. Ce qui crée alors le désir, ce n'est pas le besoin, mais la comparaison. Sénèque montrait déjà que ce désir mimétique était source de malheur, parce qu'il y aura toujours quelqu'un qui possédera davantage de bétail que moi, qui aura une maison plus grande que la mienne, etc. Ce qui était vrai dans les sociétés anciennes devient dramatique dans notre société, où nous sommes tous connectés, où chaque écran, n'importe où dans le monde, ouvre une fenêtre sur le mode de vie des plus privilégiés et engendre une légitime frustration et, souvent, un sentiment d'injustice.

N. H. – Le désir mimétique aiguise en permanence un appétit sans limites pour toutes sortes de biens. Elle promet à tous les Hommes un accès illimité à des biens limités. C'est un mensonge auquel nous souscrivons tous. Il est véhiculé par la publicité, qui est devenue aujourd'hui très sophistiquée et intrusive, grâce à la technologie. La publicité est une force de persuasion clandestine qui irrigue nos cerveaux et surtout celui des plus jeunes pour créer ce désir irrésistible de posséder. Et comme elle flatte merveilleusement ces deux instincts, le désir et le mimétisme, il est difficile de résister. « À force de vouloir posséder, c'est nous-mêmes qui sommes devenus possédés », disait Victor Hugo. Nous sommes drogués à l'inutile et au futile.

Pour se libérer, il est urgent de se désintoxiquer de cette forme de société consumériste. Notre modèle économique repose sur la multiplication des désirs qui créent des besoins insoupçonnés que nous allons essayer d'assouvir avec de l'argent que nous n'avons pas – à crédit – puis que nous oublions, sitôt satisfaits. Nous devons absolument nous en affranchir, sinon nous devenons des esclaves inconscients, conditionnés et dénués de libre arbitre. Il est indispensable d'entrer en cellule de dégrisement et d'adopter un nouveau regard pour retrouver notre liberté et notre bien-être.

C'est la bataille du XXIe siècle qui se joue : partager une vision et un chemin afin de distinguer l'utile du futile. Notre but commun est de parvenir à cet équilibre subtil entre l'être et l'avoir. La règle d'or de l'humanité est la juste mesure. Ce combat essentiel touche à la liberté individuelle, à notre bien-être psychique, mais aussi, par voie de conséquence, à l'enjeu écologique. Cette course consumériste contribue à épuiser le capital des ressources accumulées pendant des centaines de milliers d'années, et nous conduit à une impasse en nous promettant un accès illimité à des biens limités. Dans ce monde digital où l'intrusion dans la sphère intime n'a jamais été aussi forte, gardons à l'esprit que nous pouvons être manipulés. Il faut maintenir une distance salutaire, apprendre à résister et comprendre notre vulnérabilité que certains s'efforcent d'exploiter. La résistance est le premier acte de liberté !

F. L. – La résistance passe en grande partie par la raison. Aristote disait que la philosophie était un acte de résistance, car elle permet de ne pas descendre le fleuve comme tout le monde. Le philosophe – ou tout simplement l'être humain qui réfléchit – est celui qui veut la lucidité, qui cherche la vérité et qui remonte le fleuve à contre-courant.

J'en reviens à l'éducation qui est la clé de tout. Il me paraît très important de faire philosopher les enfants dès leur plus jeune âge pour leur apprendre à développer un questionnement critique. Car seul le discernement nous permet de faire les bons choix, de mieux gérer nos affects et de les orienter vers des choses ou des personnes qui sont bonnes pour nous et nous font grandir, qui créent de la joie et non de la frustration. L'éducation de l'intelligence rejoint la question du progrès. La philosophie des Lumières ne s'est pas trompée en plaçant la raison comme levier essentiel du changement. Mais la raison, ce n'est pas uniquement la science et la rationalité technique. Elle est aussi l'intelligence qui s'éveille au sens.

Il faut comprendre le développement de la raison – le *noos* des Grecs – dans toutes ses dimensions, y compris contemplatives et intuitives.

N. H. – J'aimerais revenir sur cette notion de discernement. Le flux médiatique rend difficile la perception de la réalité des phénomènes et des crises dans toute leur gravité et leur complexité. Nous vivons dans un monde qui a du mal à discerner et à passer à un nouveau mode de raisonnement et de logique. Les choses doivent être blanches ou noires. Par exemple, j'entends souvent dire que les politiques n'ont rien compris. Ce n'est pas si vrai. Dans la complexité de notre époque, il n'y a ni problèmes ni solutions simples. Toujours penser que le mal est extérieur à soi est un travers dans lequel il ne faut pas tomber. En chaque homme ou en chaque femme, il y a quelque chose de vertueux à faire naître et à aller chercher. On peut cultiver chez l'autre ce qu'il a de néfaste, mais aussi dénicher la beauté de son âme. Ce qui est vrai chez l'individu vaut aussi pour la société. Pour moi, il y a une humanité qui travaille pour le bien commun et une autre qui l'accapare. Il faut faire émerger la première qui est là, silencieuse, mais qui agit.

F. L. – Je ne peux m'empêcher de citer le philosophe Paul Ricœur, que j'ai bien connu à la fin de sa vie : « Il y a des forces de bonté enfouies dans le cœur de chaque être humain. Il faut les révéler. » Les catastrophes voient s'exprimer le pire et le meilleur de l'être humain et permettent souvent de révéler ces forces de bonté. On vient encore de l'observer avec l'incroyable dévouement des soignants et la gratitude de nombreuses personnes qui les applaudissaient tous les soirs depuis leurs balcons.

N. H. – Je pense que nous avons des propensions divergentes, l'une à la barbarie, l'autre à la civilisation. À nous de créer les bonnes conditions. Moi qui ai rencontré l'humanité dans toute sa diversité en voyageant, j'ai davantage croisé de gens bienveillants, attentionnés que de gens égoïstes et détestables. Évidemment, on retient les méchants, car ils nous marquent et nous blessent. Le pouvoir de nuisance agit plus facilement que le pouvoir de bienveillance. Ils sont moins nombreux à s'en emparer, mais son impact est plus visible et audible. Pour preuve, dans une salle de conférences, deux personnes qui vocifèrent occultent le reste de l'assistance. Le cynisme, la cupidité, le manque de scrupules et de limites sont visibles, alors que la bonté est plus discrète, même si elle est contagieuse. Chaque fois que je doute, je me souviens de ces humanités que j'ai rencontrées : c'est pour elles qu'il ne faut pas baisser les bras !

F. L. – Ce que tu dis pose une question à laquelle nous sommes particulièrement confrontés dans notre monde, celle des médias. Aujourd'hui, tous connectés par la technique, nous avons accès à une réalité médiatique qui n'est pas la réalité du monde dans sa complexité. Au Moyen Âge, l'information dépassait rarement vingt kilomètres autour d'un village. On était avant tout confronté à la vie quotidienne, avec son lot de joies, comme les naissances, les mariages, les récoltes... et de tristesses comme les maladies, les calamités naturelles, les décès... De nos jours, l'information se concentre essentiellement sur ce qui va mal dans le monde en occultant ce qui va bien pour des milliards d'individus.

Plusieurs enquêtes de satisfaction menées dans une cinquantaine de pays ont montré qu'environ 80 % des gens se disent heureux sur Terre. Ce qui prouve bien qu'il faut prendre de la distance par rapport aux informations véhiculées dans les médias, même si ceux-ci sont de plus en plus nombreux à essayer de montrer également des choses positives. Fort heureusement aussi, de plus en plus de citoyens s'efforcent de décrypter l'information et prennent conscience que le monde qu'ils voient dans la plupart des médias ou sur le fil des réseaux sociaux n'est pas le monde réel, mais le spectacle de tout ce qui va mal dans le monde, ce qui est terriblement anxiogène.

J'ai été frappé de constater, lors de cette crise sanitaire, que de nombreuses personnes confinées restaient presque la journée entière les yeux rivés sur les chaînes d'information, où se succédaient les reportages sur le coronavirus. Rien de pire pour affaiblir ses défenses immunitaires que de nourrir ainsi la peur ! Entre trente minutes à une heure par jour suffisent largement pour s'informer de l'essentiel, et mieux vaut consacrer le reste de son temps libre à nourrir des émotions positives de plaisir, de joie, d'amour, en échangeant avec ses proches, en lisant de la poésie, en écoutant de la musique, en regardant de bons films, en cultivant son jardin si on a la chance d'en avoir un, etc.

N. H. – On est bien d'accord, même si j'ajouterais un bémol sur ces enquêtes de satisfaction. Qu'est-ce qu'être heureux ? Avons-nous tous la même définition ou perception du bonheur ? Tout cela reste à définir. Quant au pouvoir de nuisance de ceux qui ont perdu leurs âmes car ils ont enfoui la pitié, il ne faut pas le minimiser au prétexte que ces individus sont minoritaires. L'empathie va-t-elle l'emporter sur le cynisme, l'altruisme sur l'égoïsme, le « nous » sur le « je » ?

Chapitre 3

Le règne de l'argent

> « *Le monde contient bien assez pour les besoins de chacun, mais pas assez pour la cupidité de tous.* »
>
> GANDHI

FRÉDÉRIC LENOIR – Depuis plusieurs décennies, notre monde est soumis au règne de l'argent. La maximisation du profit est devenue le mot d'ordre de l'ultralibéralisme triomphant et l'argent est le principal moteur de nos sociétés consuméristes. Pourtant, pour la première fois de l'histoire moderne, la terrible crise économique que nous traversons n'est pas liée à des mécanismes financiers non maîtrisés. Nous l'avons choisie. Au nom de la vie et de la sécurité sanitaire des populations, nous avons préféré mettre l'économie par terre. Ce qui montre qu'il est possible de faire des choix courageux et que le profit peut être relativisé par rapport à d'autres valeurs. Certes, la conséquence de cette crise est une décroissance très forte, avec un chômage qui explose et des secteurs d'activités lourdement impactés, sûrement durablement. Mais cela montre aussi l'intérêt d'aller vers une croissance maîtrisée, qui impliquera de la décroissance dans certains secteurs, plutôt que de subir une décroissance brutale comme celle que nous sommes en train de vivre. Alors, plutôt que d'investir des centaines de milliards d'euros à essayer de repartir comme avant et de relancer l'économie de manière classique, profitons de l'opportunité que nous offre cette crise pour construire sur d'autres bases, choisir ce qui doit croître et décroître. Essayer de convertir les emplois perdus dans des secteurs d'avenir durables devrait être une priorité pour éviter de subir de plein fouet des crises de plus en plus violentes, liées à tous les déséquilibres écologiques et sociaux que provoquent l'ultralibéralisme et le consumérisme débridés. Certains employés du secteur des transports ou du tourisme, par exemple, pourraient être aidés dans leur reconversion vers d'autres secteurs d'activité d'avenir, comme les énergies renouvelables. L'idée serait de relancer la consommation et la croissance en opérant un changement de paradigme économique, qui ne demanderait sans doute pas davantage que les 750 milliards d'euros investis en Europe pour la crise du Covid-19. En faisant des choix vertueux, de manière volontaire, cette mutation serait finalement plus douce et permettrait de répondre au plus grand défi de notre temps : la crise écologique.

NICOLAS HULOT – Rappelons que l'économie est la science de la rareté et que le mot « économiser » signifie essayer de protéger et de ne pas dilapider. Après la Seconde Guerre mondiale, l'OIT (Organisation internationale du travail), créée à Philadelphie, aux États-Unis, a défini le rôle de l'économie comme un moyen au service de l'épanouissement humain. Avec le temps, cette définition a été dévoyée, voire pervertie : au lieu d'indexer l'économie sur les besoins des êtres humains et la finance sur les besoins de l'économie, celle-ci a été indexée sur les exigences de la finance, et les Hommes ont été utilisés comme du capital humain au service de l'économie[1]. La fin et les moyens ont été inversés. À l'objectif de justice sociale s'est substitué celui de la libre circulation des capitaux et des marchandises, engendrant une richesse stérile et jouisseuse. L'économie et ses acteurs doivent se ressaisir d'une trop longue indifférence afin de faire émerger un modèle qui scelle le primat de l'humain sur le capital. Et la crise du Covid-19 offre peut-être en effet cette opportunité. À travers l'histoire, on voit combien revenir aux origines du mot est une nécessité, voire peut représenter un progrès. Chez les peuples premiers, on économise pour préserver et pour partager. Dans notre société occidentale, on économise pour dépenser et accumuler. La sphère économique et financière est une réalité complexe, divisée entre, d'une part, le financement créatif et productif, d'autre part, le financement purement spéculatif.

Quand j'étais au gouvernement, je souhaitais contribuer à extraire l'économie de la logique à court terme des actionnaires en changeant le code civil, car d'après l'article 1833, l'objet d'une entreprise est le seul intérêt des associés ou le profit. Pourtant, ce dernier ne devrait être qu'un moyen au service de l'épanouissement humain ! Je voulais également qu'on puisse diversifier la raison d'être d'une entreprise en lui donnant une dimension sociale et environnementale. Or s'est développée une économie protéiforme qui est devenue tellement ingénieuse qu'un pan entier de celle-ci s'est organisé en circuit fermé pour échapper à la solidarité de l'État. Il s'agit de l'économie spéculative, dont les travers sont l'exil fiscal et l'optimisation fiscale. Certaines entreprises, souvent des multinationales, utilisent la diversité fiscale des pays pour placer leur siège social et leurs revenus dans les endroits les plus favorables et, par le jeu de la multiplication des filiales, elles parviennent parfois à échapper complètement, ou en partie, aux impôts sur les bénéfices. Ce sont des sommes considérables qui échappent aux États.

L'économie est une science tantôt souple, tantôt rigide. À certains moments, on peut sortir de l'orthodoxie économique pour arranger le système financier, et à d'autres, on peut rencontrer un intégrisme économique qui n'est pas toujours sans conséquence sur le portefeuille des contribuables. Lors de la crise financière de 2008, les banques centrales n'ont pas hésité à sortir des dogmes de l'économie traditionnelle en faisant de la création monétaire pour sauver le système bancaire et les épargnants. On a injecté sans états d'âme des milliers de milliards d'euros principalement dans l'économie spéculative, sans contrepartie ni conditionnalité. Jusqu'à présent, nous nous sommes toujours interdit de faire tourner la planche à billets pour sortir de la crise humanitaire ou affronter la crise écologique. Pour la crise du Covid-19, heureusement, nous n'avons pas eu les mêmes scrupules, nous avons arrêté l'économie pour privilégier la vie, parce que la chaleur des flammes était bien palpable, y compris chez les élites. Nous sommes étonnamment sortis des sentiers battus. Les gouvernants, sur un plan économique, ont été capables de s'extraire des dogmes budgétaires. Forts de cette expérience, allons-nous être capables collectivement d'envisager un plan de bataille digne de ce nom ? Aujourd'hui, il faut injecter de l'argent auprès de ceux qui sont en souffrance et, plus largement, dans l'économie réelle, l'économie d'avenir, seulement celle qui partage et protège. La puissance financière doit cesser de se croire plus forte que le monde réel.

Mon idée est d'établir un calendrier à deux étapes. Première étape : traiter les urgences immédiates, en s'appuyant entre autres sur les soixante-six mesures du Pacte du pouvoir de vivre, afin que les entreprises ne mettent pas la clé sous la porte et que la population retrouve son pouvoir d'achat. Deuxième étape : prévoir l'avenir et la transition écologique, en considérant que les aides du fonds de solidarité font partie d'un plan de résilience et non de relance à l'identique. Une fois la crise sanitaire jugulée, j'encourage à lancer, dès l'automne, une grande concertation à laquelle participeront les citoyens, les syndicats, les ONG, les responsables politiques pour définir ensemble les priorités et le chemin à tracer. Si l'État doit aider des entreprises comme Air France, Renault ou la SNCF, pourquoi pas, mais à quelles conditions ? Il s'agit d'établir un cahier des charges précis. Comme de nombreux secteurs vont évoluer, il va falloir mettre beaucoup de fonds dans la formation.

F. L. – Quels sont, selon toi, les dysfonctionnements majeurs du système qui règne depuis plusieurs décennies et qui pourrait peut-être aujourd'hui être remis en cause à la faveur de cette crise ?

N. H. – J'en vois au moins trois. Premier point, la grande mystification à laquelle tout le monde souscrit, notamment en Europe, est de faire semblant de ne pas croire que nos pays sont très endettés. Cela est certainement à l'origine du discrédit des politiques qui nous condamnent sans se l'avouer à l'austérité et qui n'offrent pas d'autres choix qu'une aide indigente aux pays en voie de développement. Nos pays ont dépensé plus qu'ils n'avaient, en empruntant pendant trop longtemps. Une entreprise ou un citoyen dans la même situation serait en liquidation judiciaire ou en cessation de paiement. Actuellement, le service de la dette est la première dépense des États. Qui prête à qui ? Et qui profite des intérêts de la dette ? Difficile de répondre à ces questions, exception faite de la crise de la dette publique grecque, sur laquelle il est certain que des spéculateurs se sont enrichis. Ne faudrait-il pas tout simplement remettre les compteurs à zéro et annuler la dette détenue par les banques centrales, comme cela a été fait pour l'Allemagne après la Seconde Guerre mondiale ? La situation impose de poser cette question taboue. Je ne suis pas sûr de la réponse, mais je suis convaincu qu'il ne faut pas hésiter à faire de la nouvelle dette, quitte à remplacer l'ancienne par la récente, avec des taux très bas. Pour moi, celle-ci n'est pas une dépense de fonctionnement mais bien de l'investissement précisément fléché sur les secteurs d'avenir. Une fois défini l'absolu prioritaire, l'État pourrait, pourquoi pas, envisager de faire tourner la planche à billets pour tout ce qui est vertueux. Il existe indéniablement des effets macroéconomiques positifs et multiplicateurs de l'investissement. Les économistes eux-mêmes sont perdus face à cette question de la dette qui n'a pas créé d'inflation, à l'inverse de leurs prévisions. Au passage, notons que le Japon a une dette équivalente à 200 % du PIB et ne s'en porte pas plus mal ; la nôtre est proche de 100 %…

Les États sont tellement contraints que l'économie

devient un jeu à somme nulle. Si un politique promet de l'argent pour aider les urgences hospitalières, par exemple, il le prendra nécessairement sur un autre service public. Et s'il souhaite réduire le déficit, il prélèvera l'argent auprès de ceux dont les comptes sont les plus transparents, à savoir la classe moyenne, les PME[2] et les TPE[3]. L'argent reste au cœur de tout. Pour amorcer un nouveau modèle énergétique, écologique et agricole, il est nécessaire que l'État investisse. Or il ne peut pas, soit parce qu'il ne veut pas créer de dette supplémentaire, soit parce qu'il ne veut pas aller chercher l'argent là où il est. Pourquoi a-t-on laissé un pan de l'économie s'organiser en circuit parallèle ? Pourquoi a-t-on laissé les marchés dicter ou s'affranchir des lois ? Ce sont les États qui en font les frais et les citoyens bien sûr. Tant qu'on s'accommodera qu'un pan entier de l'économie se fasse hors des États, on ne disposera d'aucune marge de manœuvre. La priorité pour l'Union européenne serait d'harmoniser les règles fiscales des vingt-huit États membres. Imposer une taxe sur les transactions financières, rehausser l'impôt sur les bénéfices, taxer davantage les revenus qui ne sont pas issus du travail changerait totalement la donne de l'investissement, de la répartition des richesses et de l'aide au développement.

Deuxième point, nous souffrons du fait que nous définissons mal nos priorités. Ce qui pose la question du choix évoquée précédemment, capitale à tous les échelons, qu'ils soient local, régional, territorial, étatique, européen ou mondial. L'utilisation de l'argent n'est pas toujours rationnelle, et elle est souvent mal hiérarchisée. L'argent est investi pour beaucoup dans ce qui ne participe pas à l'épanouissement humain. Les gouvernements successifs rognent depuis des années sur les urgences hospitalières et la santé en général. La crise du Covid-19 l'a mis au jour de façon brutale. Et malheureusement, on s'affaire davantage à soigner les symptômes qu'à identifier les causes de nos maux et à faire du préventif.

Troisième point, nous entretenons une vision étriquée de l'économie. La réalité économique ne tient pas compte de la réalité écologique et de ce qu'on appelle les externalités négatives. Ce débat important doit resurgir en temps de crise. Prenons l'exemple de l'alimentation. Aujourd'hui, nous payons trois fois nos aliments : une fois avec le budget de la PAC[4] (40 % du budget européen, 50 milliards d'euros par an), une deuxième fois chez le commerçant, puis une troisième fois avec nos impôts pour réparer toutes les externalités négatives, c'est-à-dire les conséquences écologiques et sanitaires de l'agriculture productiviste. Au lieu d'encourager cette dernière, mieux vaudrait consacrer une partie du budget de la PAC à aider les producteurs à transformer leur modèle et à développer une agriculture biologique, ce qui demanderait des dépenses identiques à celles d'aujourd'hui, moins celles engendrées par les externalités négatives. Aussi, si les énergies renouvelables étaient soutenues autant que le nucléaire, elles représenteraient aujourd'hui 100 % de l'énergie utilisée, et leur coût serait identique à celui des énergies carbonées, moins celles engendrées par les externalités négatives. Dans beaucoup de domaines, la vision comptable se fait sur un temps restreint, alors que si on l'envisageait sur un temps plus élargi, on s'apercevrait qu'en investissant de l'argent en amont on éviterait beaucoup de dépenses en aval, c'est-à-dire toutes celles des externalités négatives engendrées par l'agriculture productiviste et l'industrie fossile, trop largement subventionnées ou exonérées de taxes (à l'exemple du trafic aérien et maritime). Certaines subventions sont toxiques, d'autres bénéfiques. Tout est question de choix d'investissement.

Notre modèle économique engendre une concentration des richesses. Selon un rapport de l'ONG Oxfam en 2019, les 26 milliardaires les plus riches de la planète détiennent un capital représentant autant que celui détenu par la moitié de la population mondiale en 2018. Selon cette ONG, la richesse des 1 % les plus riches de la population mondiale correspond à plus de deux fois la richesse de 90 % du reste de la population. En France, les sept premiers milliardaires possèdent plus que les 30 % des plus démunis. Aussi longtemps qu'un petit nombre captera la richesse, le système restera inégalitaire à l'intérieur d'une ville, d'un pays ou à l'échelle universelle. En outre, le modèle de croissance auquel se réfère une grande partie de la classe politique a fait son temps. Cette croissance de compétition pousse à la hausse de la productivité, qui fait diminuer l'emploi, car elle amène les entreprises à investir dans des machines plutôt que dans des femmes et des hommes, et à les aliéner encore davantage. L'objectif de croissance n'a d'autre ambition que lui-même.

Pourtant, nos responsables espèrent le retour d'une croissance exponentielle, si possible à deux chiffres, qui réglera tous les problèmes de la société. Or cela n'arrivera pas, car le modèle économique porte en lui-même sa propre obsolescence en se fondant sur l'exploitation de ressources, comme les énergies fossiles (pétrole, gaz naturel et charbon), qui sont appelées à s'épuiser. Et qu'on l'admette ou pas, dans certains secteurs, l'ère de la décroissance a bel et bien commencé. Ce déni de réalité prend les élites de court, et la conversion écologique s'arrête alors. La bonne nouvelle, c'est que l'économie n'est pas monolithique. Des économistes, tels Joseph E. Stiglitz, Thomas Piketty, Esther Duflo, Gaël Giraud et plus récemment Jean Tirole, pour n'en citer que quelques-uns, ont pris en compte ces paramètres et proposent des alternatives. La mauvaise nouvelle, c'est que ceux qui murmurent à l'oreille des puissants sont des économistes conventionnels, qui ne cherchent pas à sortir de l'intégrisme économique.

J'en reviens à ce que je disais dans le premier chapitre : dans un monde où les inégalités économiques sont criantes et visibles, il va falloir répartir la richesse, donc fixer des limites à la cupidité, sinon les plus pauvres s'en chargeront de manière non pacifique. Tant que le capital passera avant l'individu et tant que ce dernier restera esclave de l'argent, la paix dans le monde restera l'exception, car cette inconscience moderne porte les germes de la violence. Notre modèle économique a eu ses vertus, a fait illusion longtemps, mais il est devenu un médicament qui empoisonne et tétanise les élites, qui n'ont pas de remèdes dans leurs dossiers, au contraire des économistes alternatifs. Au début des années 1970, le Club de Rome avait anticipé tous ces problèmes. Malheureusement, les élites ont préféré fermer les yeux et céder à l'ivresse de ce modèle économique compétitif et de plus en plus productiviste, dans lequel la puissance financière «virtuelle» se croit plus forte que le monde économique réel.

Pour créer un système égalitaire, l'économie ne doit pas concentrer, piller et épuiser. Le temps du profit court et maximal n'est pas compatible avec le temps long des écosystèmes et de l'émancipation humaine. C'est là où économie et écologie se rejoignent. L'écologie est la protection des ressources sur lesquelles repose l'économie. Malheureusement, l'économie a longtemps entretenu l'idée que l'abondance était la norme, alors qu'au contraire elle est la rareté: nous évoluons dans un système clos en circuit fermé, nous n'avons pas de ressources ailleurs que sur la Terre. Notre difficulté est de passer d'un modèle qui épuise à un modèle circulaire, s'inspirant de la nature, dans lequel les matières premières entrent dans un cycle quasi éternel et dans lequel la notion de déchet n'existe pas.

F. L. – Je souhaite rebondir sur deux points pour étayer ton propos. Premier point : le libéralisme. Son histoire comporte plusieurs phases. Les années 1970-1980 ont vu une accélération du fonctionnement libéral de l'économie avec la mondialisation et, en parallèle, l'effondrement du communisme. Ce contre-modèle, qui n'a pas fonctionné et a tragiquement sombré dans le totalitarisme, a donné tout l'espace possible au modèle capitaliste, ce qui a accru la légitimité du système libéral. Sa priorité est de libérer les échanges et de développer la croissance en faisant fi des inégalités que cela engendre. Ainsi, l'ultralibéralisme se généralise en s'appuyant sur les théories de l'Américain Milton Friedman, Prix Nobel d'économie en 1976. Parmi celles-ci, la théorie du ruissellement selon laquelle plus les riches s'enrichissent, plus le reste de la société en profite. Elle est imposée politiquement par Margaret Thatcher en Grande-Bretagne et par Ronald Reagan aux États-Unis, dans les années 1980. L'économie entre alors dans une logique financière impliquant que les actionnaires doivent s'enrichir de plus en plus pour redistribuer au reste de la population. Malheureusement, ils n'ont pas redistribué et les inégalités n'ont cessé de s'accentuer depuis trente ans, comme tu l'as rappelé. D'après la revue *Fortune*, la rémunération annuelle des P-DG des cent plus grosses entreprises américaines correspondait en 1970 à trente-neuf fois celle du salaire moyen. Elle représentait mille fois celui-ci en 1999, soit une augmentation de 2 884 % en vingt-neuf ans [5] ! Selon un rapport de l'ONU rendu public le 15 décembre 2017, 41 millions d'Américains vivent sous le seuil de pauvreté. Non seulement les inégalités augmentent entre pays riches et pauvres, mais également au sein même des pays, ce qui engendre quantité de tensions sociales.

Deuxième point, la financiarisation de l'économie. Aucun domaine n'échappe à l'appétit des *hedge funds*, ces fonds capitalistiques qui investissent dans un but strictement spéculatif, vendent et achètent pour garantir les meilleurs rendements à leurs investisseurs. Immeubles à Manhattan, usines en Inde, terres arables en Afrique, œuvres d'art, etc. : des « bulles » de prix, gonflées de manière totalement artificielle, se créent. Ces *hedge funds* ont pour but de créer de la richesse dans un temps très court, pour maximiser le profit. Ils fragilisent l'économie réelle, qui ne peut pas fonctionner sur un temps aussi court et fait perdre au système ses vertus fondamentales. Les conséquences pour la planète de l'ultra-libéralisme et de la financiarisation de l'économie sont également désastreuses : épuisement des ressources naturelles, pollutions massives, destruction des écosystèmes et de la biodiversité, souffrance animale avec l'industrialisation de l'élevage, le seul but étant de coûter le moins cher possible pour maximiser les rendements. En 2012, la revue *Nature* prévoyait un effondrement des écosystèmes en 2100 si on utilisait 50 % des ressources terrestres, or nous en sommes à 45 % !

Face à tous ces excès et inégalités, il est intéressant d'observer un point de bascule annonciateur d'une évolution plus positive pour l'avenir. Comme tu l'as rappelé, le code civil en France donne comme objectif aux entreprises de créer du profit, mais celles-ci décident de plus en plus d'elles-mêmes de se donner d'autres objectifs et de tenir compte des facteurs sociaux et environnementaux. Leur but est d'être saines économiquement, de dégager un profit, mais qui n'est pas maximal, afin de redistribuer en partie les bénéfices aux salariés, d'engager et non de licencier, et, bien évidemment, de ne pas aggraver la détérioration de l'environnement. Actuellement, environ 10 % des entreprises françaises fonctionnent selon les objectifs d'une économie sociale et solidaire, chiffre qui ne cesse de croître. On voit aussi quelques grands groupes internationaux commencer à se convertir à l'écologie et au social.

Le 19 août 2019, un signal fort est venu des États-Unis : 181 membres du Business Roundtable, le lobby des grands patrons américains, ont signé une déclaration affirmant que les entreprises ne devaient pas rendre des comptes seulement à leurs actionnaires, mais aussi aux salariés, aux clients et à la société en général. Le dernier forum économique mondial de Davos a mis l'accent, comme jamais auparavant, sur l'urgence climatique (en invitant notamment Greta

Thunberg), et les déclarations de Larry Fink, le patron de BlackRock, le premier gestionnaire mondial d'actifs, manifestant son intention de placer le développement durable au cœur de sa stratégie d'investissement, ont fait sensation. De nombreux grands patrons, lors de ce même forum, ont fait le constat que «le capitalisme tel que nous le connaissons est mort», selon la formule choc de Marc Benioff, le patron de l'éditeur de logiciels américain Salesforce. «Cette obsession que nous avons de maximiser les profits pour les actionnaires a conduit à d'incroyables inégalités et à une urgence planétaire», a-t-il encore affirmé[6].

Le meilleur exemple en France est sans doute celui de Danone, dont le jeune P-DG, Emmanuel Faber, a exaspéré nombre de ses pairs en annonçant le 25 avril 2019 sur France Inter qu'il renonçait à sa future retraite chapeau de 1,2 million par an. Mais il a surtout réussi à mobiliser 18 géants (Nestlé, L'Oréal, Unilever, etc.) qui pèsent 500 milliards de chiffre d'affaires, pour faire des propositions à l'ONU en matière d'environnement et de respect de la biodiversité : réutilisation de semences anciennes, valorisation d'une agriculture moins polluante, sortie progressive des OGM, etc. Le tiers du chiffre d'affaires de Danone est aujourd'hui certifié «B. Corp», ce qui signifie qu'un certain nombre de filiales de Danone respectent un cahier des charges exigeant en matière sociale et environnementale. Il est bien évident que cette «conversion» à des pratiques vertueuses donne une image plus positive auprès du public et a aussi des conséquences bénéfiques sur les ventes.

N. H. – Peu importe les raisons, on peut entrer dans l'économie solidaire par stratégie et y rester par conviction. C'est en effet, entre autres, le cas d'Emmanuel Faber, le P-DG de Danone, ou de Pascal Demurger, le directeur général de la MAIF, qui ont eu cette conversion de conscience[7]. Les grands patrons sont souvent prisonniers d'un système, et je pense que le politique doit accompagner leur conversion. C'est la raison pour laquelle je souhaite que le code civil change et donne suffisamment de latitude aux entreprises. Alors que j'étais ministre, je me souviens d'un sondage sur le bien-être au travail[8]. Dans l'économie conventionnelle, une majorité d'employés vont au travail à reculons, alors que dans l'économie sociale et solidaire, c'est exactement et largement l'inverse. De surcroît, le bien-être est un facteur de performance, alors que le mal-être est un facteur d'absentéisme. La vie est courte, et l'épanouissement d'un être humain ne devrait pas commencer quand le travail s'arrête. Pour beaucoup d'entrepreneurs, l'économie sociale et solidaire est une niche qu'ils considèrent avec condescendance, mais ils le font souvent par méconnaissance et manque d'expérience personnelle. L'état d'esprit dans ces coopératives, mutuelles ou entreprises, est tellement différent de celui rencontré dans les entreprises de pur profit. La question du sens est présente chez certains de leurs dirigeants. Et les employés, qui ne sont pas que des exécutants, veulent comprendre pourquoi ils travaillent. Les comportements changent, notamment chez les jeunes, qui préfèrent souvent un emploi un peu moins bien payé, mais qui les épanouisse, quitte à s'éloigner des grandes villes pour réduire les coûts. Il en est de même pour les entreprises de service public. Il y a une volonté affichée de les soustraire à la loi du rendement pour leur redonner tout leur sens et leur convivialité. L'épisode du Covid-19 a sonné le glas du néolibéralisme pour revenir à l'État providence.

F. L. – En effet, et l'exemple de l'hôpital est significatif. Depuis quinze ans, on cherche à rendre l'hôpital plus rentable. La crise du Covid-19 a montré que les citoyens souhaitent qu'il redevienne un vrai service public avec suffisamment de personnel et de lits, quitte à perdre de l'argent. La rentabilité n'est pas à mépriser, mais elle ne peut exister dans un tel domaine au détriment de la qualité des soins et sur le dos d'un personnel soignant mal rémunéré et en sous-effectif. Les économies peuvent se faire ailleurs. Une étude récente de l'OCDE publiée par le *think tank* libéral IREF montre que, «dans les hôpitaux français, 405 600 personnes (équivalent temps plein) œuvrent à des tâches autres que médicales, soit 54 % de plus qu'en Allemagne, dont la population est pourtant près de 25 % supérieure à celle de la France». C'est cette lourdeur bureaucratique qu'il faut réformer en

France et non réduire le personnel soignant ou le nombre de lits. Et même si les services publics restent déficitaires, cela n'a rien de choquant, puisque nous payons des impôts pour les financer et que c'est une des premières missions de l'État d'en assurer le bon fonctionnement.

Les entreprises publiques comme privées vont tirer elles-mêmes les conséquences de leurs manquements, et devoir davantage prendre en compte les besoins des individus. Quand les entrepreneurs observent que leurs employés vivent des *burn-out*, se suicident ou tout simplement ne s'épanouissent pas, ils finissent tôt ou tard par se remettre en question. Ils se rendent compte qu'ils deviennent moins attractifs et que le productivisme a des conséquences négatives. Au sein d'HEC Paris, la responsabilité sociale est aujourd'hui au cœur des enseignements. On a même vu de nombreux étudiants émettre des doléances pour connaître la politique environnementale d'une entreprise avant d'y travailler. Ce sont ces comportements, accompagnés de décisions politiques, qui vont faire changer le système. Aussi, dans le travail, les plus jeunes ne veulent plus d'un modèle où tout est décidé d'en haut. Ils souhaitent un modèle collaboratif, où les salariés sont plus autonomes, échangent les uns avec les autres, dans un cadre plus convivial, plus transparent, et ils aspirent aussi davantage au télétravail.

Nous avons pu constater la viabilité du télétravail dans de nombreux secteurs grâce à la crise du

Covid-19. Espérons que les entreprises en tireront les leçons et permettront aux salariés qui le souhaitent de travailler davantage chez eux lorsque cela est possible. Au-delà du gain économique et écologique en s'épargnant le coût et le temps des transports, le télétravail peut offrir une meilleure qualité de vie professionnelle et familiale. Se pose cependant la question de la généralisation du télétravail. Une entreprise n'est pas uniquement un lieu d'échange économique, mais aussi un lieu humain où il est important de maintenir des liens sociaux et de la convivialité. Les temps d'échanges et de partage devant la machine à café, par exemple, sont très importants ! Il ne faut pas tomber d'un excès à l'autre en transformant les salariés en des entités abstraites. L'entreprise doit être repensée en intégrant le télétravail comme une possibilité et non une obligation.

N. H. – Je partage cette réflexion. J'ai enchaîné les visioconférences pendant le confinement, et j'ai trouvé cela épuisant, même si j'ai mesuré l'utilité et l'efficacité des outils numériques. Ils ont permis à ma fondation de fonctionner à distance, et, au-delà de l'aspect professionnel, de rester reliés. Pour autant, le télétravail doit-il devenir la norme ? Je ne crois pas. Que les salariés télétravaillent un jour ou deux par semaine, que les horaires soient décalés pour soulager les transports en commun, cela ouvre des perspectives. Mais perdre le contact humain au sein de l'entreprise serait une catastrophe ! Encore une fois, tout est une question de dosage. Le temps de travail représente l'un des grands enjeux du XXIe siècle. Jacinda Ardern, la Première ministre de Nouvelle-Zélande ouvre actuellement une réflexion sur la semaine de quatre jours. Y a-t-il du travail pour tout le monde ? Travailler un jour de moins par semaine permettrait-il de mieux le partager ? Nous devons faire en sorte que le travail redevienne une source d'épanouissement, même si certains métiers seront toujours difficiles. Il est important de revaloriser les « premiers de corvée » et de travailler sur la formation pour que ces métiers indispensables, mais si ingrats, soient exercés seulement sur une période de la vie professionnelle. Les invisibles, je les ai toujours vus : ceux qui nettoient les trains, ceux qui remettent du bitume sur les routes en plein hiver, ceux qui sont aux caisses dans les supermarchés, ceux qui travaillent dans les hôpitaux (brancardiers, infirmières, etc.)... La crise sanitaire aura permis de les reconsidérer pour, c'est mon espoir, les revaloriser à l'avenir.

F. L. – Les entreprises vont devoir s'adapter à ces nouvelles aspirations en proposant une gouvernance moins pyramidale, avec plus de souplesse, de coopération et moins de compétition. D'autres modes de vie fondés sur le partage se sont développés dans plusieurs régions de France avec l'apparition des monnaies complémentaires, comme les SEL (Service d'échange local). Cet échange de services (cours de guitare, jardinage, ménage, etc.) correspond à un système vertueux qui facilite le lien social, la vie commune et le partage. L'une des conséquences positives de la crise économique, et il y en a d'autres, est le retour au partage, surtout chez les jeunes. Ils ont développé de nouveaux modes de vie, comme la colocation, le covoiturage, le cojardinage, etc. C'est l'ère du « cotout » ! La crise économique a conduit les plus jeunes à partager avec les autres, et ils y ont pris goût.

N. H. – Toutes les initiatives, comme les AMAP (Association pour le maintien d'une agriculture paysanne), entre autres, ouvrent une voie. En s'engageant à l'année ou au mois à acheter un panier de fruits et légumes de saison, le consommateur garantit au paysan une source de revenus réguliers. Ces expérimentations pourraient devenir la norme car elles ont fait la démonstration de leur efficacité économique et sociale. Si seulement le politique pouvait s'en inspirer ! Pour moi, celui-ci doit accueillir, sentir, détecter les signaux et les aspirations de la société, et créer les conditions favorables à son épanouissement. Si ce n'est pas à lui de donner un cap de manière drastique, il doit au moins fixer des limites et proposer des avantages pour doper le mouvement de l'économie sociale et solidaire. C'est son rôle de l'accompagner pour créer un cercle vertueux. Par exemple, le temps que le marché s'organise, il peut donner un avantage fiscal à des produits de qualité ou à des installations favorisant les énergies renouvelables. On y reviendra.

Le système capitalistique fait passer le capital avant l'individu. Pour un actionnaire, la destruction d'un emploi est un non-événement. Une économie où l'humain n'est plus prépondérant et dont tout le monde a compris les mécanismes n'a plus d'avenir. Un des vices de notre modèle économique est de tout réduire à l'état de marchandise. Si les États laissent faire les multinationales de la semence, celles-ci vont finir par breveter le génome ! Des spéculateurs se sont emparés du vivant et de nos ressources alimentaires. Dans ce modèle, ils peuvent soudain, par un simple clic sur leur ordinateur, acheter des tonnes de denrées alimentaires pour créer la rareté et faire monter les cours. Il y a quelques années, un manager d'un fonds spéculatif a gagné 15 000 fois le salaire d'un ouvrier ! Cette forme-là de capitalisme doit être éradiquée, car ses excès sont insupportables. Breveter le vivant et priver des populations du Sud de leurs ressources génétiques et biologiques pour en tirer des profits sans qu'elles en voient les moindres bénéfices est un postcolonialisme qui attise les violences et les rancœurs du monde. Le pire, à mes yeux, de l'impérialisme et du capitalisme est incarné par des firmes telles que Bayer-Monsanto qui mettent en coupe réglée les ressources de la planète, tout en se parant de vertus et de bons sentiments. Le modèle de demain devra prendre en compte la notion de bien commun et soustraire ces firmes de la spéculation.

Seul le politique pourra mettre des garde-fous car il y aura toujours des gens cupides qui verront dans la rareté une aubaine.

Un autre avatar du capitalisme, c'est la biopiraterie qui consiste à utiliser un savoir indigène à des buts commerciaux sans en redistribuer les bénéfices. Quand j'ai été reçu en Amazonie chez Raoni, figure internationale emblématique de la lutte pour la préservation de la forêt amazonienne et de la culture indigène, il ne voulait pas montrer les vertus des plantes médicinales, parce que, plusieurs fois, il a été abusé à des fins commerciales. Sans tomber dans la caricature de rejeter entièrement le capitalisme, il est important d'en corriger tous les excès.

F. L. – Les économies ont longtemps vécu de manière autarcique. Aujourd'hui, elles fonctionnent sur le modèle du libre-échange à l'échelle mondiale. Ce qui renforce leur interdépendance dont on vient de constater les effets pervers lors de la crise du coronavirus. Le seul exemple des masques est exemplaire. La plupart des gouvernements européens ont renoncé à stocker des masques sanitaires pour des raisons économiques, comptant sur la Chine pour en fabriquer et en exporter à grande échelle, face à l'émergence d'une nouvelle épidémie. Sauf qu'on n'avait pas pensé que cette épidémie pourrait surgir en Chine, bloquant ainsi ses chaînes de production. Et comme nous avons eu affaire à une pandémie mondiale, tous les pays producteurs de masques ont naturellement privilégié dans un premier temps leurs besoins internes. Nous avons donc vécu une pénurie de masques, à commencer pour le personnel soignant, pendant le plus dur de l'épidémie. On a assisté à une forte mobilisation de notre industrie textile pour fabriquer des masques au cœur de l'urgence, il s'agit maintenant de consolider cet effort et de rendre durable ce mouvement de relocalisation d'une partie de notre industrie. *Idem* pour les médicaments, dont 97 % sont fabriqués en Chine. Ces exemples montrent qu'il y a des domaines vitaux – sanitaires, alimentaires, énergétiques – où il faut être autonomes, au moins à l'échelle européenne. La décision récente de la France de demander aux principaux laboratoires concernés (Upsa, Sanofi, Seqens) de relocaliser toute la chaîne de production du paracétamol dans les trois ans va dans le bon sens.

N. H. – Certains laboratoires pharmaceutiques produisent en effet leurs médicaments dans des pays lointains, car les normes en matière de pollution y sont moins contraignantes. À l'avenir, nous devons relocaliser la production de nos médicaments en France tout en respectant nos règles environnementales, ce qui impactera forcément leur prix. Nous devons le faire aussi pour le textile, même si c'est plus compliqué car nous avons perdu des savoir-faire, mais peut-être pourrions-nous miser sur la qualité plutôt que la quantité. Pour effectuer cette transition, l'État doit retrouver le sens de la planification : une prévisibilité en se fixant un objectif dans la loi, assortie d'une irréversibilité et d'une progressivité en investissant de l'argent sur la reconversion. À l'époque du commissariat au plan, le politique avait le temps de planifier, mais ne subissait ni le poids des lobbies ni celui des médias. Dans les mois qui viennent, il s'agit d'engager une concertation digne de ce nom en définissant des priorités et des moyens. Qu'est-ce qui est utile, prioritaire, qu'est-ce qui ne l'est pas ?

F. L. – Autre drame de la mondialisation : les populations du Sud fournissent une main-d'œuvre à très bas coût, tandis que les économies du Nord bénéficient d'une haute technologie. Cette globalisation tend à appauvrir les pays du Sud et accentue leur domination par les pays du Nord. Influencée par l'héritage du colonialisme, l'économie va toujours dans un sens unique. Quelles solutions trouver à cela ? Comment sortir des problèmes d'accaparement de l'argent ? Comment limiter les excès du libre-échange pour éviter la paupérisation des populations ? Comment être vertueux dans une nation, alors que les autres pays n'ont pas les mêmes normes et que la concurrence est déloyale ? Prenons le cas de l'élevage : de nombreux éleveurs aimeraient développer un élevage vertueux, moins polluant et qui respecte davantage le bien-être animal, mais ils sont concurrencés par les importations de viande de pays qui n'observent aucune règle de respect de l'animal ou de l'environnement. C'est bien tout le problème de régulation du libre-échange qui se pose. Ne faudrait-il pas taxer lourdement ces produits qui ne respectent pas les normes vertueuses que l'on souhaite imposer ou développer chez nous ?

N. H. – En effet. Un capitalisme fondé sur la coopération et le juste échange doit avoir des normes environnementales et sociales dont on se sert comme d'un levier : « Vous voulez commercer avec nous ? Ok, voici nos règles et vous vous y pliez. » Il ne s'agit pas de faire du protectionnisme, mais de saisir l'opportunité de profiter de ces échanges pour imposer des règles sociales et environnementales à ceux avec qui nous commerçons. Nous pourrions suivre ce modèle au niveau européen ; les flux seraient peut-être ralentis, mais il ne rentrerait plus chez nous de produits dont les effets seraient néfastes pour la société et l'environnement.

D'un côté, il y a la mondialisation, de l'autre, le mondialisme. D'un côté, il y a le libre-échange, de l'autre, le juste échange. Ces deux notions, très différentes, pourraient être mues par la même énergie, mais n'engendrent pas les mêmes dégâts collatéraux. Pour moi, la mondialisation repose sur une logique de compétition, la loi du plus fort, et le mondialisme sur une éthique de coopération et de solidarité. Quand un pays gagne un marché, un autre le perd dans la mondialisation. Le succès des uns se joue au détriment des autres. Parfois, le paradis des uns est fait de l'enfer des autres. Et, évidemment, la compétition renforce les inégalités. La mondialisation, de mon point de vue, a ouvert en grand la porte à une exploitation globale des richesses, au lieu d'en imposer une répartition et une redistribution. Cette concentration a déployé le champ d'exploitation de ceux qui sont à la manœuvre. Avec la mondialisation telle qu'elle vient d'être mise à nu, l'humanité s'est embarquée dans une forme de galère qui a accentué l'épuisement des ressources, notamment énergétiques, en créant des flux d'échanges aberrants. Prendre conscience que des marchandises identiques se croisent dans les airs, sur les mers ou sur les routes doit nous pousser à relocaliser une partie de l'économie. Malheureusement, la dérégulation des prix et le libre-échange ont atteint les économies autarciques et les valeurs qui y étaient associées. Sans en être conscient, le monde moderne est devenu l'agresseur. La mondialisation est le faux espoir du monde. On a pensé que, grâce à elle, un peu comme la connexion Internet, les pays allaient mutualiser leurs moyens, or elle a renforcé une compétition plus violente. La mécanique infernale de l'économie mondiale a donné licence de détruire la nature, devenue un bien comme un autre.

Le commerce international est sous le joug des règles de l'OMC (Organisation mondiale du commerce) dont les grandes entreprises ont souvent tenu la plume. Pour cheminer vers un juste échange, dans lequel il n'y aurait que des gagnants, il faudrait une autre institution supérieure qui gérerait les biens communs et qui les soustrairait à la spéculation, comme il faut soustraire certains secteurs d'activités à la règle du rendement. Un des derniers actes diplomatiques de Jacques Chirac, que j'ai un peu inspiré, a été de réunir à Paris une soixantaine de chefs d'État pour créer une Organisation mondiale de l'environnement, une ébauche d'une organisation mondiale du bien commun, j'y reviendrai au chapitre 5. Elle n'a jamais vu le jour, mais on sera obligé d'y revenir un jour, de gré ou de force.

F. L. – Qu'entends-tu en disant qu'il faudra peut-être y revenir de force ?

N. H. – Le jour où la pénurie frappera les ressources en eau ou les terres agricoles et que des millions de personnes seront obligées de migrer, je crains que nos sociétés deviennent plus autoritaires, plus coercitives. La tension sur nos ressources vitales et la gestion de la pénurie risquent de saper les fondements de la démocratie et, par là même, limiter nos libertés individuelles. Les experts de la Banque mondiale pensent que nos substrats démocratiques vont voler en éclats à cause de la crise écologique. Car l'horizon de la rareté aggrave l'état d'inégalité. Et la pénurie est le creuset des pires barbaries. Aujourd'hui, des puissances comme la Chine, dans une indifférence coupable et tragique, se substituent à l'influence européenne en Afrique et, par des manœuvres illusoires, accaparent des ressources agricoles, pas pour l'humanité mais pour elles-mêmes. Elles ont le sens de la planification, pour le meilleur ou pour le pire. À un moment ou à un autre, il sera nécessaire d'imposer des quotas, ce qui ne se fera pas dans la douceur. La rareté se pilote, la pénurie se subit.

F. L. – Quelles mesures concrètes te semblent les plus urgentes à adopter pour avancer dans le sens du bien commun ?

N. H. – Pour trouver le point d'équilibre entre ce que la nature peut nous donner et ce que l'on peut lui demander, il faut se fixer et s'imposer des limites. Pour trouver la juste mesure d'un modèle économique équitable qui redistribue la richesse produite, il faut mettre des plafonds à la prédation, à la concentration et à l'accumulation. N'en déplaise aux adeptes de l'ultralibéralisme ! En économie, la limite passe par la norme, la réglementation et la loi. La fiscalité est un levier ou un frein puissant. Elle est un double instrument : de recettes et de régulation.

D'une part, il serait judicieux d'instituer une taxe sur les transactions financières, à l'échelle européenne, avec une assiette large et un taux progressif, pour donner plus de marge de manœuvre aux États et leur permettre enfin de tenir leurs promesses, cela pour sortir du cercle dangereux de défiance envers le politique. D'autre part, il faudrait, comme je l'ai déjà évoqué, imposer des règles fiscales communes aux vingt-huit États de l'Union européenne, notamment pour lutter contre l'optimisation fiscale qui prive les États membres de ressources essentielles. Cette fiscalité commune est une priorité pour pouvoir taxer, entre autres, les GAFAM (Google, Amazon, Facebook, Apple et Microsoft). Représentant une nouvelle fracture démocratique, les géants du web sont devenus plus puissants que les États parce que ceux-ci ont été défaillants. Pourtant, ils ne peuvent pas se priver de notre marché.

Sans harmonie fiscale, l'Union européenne n'aura pas les coudées franches. Elle doit s'extraire d'une fiscalité archaïque taxant prioritairement le travail. Or, celui-ci devrait être taxé en dernier. Il faudrait déplacer la fiscalité sur les revenus qui ne sont pas issus du travail (placements, rentes de confort, plus-values, spéculations…), autrement dit « l'argent facile ». Libérer et doper le travail serait dans l'intérêt des employeurs et des employés. Pour que la fiscalité soit davantage un instrument de régulation, il faudrait aussi taxer les flux, les usages indus ou excessifs des biens communs. Par exemple, il serait intéressant d'imposer une fiscalité progressive et dissuasive afin de limiter la surconsommation d'eau. Taxer le luxe, le gâchis et le superflu n'empêcherait pas la finance de profiter de l'espace économique et permettrait au citoyen de tirer les bénéfices de ces recettes. Comme elle est le premier marché économique mondial, l'Union européenne resterait de toute façon attractive.

Je plaide pour une approche intégrale de la fiscalité ; il ne s'agit pas de séparer fiscalité écologique et fiscalité conventionnelle. En revanche, il est nécessaire d'avoir, d'un côté, de la fiscalité incitative et brutale pour donner un coup d'accélérateur dans les modes de consommation et de production à encourager, et, de l'autre, de la fiscalité dissuasive, mais progressive, pour ne mettre personne dans l'impasse en diminuant, puis en arrêtant certains modes de consommation et de production. Si, à l'avenir, à l'échelle européenne, on imaginait d'une part, une TVA incitative de 3 % sur les biens et services compatibles avec notre vision sociale et environnementale de la société, et, d'autre part, une TVA dissuasive et progressive de 25 à 40 % sur les biens que l'on souhaite faire disparaître, on changerait en douceur nos modes de consommation en l'espace de dix ans. La fiscalité est aussi un instrument comportemental.

F. L. – Ce serait une belle ambition de faire de l'Europe un espace modèle pour défendre des valeurs éthiques et écologiques. Ne pas laisser entrer des produits qui ne respectent pas nos normes me paraît judicieux et cela donnerait enfin du sens à la construction européenne. J'avais applaudi lorsque tu t'étais opposé au CETA (Comprehensive Economic and Trade Agreement), traité de libre-échange entre le Canada et la France. Entre autres arguments, l'utilisation de certaines farines animales, comme les farines de sang et la gélatine, est autorisée dans l'alimentation des bovins au Canada, alors qu'elle est interdite pour les éleveurs européens. Mais n'oublions pas l'importance des choix de consommation individuelle. Si les consommateurs étaient conscients des enjeux et de la manière dont les produits ont été fabriqués, la plupart d'entre eux cesseraient d'acheter ceux qui sont manufacturés à l'autre bout de la planète. La transparence des informations sur les produits de consommation est en train d'évoluer. Des applications mobiles permettent déjà de s'informer sur leur impact sur la santé. À l'avenir, on pourrait y rajouter des informations sur le coût environnemental, animal et humain. Quel progrès ce serait ! Il pourrait faire évoluer de manière significative notre consommation.

N. H. – Tout à fait. Il faudrait créer un label qui tienne compte d'un certain nombre de critères infaillibles – environnementaux, sanitaires et écologiques –, qui serait simple à comprendre. Aux consommateurs qui recherchent une qualité et une confiance dans les produits, il faut donner un guide, mais sans pénalité économique pour ne pas en faire une vertu de riches. Pour créer un cercle vertueux, l'État doit jouer un rôle, pas éternellement, juste le temps que le produit devienne un standard grâce à l'effet de masse. Évidemment, cette stratégie doit être adoptée sur les produits manufacturés en France, mais aussi sur les biens importés, sinon elle ne peut pas être viable. Comme tu le soulignais précédemment, comment demander à des agriculteurs ou à des industriels de faire des efforts en respectant un certain nombre de normes et, en parallèle, importer des produits issus de pays qui n'ont pas les mêmes contraintes sociales et environnementales ? Pour des raisons de coût, le consommateur choisit le plus souvent les produits importés, même s'ils sont fabriqués à l'autre bout du monde. C'est là que cette mondialisation devient décourageante.

Le rôle de l'État n'est pas de maintenir des systèmes économiques sous respiration artificielle, mais seulement de les amorcer. Nous avons une échéance importante en cours : la révision de la PAC, avec un budget colossal, 58 milliards d'euros. Si cet argent est conditionné à des pratiques agricoles environnementales et à la création d'emplois, il est possible de changer de modèle. De nombreux jeunes agriculteurs sont prêts à opérer cette mutation, pour peu qu'on les aide à quitter le modèle conventionnel. Et les citoyens sont prêts à suivre, à la seule condition que cela ne diminue pas leur pouvoir d'achat. Si la commande publique qui représente 10 % du PIB en France (environ 200 milliards par an) était assujettie à une économie bas carbone, elle pourrait contribuer à créer les nouveaux standards de consommation et de production de demain. Par exemple, dans le domaine de l'alimentation, il serait possible de proposer des repas bio de qualité, avec des produits de proximité dans toute la restauration collective publique et privée (3,5 milliards de repas par an).

De quoi créer des filières dignes de ce nom ! Tout le monde jouerait alors son rôle, l'État donnerait l'exemple et les citoyens adhéreraient.

F. L. – Prenons l'exemple de la viande. Par imitation du modèle occidental, les pays en plein développement, comme la Chine, consomment de plus en plus de viande, et surtout de la viande de bœuf. Or sa production engendre une catastrophe environnementale : réchauffement climatique, déforestation, épuisement des ressources en eau, des sols, etc. Et sa surconsommation représente une catastrophe sanitaire : augmentation des maladies cardiovasculaires, des cancers, etc. Sans oublier le problème éthique engendré par la terrible souffrance des animaux élevés comme des « choses ». L'élevage industriel intensif représente plus de 80 % de production de viande et les images dans les abattoirs sont insoutenables. En réaction à cela, de plus en plus d'individus, notamment les plus jeunes, deviennent végétariens, ou tout au moins réduisent fortement leur consommation de viande, comme je le fais personnellement. C'est la meilleure solution. Mais pour ceux, et ils sont encore nombreux, qui sont attachés à une consommation régulière de viande, il faudrait promouvoir les bonnes pratiques – petits élevages, animaux respectés dans leurs besoins fondamentaux, ralentissement des cadences des abattoirs, etc. – par un label de « viande éthique ». Celui-ci permettrait au consommateur de faire le choix de payer plus cher sa viande, quitte à en manger moins, ce qui économiquement revient au même et ne pénalise donc pas les ménages plus démunis. Ainsi, il serait possible de produire une viande plus respectueuse de l'environnement et de l'animal, son coût supérieur étant compensé par le fait d'en manger moins. Mais pour cela, il faut éduquer et soutenir les bonnes pratiques.

N. H. – C'est un cas d'école. Dans une coopérative bio, on est moins tenté par l'inutile, on achète en vrac et on produit moins de déchets. Que ce soit par peur sanitaire, par valorisation sociale ou par sensibilité, les mentalités et les comportements changent. L'État et l'Europe doivent s'emparer de cette opportunité et jouer leur rôle. Tout est question de répartition d'argent. Aujourd'hui, 70 % du budget de la PAC va à 30 % de la production et 1,5 % des bénéficiaires touche plus de 30 % du montant total des aides. Ce qui montre bien le gâchis économique et sociétal. Cet argent est conditionné à la capacité de production, donc à sa quantité, mais malheureusement pas à sa qualité. Avec la même quantité d'argent, il serait possible de changer le modèle agricole. Un marché existe, notamment dans le bio, mais il n'est pas abondé. Si le bio avait été subventionné comme le conventionnel, il serait largement concurrentiel, donc à la portée de tous.

L'économie sociale et solidaire, où l'humain prime sur le capital, et dont la santé est la priorité, est le modèle vers lequel nous devons tendre. Au fond, il suffit de se reconnecter avec l'origine de l'économie pour créer le monde de demain. Parfois, être moderne, c'est revenir à l'origine des choses.

F. L. – J'ai animé des conférences dans de grandes entreprises, comme Orange, qui ont rencontré des problèmes sociaux. Quand je posais la question : « Quelle devrait être la première qualité d'un manager ? », les salariés me répondaient « la bienveillance », car ce n'était pas le cas. Dans un système de compétition qui écrase les gens, les managers sont devenus très durs. Il paraît nécessaire d'évoluer vers un modèle de management d'entreprise qui montre de la reconnaissance aux salariés et qui les implique dans les choix stratégiques. On ne demande pas aux entreprises de faire le bonheur des individus, mais tout au moins de ne pas constituer un obstacle à leur bien-être.

N. H. – Aujourd'hui, plus d'un Français sur quatre donne de son temps gratuitement, et plus de 12,5 millions de bénévoles travaillent dans les associations en France, mais beaucoup plus si on considère celles et ceux qui donnent de leur temps hors association. Partout, cette France invisible de l'engagement, de la citoyenneté et de l'empathie tente de pallier les promesses non tenues et combler les lacunes de l'État qui va malheureusement vers de moins en moins de reconnaissance de ces structures en leur enlevant leurs outils de fonctionnement. La réforme des APL (aide personnalisée au logement), la suppression de l'ISF (impôt de solidarité sur la fortune) et de la réserve parlementaire des députés, ainsi que la diminution des avantages fiscaux aux donateurs fragilisent ce précieux tissu associatif. Ce que je déplore.

F. L. – Le développement du bénévolat permet de sonder l'âme humaine : il n'y a pas que l'argent qui intéresse l'être humain. Ce n'est pas une fatalité que l'économie soit au centre de sa vie.

N. H. – Avoir un revenu et se sentir utile par la même occasion contribue au bien-être humain, au nôtre, mais aussi à celui des autres. Il existe plus de 4 millions de PME et TPE en France [9]. Si on trouvait un dispositif pour que chacune de ces entreprises emploie une personne, il n'y aurait quasiment plus de chômeurs en France. Il faut oser l'utopie. Pourquoi ne pas imaginer verser l'argent de l'allocation du chômeur, augmenté de l'argent consacré à la formation (l'État français consacre 100 milliards aux allocations chômage et 32 milliards à la formation professionnelle [10], pas toujours adaptée au besoin du monde du travail), à une entreprise qui le lui reverserait pendant le temps légal de son indemnisation, afin de lui offrir une formation et du travail ? Le chômeur participerait ainsi à l'économie et deviendrait productif. C'est l'idée de « Territoire zéro chômeur longue durée », pensée par ATD Quart Monde, en utilisant dix territoires en France pour expérimenter la démarche, dont Pripiac en Bretagne que je suis allé visiter. Après les élections municipales de 2014, les membres de la majorité et de l'opposition se sont réunis autour d'une table pour s'adonner à cet exercice d'intelligence collective : qui sont les chômeurs longue durée sur notre territoire ? Quelles sont leurs facultés ? Soixante-dix CDI ont ainsi été créés dans les services à la personne (une déchetterie, une conciergerie, une blanchisserie…), sans que cela coûte plus cher à la collectivité. La réussite de cette initiative tient à la volonté des chômeurs qui n'ont pas été privés d'indemnités, ils voulaient s'en sortir. Je crois beaucoup aux petits territoires pour expérimenter des solutions, même s'il est nécessaire de voter une loi pour permettre cela. Cette initiative pourrait facilement se généraliser sur toute la France.

F. L. – Quand l'activité économique s'est arrêtée pendant le confinement, l'État a soutenu les travailleurs et les entreprises avec des aides exceptionnelles afin qu'ils puissent survivre. Je trouve d'ailleurs formidable qu'il ait joué ce rôle, mais ne faudrait-il pas essayer de réfléchir à un nouveau modèle plus pérenne, comme celui du revenu universel qu'avait proposé Benoît Hamon pendant la campagne présidentielle de 2017 ?

N. H. – Toutes les questions doivent être posées et il ne faut rien s'interdire. Je pense que, dans une situation disruptive, il faut être disruptif et tenter des expérimentations. Le paradoxe des crises est de ne pas oser être disruptif par peur que le peu qui fonctionne ne fonctionne plus ! Je n'ai jamais eu la prétention de réaliser la transition écologique et solidaire en cinq ans, mais de l'initier et de la programmer de manière irréversible. Il s'agit de créer les conditions économiques, fiscales, réglementaires pour qu'il soit impossible de faire machine arrière. Par exemple, mettre en œuvre l'agroécologie pour qu'elle devienne la norme. Actuellement, l'État fait un peu de tout, corrige à la marge, mais n'agit pas en grand. L'échelle n'est pas la bonne, il faut consentir à un effort de guerre pour contenir la crise climatique, réduire la crise sociale et se prémunir d'une crise sanitaire de grande ampleur. Avant l'heure, j'ai maintes fois utilisé ce langage martial, non sans une certaine gêne, mais parce que je considère que nous sommes en péril, non pas engagés dans une guerre conventionnelle, mais d'une dimension supérieure. Notre ennemi, c'est nous-mêmes, notre cupidité sans limites, notre aveuglement, nos égoïsmes… Et vu la complexité et la dimension systémique du mal, il faut une mobilisation équivalente à celle que l'on décrète en temps de conflits. On ne gagne pas la guerre avec des mots, fussent-ils prononcés avec sincérité !

F. L. – On oppose souvent croissance et décroissance d'une manière un peu trop manichéenne. Il est possible d'avoir une pensée écologique sans être décroissant. Comme je l'ai déjà évoqué, peuvent cohabiter la décroissance de certains secteurs économiques polluants ou destructeurs pour la planète et la croissance durable d'autres secteurs qui ne portent aucun préjudice à la planète ou à la société. Toute croissance n'est pas négative pour l'environnement et elle peut créer des emplois dans des domaines qui n'existent pas encore.

N. H. – C'est ce que j'appelle la croissance et la décroissance sélectives. Dans cette période de transition, avant d'avoir une vision aboutie d'un modèle économique tourné vers les services et la dématérialisation, le politique doit fixer des règles écologiques, qui impliquent de croître et décroître. Il est nécessaire, par exemple, de programmer la sortie des énergies fossiles, et du pan de l'économie qui lui est associé. Par exemple, afin d'anticiper la fin des véhicules thermiques en 2040, il s'agit de développer à grande échelle les moteurs à hydrogène, hybrides et électriques, tout en sachant qu'en l'état actuel la voiture électrique n'est pas la panacée des modes de transport. Passer d'une économie grise à une économie verte n'est pas qu'un simple jeu de couleurs. Aucune solution n'est totalement neutre. Remplacer un modèle par un autre ou un système par un autre demande toujours un temps de transition pour trouver les nouvelles ressources ou technologies nécessaires à son élaboration. L'idéal serait de tendre à terme vers une économie circulaire dans laquelle tous les matériaux seraient réutilisables dans la chaîne de production. Pour l'instant, on sait les réduire, mais pas les réutiliser à 100 %.

Il en va de la science et de la recherche comme de l'économie de se fixer d'urgence des priorités, au lieu de se disperser sur tous les fronts. Les contraintes et les opportunités du XXIe siècle sont très différentes de celles du siècle précédent. Il y a des axes de recherche à privilégier et sans doute d'autres à suspendre. Par exemple, le stockage des énergies renouvelables intermittentes (énergie solaire, éolienne, etc.) n'est pour l'instant pas satisfaisant. Les composants des batteries pour stocker cette énergie sont toxiques pour l'environnement et la santé. Ils ne sont ni réutilisables ni recyclables. Les matières premières utilisées pour les panneaux solaires photovoltaïques ou pour les turbines des éoliennes sont des ressources rares et donc limitées. Aussi, pour être extraites des sols, elles demandent de l'énergie fossile. Dans un autre domaine aussi crucial que l'agroécologie, il faut urgemment et puissamment évaluer les alternatives aux pesticides et aux intrants nocifs, notamment tout ce qui procède du biocontrôle[11]. Là où il y a une impasse, il s'agit d'abonder la recherche. Tout ce qui participe à l'efficacité énergétique doit être dopé.

Cet exercice sélectif nous ramène à cette notion de progrès qui vaut par des acquiescements et des renoncements. Un changement absolu d'état d'esprit, une discipline et une rigueur pour distinguer l'urgent, le vital, le nécessaire, et l'utile du superflu et de l'accessoire. Regardons dans notre pays, commune par commune, la liste pathétique des projets inutiles ou antinomiques avec les contraintes et les impératifs actuels : de nouveaux aéroports, ports, autoroutes, comme pour prolonger plus encore notre addiction au pétrole ; des zones commerciales qui en font fermer d'autres dès leur ouverture ; des stades, des médiathèques que l'on pourrait mutualiser plutôt que multiplier. Nous sommes les champions du monde des ronds-points, on en recense près de 50 000, soit six fois plus qu'en Allemagne ! On gagnerait et on se grandirait à faire de la cohérence le critère premier de nos investissements. Des conseils économiques, sociaux et environnementaux, à l'échelle régionale comme nationale, pourraient en être les garants.

F. L. – Un des faits déclencheurs du mouvement des Gilets jaunes a été la hausse de la taxe carbone et donc du prix du diesel. Ce qui a eu un effet social majeur. Rappelons que l'objectif de cette taxe est de réduire les émissions de CO_2 pour lutter contre le réchauffement climatique en sanctionnant financièrement le pollueur. Comment faire pour faciliter une nécessaire transition écologique sans pénaliser les couches les plus défavorisées de la population ?

N. H. – Dans cette crise, on touche à un problème de gouvernance, de méthode et de planification. D'une part, il y a une nécessaire et profonde transition écologique et sociétale à accomplir pour nous épargner des souffrances et des épreuves de grande ampleur parfaitement prévisibles. D'autre part, de nombreux citoyens sont en proie à des difficultés perceptibles, comme la précarité de l'emploi, et n'ont pas forcément en tête les bénéfices de ce changement sur le long terme, car ce qui compte pour eux est de soulager leurs souffrances immédiates, ainsi que celles de leurs proches. La crise sociale actuelle se confronte à une future crise écologique, aux conséquences sociales sans commune mesure avec ce que nos sociétés ont connu jusqu'ici. Ces deux échelles de temps et de crises sont difficiles à résoudre simultanément : comment combiner les enjeux de fin de mois et de fin du monde ? Pour organiser cette transition et les faire adhérer à une vision commune, il est nécessaire, de mon point de vue, d'obéir à trois grands principes :

1. La prévisibilité : se fixer des objectifs ambitieux, dans un calendrier raisonnable, après avoir évalué les difficultés et les alternatives possibles. « Vous restreindre, vivre petit ne rend pas service au monde », disait Nelson Mandela. En reprenant cette idée, je disais souvent au président de la République Emmanuel Macron : « Faire les choses en petit ne changera rien. » L'objectif est que l'économie sociale et solidaire, l'énergie renouvelable et l'agroécologie deviennent la norme. Par exemple, l'objectif n'est pas de réduire les véhicules thermiques, mais de s'en passer complètement. *Idem* pour les pesticides. Chaque objectif doit être régulièrement monitoré et

coordonné par un conseil gouvernemental réunissant tous les ministres concernés, autrement dit une bonne partie du gouvernement. Après la crise des Gilets jaunes, j'ai été heureux de constater qu'a été honorée ma demande de mise en place de ce Conseil environnemental, une à deux fois par mois, à l'image du Conseil de Défense et de Sécurité nationale, chaque semaine.

2. L'irréversibilité : se fixer un objectif que l'État constitutionnalise. Autrement dit, même en cas d'alternance gouvernementale, l'objectif ne changera pas. Si le citoyen, le consommateur ou l'investisseur a la moindre suspicion de retour en arrière sur une mesure, il attendra et ne s'engagera pas dans un nouvel acte de consommation. Par exemple, si un propriétaire de logements locatifs sait que la réglementation en matière de rénovation énergétique peut changer, il ne fera pas les investissements nécessaires. *Idem*, si un agriculteur sait qu'il a le droit d'utiliser du glyphosate pendant encore dix ans, il attendra ce terme pour trouver une alternative à ce produit. Concernant la fin des véhicules thermiques prévue en 2040, l'échéance ne doit pas changer, quel que soit le président. Mais plus encore, si la contrainte est considérée comme certaine, elle créera le cercle vertueux de la créativité. L'histoire montre bien que la contrainte n'est pas l'ennemi de la créativité, mais qu'elle en est la condition. Dès lors, tous les acteurs – chercheurs, producteurs, investisseurs – contribueront à l'objectif pour en saisir toutes les opportunités.

À l'inverse, si le doute persiste, certains essaieront plutôt de profiter jusqu'à plus soif de l'ancien modèle.

3. La progressivité qui implique une absence de brutalité : identifier les secteurs économiques, les territoires ou les personnes impactés, voire pire, qui pourraient se retrouver dans une impasse. Selon les mutations à mettre en œuvre, il faut laisser le temps de l'adaptation ou de la conversion. Pour initier et accompagner cette transition, le rôle de l'État est capital. Il doit développer une panoplie d'outils (primes, exonérations, subventions) pour inciter, soulager, compenser et ainsi permettre de franchir le cap. Citons un cas d'école, celui d'un agriculteur souhaitant passer du conventionnel au bio : l'État pourrait l'accompagner financièrement entre trois et cinq ans, le temps qu'il trouve l'équilibre économique. Verrouiller à trois ans l'objectif de sortie du glyphosate est parfaitement envisageable à partir du moment où, dès le lendemain de la décision, le gouvernement développe les moyens pour évaluer les alternatives existantes et faire surgir les manquantes. La méthode choisie doit faire preuve de cohérence. Programmer la fermeture de centrales thermiques, comme les objectifs climatiques nous y obligent, est nécessaire, mais n'est envisageable que si, localement, l'État a appréhendé les conséquences sociales et les reconversions économiques possibles. D'où cette impérieuse nécessité de planifier et d'anticiper. La clé de la transition écologique, que j'ai souhaitée dans

mon ministère, est de la rendre indissociable de la dimension solidaire.

Pour la hausse de la taxe carbone qui a sans doute contribué à mettre le feu social aux poudres et à déclencher la révolte des Gilets jaunes, il y a eu, me semble-t-il, une accumulation d'erreurs. Car, non seulement sa mise en place ne s'est pas faite progressivement, mais elle a été doublée du rattrapage du diesel par rapport à l'essence. Pour des raisons sanitaires, à cause de la pollution des particules fines, il était cependant nécessaire de donner un signal fort pour inciter chacun à laisser tomber ce carburant au moment de l'achat d'un prochain véhicule. D'ailleurs, quand la mesure est passée, force est de constater que les ventes de véhicules diesel ont chuté immédiatement.

Comment sortir d'une économie carbonée ? Tous les économistes, tels Joseph E. Stiglitz ou Nicholas Stern, expliquent qu'une courbe croissante irréversible mais progressive du prix engendre un désinvestissement carbone. Cela vaut pour les investisseurs et les constructeurs du marché automobile comme pour les citoyens. Au contraire, donner le sentiment que le prix du pétrole peut fluctuer ne pousse personne à la sobriété. D'où la nécessité de « piloter » : faire en sorte que le prix ne redescende pas, pour ne pas recréer une incitation à la consommation. En cas d'emballement subit du cours du pétrole ou du gaz, comme il a été anticipé, la taxe carbone peut servir d'amortisseur. Et, en cas de baisse, elle permet de maintenir croissante la courbe des prix.

Lors de mon entrée au gouvernement, nous avons mis sur la table la trajectoire de la taxe carbone et le rattrapage du diesel par rapport à l'essence. Naturellement, Bercy s'est emparé de ces deux opportunités pour en faire deux instruments de recettes destinés à combler les déficits de l'État sur le dos de l'écologie. Il aurait fallu installer ces mesures de manière plus progressive et surtout affecter tout ou partie de leur recette à un coussin social, notamment les ménages identifiés comme les plus fragiles ou victimes de la précarité énergétique, afin de leur permettre une diminution durable de leur consommation en acquérant un équipement plus sobre (véhicule, chaudière, etc.). Socialement, il aurait fallu focaliser les aides et les dispositifs sur les personnes qui ont acheté des voitures diesel par incitation fiscale et qui vivent dans le périurbain ou en zone rurale, sans transports en commun, afin qu'elles n'aient pas de reste à charge pour changer de véhicule.

Dans un contexte où tout le monde est devenu conscient de l'inégalité fiscale à grande échelle, cette mesure a été trop brutale. Elle a été considérée comme l'injustice fiscale de trop, surtout qu'elle est survenue simultanément avec l'envolée du prix du baril du pétrole, la diminution des APL et la suppression de l'ISF. Même si ces deux dernières mesures sont compréhensibles intellectuellement, elles restent psychologiquement irrecevables. Le grand tort des technocrates est d'oublier le paramètre humain.

F. L. – Sur cette question de la fiscalité, je souhaiterais aussi évoquer une dimension éthique : le consentement à l'impôt. Certes, il existe des injustices fiscales, un gaspillage de l'État et un excès de fiscalité en France par rapport à d'autres pays. Néanmoins, il ne faut pas oublier que les impôts font tourner les hôpitaux, les écoles, l'entretien des routes... Il est important de consentir à l'impôt, même s'il y a des améliorations à faire pour qu'il soit plus juste.

N. H. – Ce consentement à l'impôt, que beaucoup de concitoyens partagent, il en va du rôle de l'État de le rendre obligatoire et incontournable pour le monde de l'entreprise. Cela enlèverait le sentiment d'injustice qui se propage chez la plupart des Français. Dans la fiscalité, il existe une brutalité et une inégalité criantes. Un artisan ou un commerçant qui a omis de déclarer 1 000 euros au Centre des finances publiques peut se retrouver au pénal, alors qu'une multinationale s'organise pour payer un minimum d'impôts sur les bénéfices sans être inquiétée. La facilité pour l'État est d'aller puiser ses recettes chez les plus modestes qui n'ont pas l'ingéniosité ou la malice d'échapper totalement ou partiellement à l'impôt ou chez les plus transparents comme les salariés, encore plus aujourd'hui avec le prélèvement à la source. Pour que l'impôt soit supportable pour le contribuable, son affectation doit être juste et utile. Le problème de l'équité est central. Gagner cent fois le Smic sur un clic d'ordinateur en plaçant de l'argent dans des plateformes offshore sans être imposé dessus est insupportable et n'existe que par complaisance et indifférence du politique. Il est en effet important de revenir à la raison d'être de l'impôt : l'État ne prend pas de l'argent pour le plaisir d'en prendre, mais pour garantir tous nos services publics. Nous finissons par oublier ce à quoi notre société pourvoit pour nous, même si c'est dans la nature humaine de voir ce qu'elle ne comble pas. Un jour, en prenant un café à Saint-Lunaire, je croise un agriculteur avec qui je m'entends bien. Comme il avait un gilet jaune sur le tableau de bord de sa voiture, je lui demande : « Tu vas manifester sur un rond-point ? » Il me répond : « Jamais de la vie, ma femme et mon fils sont malades depuis trente ans, je n'ai jamais payé un centime. Et ma fille fait ses études gratuitement… »

F. L. – J'ai voyagé dans des pays paradisiaques, mais où il valait mieux ne pas tomber malade ou perdre son emploi, car il n'existait pas de couverture maladie ni d'aides aux chômeurs. On a une chance inouïe dans notre pays d'avoir un tel réseau de redistribution de l'argent par l'État. Mais on y est tellement habitué qu'on ne s'en rend plus compte.

N. H. – Aux États-Unis, on rencontre le même désarroi. Récemment, j'ai reçu le témoignage d'un Américain qui a refusé une greffe à cause du coût des médicaments antirejet à l'année. Il ne pouvait pas les prendre en charge. Acter les vertus de notre modèle n'en rend que plus crédible la dénonciation de ses faiblesses et de ses incohérences.

F. L. – Comme le dit Sylvain Tesson : « La France est un paradis peuplé de gens qui se croient en enfer. » Certes, une minorité rencontre de grandes difficultés, mais globalement les Français ont du mal à voir le positif, tout comme ils entretiennent un rapport particulier à l'argent, fait d'amour et de haine. De mon point de vue, en soi, l'argent n'est ni un bien ni un mal : c'est un moyen dont nous avons besoin pour vivre décemment. Je n'ai ni mépris ni fascination pour lui. Ce qui me semble immoral, c'est l'accumulation des richesses. Vivre dans le souci de gagner de plus en plus d'argent pour le garder sur des comptes en banque, à quoi cela sert-il ?

Au cours de mes voyages, j'ai remarqué que chaque culture entretenait un rapport différent à l'argent. Et je préfère presque le rapport décomplexé des Américains à celui des Français, plus hypocrite. Il existe un rapport malsain à l'argent chez nous, que j'ai détecté dans beaucoup d'endroits, dans les médias, sur les réseaux sociaux, etc. Lorsque j'ai commencé à vendre beaucoup de livres (après avoir vécu sans succès et très modestement pendant une quinzaine d'années), j'ai eu droit à des articles suspicieux dans de nombreux médias, m'accusant de faire du business avec la philosophie et la spiritualité ! Ce que ces journalistes n'ont pas compris, outre le fait que cette quête philosophique et spirituelle est le moteur de mon existence depuis l'adolescence, c'est que l'argent n'a jamais été ma principale motivation. Je ne vais bien évidemment pas me plaindre de vendre beaucoup de livres. Je suis heureux que mes idées puissent toucher un large public, cela me permet d'avoir une belle qualité de vie et j'en fais largement profiter les autres (à commencer par nos amis libraires). Mais si l'argent avait été ma principale motivation, je n'aurais jamais fait des études de philosophie et de sociologie. Je n'aurais pas quitté non plus un poste sécurisant et lucratif dans l'édition à 29 ans pour devenir écrivain puis, vingt ans plus tard, démissionné de mes postes de directeur du *Monde des religions* et de producteur à France Culture pour consacrer la moitié de mon temps, de manière bénévole, à la vie associative. C'est un point que nous avons en commun : nous avons choisi de vivre de notre passion, sans savoir que celle-ci pourrait un jour nous enrichir ou nous apporter une certaine célébrité. L'argent, pour toi comme pour moi, n'a jamais été une fin en soi.

J'ai aussi remarqué, assez souvent, que ceux qui attaquent les riches sont parfois les premiers à vouloir s'enrichir. Ces attaques ne reposent pas sur une vertu, mais sur un vice, très français, qui est l'envie : celle d'être à la place de l'autre, tout en affichant une idéologie égalitariste. Cette hypocrisie a sans doute un lien avec notre histoire : le catholicisme et la Révolution française. La religion catholique affiche un certain mépris de l'argent et l'idéologie révolutionnaire prône l'égalitarisme. Notre culture nous pousse donc à porter un regard critique sur la richesse et les inégalités économiques. Il en va tout à fait autrement dans les pays anglo-saxons, qui n'ont pas cette passion égalitariste et dont la religion protestante considère que l'enrichissement est un signe de bénédiction divine. Je ne partage pas cette conviction, mais faisons attention en France à ne pas transformer notre frustration en ressentiment envers ceux qui s'enrichissent en utilisant de nobles idéaux philosophiques ou spirituels. Cela dit, je pense comme toi que la lutte contre les trop grandes inégalités est un combat essentiel et, encore une fois, que l'impôt est une des réponses nécessaires pour y parvenir.

N. H. – La richesse a produit tellement d'excès ces dernières décennies que ce vice peut se comprendre. L'objectif désormais est surtout de réduire le nombre de pauvres et de très riches. C'est pour cette raison que je pense que la fiscalité doit porter principalement sur le capital et la spéculation.

F. L. – Au-delà du problème de l'accaparement des ressources par une minorité, se pose la question démographique. Pour régler la crise écologique, certains plaident en faveur d'une décroissance de la population. Aujourd'hui, la Terre accueille 7,7 milliards d'individus et ce chiffre continuera probablement d'augmenter jusqu'à un pic de 10 milliards d'individus en 2050. Sommes-nous trop nombreux ?

N. H. – La question qui doit précéder celle-ci est la suivante : nos prélèvements sur les ressources de la Terre sont-ils justifiés ? L'écologue américain René Dubos disait : « Ce n'est pas l'Homme qui pose problème, mais la masse de choses inutiles qu'il traîne derrière lui. » Et Gandhi affirmait : « Le monde contient bien assez pour les besoins de chacun, mais pas assez pour la cupidité de tous. » Combien d'exemples illustrent cette civilisation du gâchis ! L'agriculture est le domaine le plus probant. Elle consomme près de 70 % de l'eau de la planète, alors que seulement quelques pour cent de cette eau sont nécessaires à la croissance des plantes. Le reste se perd dans l'évaporation, l'infiltration profonde ou à faire pousser les adventices. En choisissant des espèces végétales et des variétés adaptées aux conditions climatiques, en arrosant au pied de la plante et en déposant uniquement la quantité d'eau nécessaire avec la micro-irrigation, en préservant l'humidité des sols, en produisant et donc aussi en consommant moins de viande (qui requiert vingt fois plus d'eau que des céréales), nous pourrions préserver durablement cette ressource vitale. Au lieu de cela, nous continuons à laver nos voitures et à alimenter nos chasses d'eau avec de l'eau potable ! Il faut savoir qu'un hectare de terre arable nourrit un carnivore et cinquante végétariens. Et que l'être humain meurt de nos jours davantage d'obésité et de malbouffe que de la faim. Dans la pêche profonde, exploiter trois poissons comestibles à forte valeur commerciale peut impacter jusqu'à cent quarante-quatre espèces [12]. Les exemples de gâchis sont nombreux.

Je ne suis pas sûr que l'aboutissement de cette réflexion sur la démographie doive conduire à priver du droit sacré de se reproduire. En tout cas, on observe que la courbe démographique décline dès que les conditions de vie s'améliorent. Le paradoxe est de constater que plus on est nombreux, plus on est seul. Même si cela rassure les gens d'être en ville, la solitude y est parfois plus vive. Les super mégapoles ne sont pas construites à l'échelle humaine et achèvent de nous couper de la nature. Le préjudice psychologique est à la racine de notre détournement vers d'autres plaisirs factices. J'observe avec beaucoup d'inquiétude le délitement de la déconcentration dans notre pays, parfaitement bien pensé sous Napoléon avec la création des préfectures, sous-préfectures, etc. Il faut limiter la concentration des populations dans les villes, l'urbanisation, et donc la construction de mégalopoles. Je ne suis pas sûr que nous occupions si bien l'espace que cela.

F. L. – Pourquoi la population rurale quitte les campagnes pour s'installer dans les villes ? Essentiellement pour trouver du travail, car ses revenus sont insuffisants pour subvenir à ses besoins. Mais pour beaucoup, c'est un mirage. Le coût de la vie est souvent moindre dans des zones rurales autarciques qu'en banlieue, ou même parfois dans des bidonvilles. Il serait sage pour les États de repenser comment aider les populations à rester dans des zones rurales pour y développer une activité. Les nouvelles technologies, avec le développement du télétravail, peuvent peut-être nous y aider. On constate que de plus en plus d'urbains reviennent vivre en zone rurale lorsqu'ils peuvent y exercer une activité économique viable. C'est ce qu'ont fait mon frère et une de mes sœurs : le premier pour ouvrir des chambres d'hôtes dans les Alpes-de-Haute-Provence et la seconde a quitté Paris pour cultiver des plantes médicinales dans la Drôme. Leurs ressources financières ont diminué, mais ils aiment vivre dans la nature, ont gagné en qualité de vie, et pour rien au monde ne reviendraient vivre en ville. Je ne serais pas étonné, avec la crise que nous traversons, que de plus en plus d'urbains souhaitent s'installer à la campagne et vivre autrement.

N. H. – En Afrique, l'émergence de mégapoles saturées où s'additionnent souvent toutes les misères est particulièrement spectaculaire. Une des conséquences, pas forcément palpable, du changement climatique est la désertification, laquelle a produit un exode massif qui mène dans un premier temps les populations aux portes des grandes villes. Dakar, au Sénégal, grossit de 10 % chaque année. Un flux que beaucoup de villes ne peuvent absorber. Parfois, ce déracinement se poursuit dans une errance improbable au débouché souvent tragique vers l'Europe.

Des communautés, comme les peuples du Sahel, vivaient en intelligence depuis la nuit des temps avec un environnement qu'elles ont dû quitter. Pour elles, la vie était une économie de pénurie et elles en étaient des génies. Malheureusement, un seuil a été franchi : un ou deux degrés d'élévation de la température transforme une vie difficile en une survie impossible. Là comme ailleurs, la crise climatique est l'ultime injustice qui frappe les plus faibles. Pour lutter contre ces injustices, l'une des priorités doit être d'investir, de réhabiliter les terres agricoles et de favoriser la production des énergies renouvelables. C'est tout l'objectif du projet de Grande Muraille verte, entre Dakar et Djibouti, lancé par l'Union africaine en 2007 : combattre la désertification et transformer la vie de millions de personnes en créant une mosaïque d'écosystèmes verts et productifs. Il n'a malheureusement toujours pas été mené à son terme.

Dans ce contexte, voici une idée que je porte sans relâche : chaque fois qu'une tonne de CO_2 est émise par un État, un acteur économique ou même un citoyen, prioritairement issu des pays qui ont historiquement le plus contribué à l'effet de serre, ceux-ci seraient obligés d'en restocker deux, notamment en réhabilitant les sols de territoires désertifiés. Ce qui permettrait d'entrer dans une démarche de résilience, sans pour autant annihiler notre volonté de réduire les émissions de gaz à effet de serre. Cette idée est abordable au niveau du coût. Puisque la tonne de carbone a déjà un prix – elle devrait atteindre progressivement 86 euros en 2022 –, une partie de la recette pourrait être fléchée en ce sens. Comme on émet entre 40 et 50 milliards de tonnes de CO_2 par an, au niveau mondial, consacrer 10 euros de chaque tonne pour créer des puits de carbone naturel offrirait une manne de 500 milliards par an. Ce qui changerait radicalement la donne. Redonner de la fertilité à des sols par l'agroécologie a une triple vertu : restocker du CO_2 pour le bon équilibre de l'écosystème et le bien-être de tous, combattre la désertification et permettre aux populations présentes et à venir de se nourrir. Assortir cette idée d'une aide au développement pour une autonomie énergétique des populations, notamment par le solaire, est indispensable.

F. L. – Pour conclure, quel serait selon toi le modèle économique idéal pour notre société ?

N. H. – Sans en avoir une vision globale, en rêvant ou en anticipant un peu, pour moi, il commence par quelques axes :

– 100 % d'énergies renouvelables. L'autonomie énergétique, à partir des énergies renouvelables, devrait enthousiasmer tout le monde, au-delà des sempiternelles fractures politiques. Il n'est jamais confortable d'être dépendant d'autrui dans des domaines vitaux. À titre d'exemple, souvenons-nous, lors du conflit ukrainien de 2014, que la France, et l'Europe pas davantage, n'ont pu affirmer trop haut leurs valeurs. Notre diplomatie craignait qu'en froissant la Russie Gazprom ferme le robinet d'approvisionnement en gaz. Le jour où, j'en suis convaincu, les pays produiront leur énergie à l'intérieur de leurs frontières, à partir d'énergies naturelles et gratuites – le soleil, le vent, le courant des fleuves, le mouvement des vagues, la géothermie, la biomasse… –, ils retrouveront une forme de liberté. Celle-ci, que pourront partager les pays en voie de développement, donne une indépendance diplomatique et un équilibre géostratégique formidable. Se libérer du pétrole et, à terme, du gaz permettrait de se soustraire à de nombreux conflits. Depuis la Seconde Guerre mondiale, combien de fronts guerriers se sont ouverts sur des raisons fallacieuses derrière lesquelles se jouait souvent l'approvisionnement en gaz ou en pétrole. Au-delà de l'impératif climatique, l'effet de l'autonomie énergétique est la paix ! À cela s'ajoute l'économie effectuée à terme sur la facture énergétique, comme autant d'argent qui ira vers la santé, l'éducation et l'aide au développement. En produisant notre énergie à l'intérieur de nos frontières, nous y gagnerions économiquement à moyen terme car elle correspond à l'équivalent de notre déficit commercial provoqué par l'importation d'énergies fossiles. Et c'est autant d'argent que nous ferions circuler dans notre pays. Il y a une vingtaine d'années, les énergies renouvelables coûtaient cinq à dix fois plus cher que les énergies fossiles, mais aujourd'hui les courbes se croisent, notamment en raison du coût des externalités négatives. Pendant le confinement, l'arrêt de l'activité économique aurait d'ailleurs réduit le nombre de décès liés à la pollution. Les énergies renouvelables vont forcément devenir compétitives par rapport aux énergies fossiles à l'avenir. Et produire localement notre énergie nous éviterait d'être pris dans un carcan diplomatique. La sortie des énergies fossiles est programmée et inexorable, tous ceux qui l'anticiperont auront raison. Reste à présent à trouver le chemin et le catalyseur pour la mettre en œuvre. Puis-je y apporter, avec ma fondation, ma petite contribution !

– 100 % d'agroécologie. Le même raisonnement vaut pour l'autonomie vivrière et alimentaire. Se libérer des importations permettrait de diminuer l'impact environnemental lié au transport, de sanctuariser et de réhabiliter des sols qui auront ainsi retrouvé leur capacité à stocker du CO_2, et enfin, de créer des centaines de milliers d'emplois. Être dépendant des importations de soja, par exemple, est un problème. Le président de la région Bretagne souhaite arriver à zéro importation de soja d'ici 2040 et met en place une alliance avec la région Centre Val-de-Loire pour que le grain produit dans cette région puisse nourrir le bétail de Bretagne. Bel exemple ! Nous avons un intérêt économique, écologique, sanitaire à encourager ce type d'alliances. Sur l'échiquier mondial, les pays qui réussiraient ce défi se débarrasseraient d'un autre point de vulnérabilité.

– 100 % d'économie sociale et solidaire. Cette ambition n'est rien d'autre qu'une remise à jour de ce que l'économie n'aurait jamais dû cesser d'être : une économie au service de l'épanouissement humain, où le temps au travail n'est plus amputé à la vie ; une économie qui contribue au bien commun, où l'humain prime sur le profit. Chacun devrait pouvoir adhérer, participer et prendre des responsabilités. Chaque tâche et chaque geste devraient contribuer à un sens supérieur. Voilà le Graal politique du XXIe siècle vers lequel devraient converger toutes nos énergies !

– 100 % d'économie circulaire permettrait de construire un monde où chaque déchet à terme deviendrait une ressource.

– 100 % des revenus et des profits seraient soumis à proportion à l'impôt et participeraient à la solidarité.

Chapitre 4

Les limites du politique

> « *Ne demandez pas à votre pays ce qu'il peut faire pour vous, demandez-vous ce que vous pouvez faire pour votre pays.* »
>
> John Fitzgerald Kennedy

FRÉDÉRIC LENOIR – Ce que nous venons d'évoquer à propos de l'économie montre à la fois la nécessité du politique et sa grande faiblesse dans nos démocraties modernes. Nous reviendrons sur la manière dont les États ont géré la crise du Covid-19 et je souhaiterais aussi t'interroger sur ton expérience au gouvernement, car tu as vécu de l'intérieur cette tension du politique. Mais auparavant, j'aimerais rappeler très brièvement comment est né le politique dans l'aventure humaine et surtout comment il a évolué dans la modernité, car cette mise en perspective historique éclairera sans doute les grands enjeux actuels.

L'étymologie du mot « politique », *politikos*, prend

racine sur la *polis*, la « cité », en grec, et renvoie à l'art de gouverner la cité. *La* politique est cette activité historique qui s'exerce sur un fond de lois qui constituent ce qu'on appelle *le* politique. Le politique est né lors du passage du paléolithique au néolithique, avec le développement de cités regroupant des milliers d'individus qui ne se connaissaient pas entre eux. S'impose alors la nécessité d'instituer des lois et un gouvernement, dont le but est de favoriser le vivre-ensemble et d'éradiquer la violence. La gestion de la cité vise à répondre aux besoins fondamentaux de protection, de sécurité et de survie quotidienne chez l'être humain. Dès les origines, l'organisation politique dans les cités est intimement liée à la religion. Des individus aux sensibilités, aux tempéraments et aux aspirations divers ont besoin de se réunir autour de quelque chose qui les rassemble et qui soit indiscutable. Dans sa *Critique de la raison politique*, Régis Debray montre fort bien que le politique ne peut tirer meilleure légitimité qu'en se fondant sur une transcendance, qui réunit tous les individus à travers une croyance collective en un invisible qui les dépasse. La religion intervient ainsi comme la légitimation ultime du politique et vient le sacraliser. Elle permet l'adhésion des citoyens autour d'une foi et de valeurs communes, et crée ainsi un sens commun.

Dans la gestion des cités, des royaumes puis des empires, de la Mésopotamie à l'Égypte jusqu'à la Chine en passant par l'Inde et l'Amérique du Sud, le pouvoir politique est toujours adossé au pouvoir religieux. Les deux se nourrissent mutuellement et créent du lien chez les citoyens. D'ailleurs, l'une des deux étymologies latines de religion, *religere*, signifie « relier ». Le pouvoir religieux donne une légitimité au pouvoir politique et, dans le même temps, le pouvoir politique soutient la religion, jusqu'à l'imposer de force à tous ceux qui viennent s'installer dans la cité et à ceux qui sont en désaccord avec elle. Le politique a évolué avec l'émergence de la démocratie chez les Grecs, puis plus tard, en partie, chez les Romains. L'idée est de sortir de l'arbitraire héréditaire de la royauté par le biais de l'élection de gouvernants choisis par les citoyens. Bien que les Grecs ne considèrent pas les non-Grecs, les esclaves et les femmes comme des citoyens, ils font un premier pas vers la démocratie. La religion reste très présente, même si les prêtres ne gouvernent pas et ont moins d'influence qu'avant. Le citoyen doit néanmoins encore se soumettre aux croyances religieuses de la cité, au risque d'être condamné. C'est ainsi que Socrate, accusé d'irrespect religieux, a dû boire la ciguë, plante herbacée très toxique.

L'avènement du christianisme en Occident traduit paradoxalement le retour puissant de la religion d'État dans un empire alors en plein déclin, où la religion tend à perdre son emprise sociale. Le modèle antique reprend donc de la vigueur dans toute l'Europe chrétienne, avec les rois sacrés par le pape, alors même que Jésus avait demandé expres-

sément la séparation du religieux et du politique :
« Rendez à César ce qui est à César, et à Dieu ce qui
est à Dieu » (Marc 12, 17) ; « Mon royaume n'est pas
de ce monde » (Jean 18, 36). En effet, dès le début
du IVe siècle, l'empereur Constantin, constatant la
décadence de l'Empire, décide d'arrêter les persécutions contre les chrétiens (ils représentent alors
seulement environ 10 % de la population) et s'appuie
sur eux pour rétablir l'unité de l'Empire. À la fin du
IVe siècle, alors que les chrétiens doivent représenter
un peu plus de la moitié de la population, l'empereur Théodose Ier impose le christianisme comme
la religion officielle de l'Empire. Le christianisme,
jusqu'alors fidèle à l'esprit de l'Évangile de non-violence et de séparation du politique et du religieux, s'impose comme la religion dominante, et le
fait avec force. Le clergé en profite pour s'immiscer
dans les affaires publiques, avec tous les excès que
l'on connaît. L'Église a un droit de regard sur les
nominations des empereurs et des rois. Aussi, elle
sanctionne et condamne les individus qui s'éloignent
du dogme ou contestent son autorité. Un exemple,
au Ve siècle, dans une lettre au préfet Faustus qui lui
demandait que faire d'un groupe d'hérétiques, saint
Augustin répond qu'il faut les tuer, au prétexte qu'ils
représentent un danger pour la cohésion de l'Empire
reposant sur l'unité de la foi chrétienne.

À la Renaissance, le désir d'émancipation du
politique par rapport au religieux s'exprime avec
les premiers humanistes chrétiens, comme Érasme.

Apparaît alors le concept de liberté de croyance et d'expression des citoyens. Au XVIIe siècle, Baruch Spinoza est l'un des premiers philosophes des Lumières à le défendre et à le promouvoir, mais il n'est pas écouté, est exclu de sa communauté, et ses ouvrages sont condamnés par toutes les autorités politiques et religieuses. C'est à la fin du XVIIIe siècle qu'émerge un modèle du politique moderne, fondé sur la séparation de l'Église et de l'État. Cet État de droit permet à chacun de penser et de s'exprimer librement. Dans ce cadre-là, vont naître les démocraties modernes, avec l'idée que chaque citoyen représente une voix, même s'il faudra attendre le milieu du XXe siècle pour que les femmes en fassent partie.

Ce système politique est aujourd'hui dominant dans le monde, mais il est divisé entre trois grands modèles : le régime de séparation de l'Église et de l'État, ou de laïcité, dont la France est emblématique ; celui de la religion d'État ; et enfin, le système des cultes reconnus. Dans le modèle de la religion d'État, des privilèges sont accordés à la religion majoritaire en échange d'une délégation de service public, mais l'Église n'impose rien et n'interfère pas dans la sphère publique. Chacun reste libre de choisir sa religion. C'est le cas de l'Angleterre, de plusieurs pays scandinaves, dont la Finlande. Dans le système des cultes reconnus – comme en Italie –, il n'y a pas de religion d'État, mais l'État reconnaît divers cultes, qui sont encadrés et reçoivent un soutien financier.

Quel que soit le système choisi, l'État garantit toujours la liberté de culte et de conscience des citoyens. La liberté d'expression existe dans la limite très clairement posée par Spinoza du trouble à l'ordre public. Dans ce système, à l'origine de la fondation du politique chez les Grecs, cohabitent deux biens, celui de l'individu qui aspire au bonheur, et celui de la collectivité qui aspire à la paix et à l'harmonie. Le premier ne doit jamais perturber le second. Les libertés individuelles ne doivent pas corrompre le bien commun. Comme l'explique Aristote, le politique est supérieur à l'éthique. Si un individu cherche un bonheur personnel et que son égoïsme se traduit par une dégénération du bien commun, mieux vaut alors l'exclure de la cité.

Au tournant du XIXe au XXe siècle, cette priorité dans les valeurs pour le bien commun est reprise par l'idéal républicain, dans lequel il est essentiel de servir collectivement la nation et de suivre une certaine morale commune. Avec l'avènement de la société de consommation et de l'individualisme moderne, dans la seconde moitié du XXe siècle, de nouveaux problèmes surgissent. Si le citoyen sait qu'il a des droits, il oublie bien souvent qu'il a aussi des devoirs. Le politique moderne se voit depuis lors confronté à trois difficultés majeures.

– La première est que, pris dans un narcissisme utilitariste, de nombreux citoyens cherchent et puisent tout ce qui leur est utile dans la société, sans penser à ce qu'ils peuvent lui apporter. Un des enjeux de la refondation du politique moderne est donc de repenser l'engagement de l'individu dans la cité pour qu'il s'y implique davantage et de le responsabiliser pour qu'il redécouvre l'importance du bien commun.

– La deuxième est sans doute la plus difficile à résoudre et elle est assez spécifique à l'Europe : le politique n'est plus fondé sur le religieux. Non seulement le politique et le religieux sont séparés, de droit ou de fait, mais la religion est en retrait de l'espace public et peu présente chez les individus. Ce qui n'est pas le cas des Américains, dont la modernité politique est étroitement liée à la foi des pères fondateurs et qui, tout en permettant la liberté de conscience et d'expression, reste un peuple très marqué par le religieux. Leur président prête serment sur la Bible et leur devise est « *In God we trust* ». Dès que survient une crise politique, le religieux revient massivement et permet de mobiliser une population très croyante. Tandis que la religion reste, aux États-Unis, le fondement du lien social – même s'il serait plus juste de parler de « religion civile américaine », tant le christianisme est mêlé aux mythes fondateurs de la nation américaine –, ce n'est évidemment plus le cas en Europe. La religion est devenue très minoritaire et il existe une pluralité de valeurs selon chaque individu. Le sociologue Max Weber parle de « guerre des dieux », qu'il définit comme une guerre des valeurs actuellement en cours dans nos sociétés modernes européennes. Quand l'un pense, par exemple, que la valeur suprême est l'enrichissement individuel, un autre pense qu'il s'agit du partage. Comment gouverner un peuple composé de millions d'individus qui ne partagent pas les mêmes valeurs ? Le philosophe Jürgen Habermas propose une éthique de la discussion, à travers le débat public, afin de faire émerger des consensus, fruits de l'intelligence collective, et de faire progresser de manière rationnelle cette discussion.

– La troisième est née de la grande nouveauté de notre époque contemporaine, la mondialisation. À l'égoïsme des individus s'ajoute désormais celui des Nations. La globalisation de l'économie, de l'écologie et de la technique impose le besoin d'élaborer des règles internationales à travers une politique commune. Or nous vivons encore dans l'héritage du XIXe siècle et des États-nations qui ont la légitimité ultime, et dont on observe l'égoïsme au détriment de l'intérêt commun de l'humanité. Reste à savoir comment les fédérer pour faire face aux enjeux actuels.

NICOLAS HULOT – La République française s'est inspirée de la religion pour créer ses valeurs trinitaires : Liberté, Égalité, Fraternité. A-t-elle gardé un socle de cette longue cohabitation ?

F. L. – En effet, nous vivons dans l'héritage des valeurs chrétiennes laïcisées d'un point de vue philosophique et politique. La morale moderne de l'Europe a été dictée par Emmanuel Kant, qui a laïcisé la morale judéo-chrétienne, elle-même fondée sur le Décalogue : ne pas tuer, ne pas voler, ne pas faire de faux témoignage contre son prochain, ne pas convoiter sa maison, etc. Le philosophe allemand pense que la loi de Moïse, reprise par Jésus, s'inscrit dans la raison. Nul besoin de se référer à la religion pour suivre l'essentiel de ses préceptes. Les valeurs républicaines – Liberté, Égalité, Fraternité – sont aussi une laïcisation des principes des Évangiles, puisqu'elles sont au cœur du message du Christ. Liberté : Jésus libère les individus du poids de la famille, du groupe et de la tradition. « Ne pensez pas que je sois venu apporter la paix sur la Terre : je ne suis pas venu apporter la paix, mais le glaive. Oui, je suis venu séparer l'homme de son père, la fille de sa mère, la belle-fille de sa belle-mère » (Matthieu 10, 34-35). Égalité : le Christ livre un message d'égalité en dignité de tous les êtres humains : hommes, femmes, riches, pauvres, esclaves, juifs, non-juifs, etc. Fraternité : la république a laïcisé le message chrétien qui proclame que tous les êtres humains sont frères, puisque fils du même Dieu.

Dans mon ouvrage *Le Christ philosophe*, j'ai tenté de montrer que les droits de l'Homme n'étaient pas nés par hasard en Occident. Ils ne sont apparus ni en Chine, ni dans l'Empire ottoman, sans doute parce qu'ils sont nés dans un terreau marqué à la fois par la philosophie grecque (principalement le stoïcisme) et par les valeurs fondamentales de liberté, d'égalité et de fraternité prônées par les Évangiles, même si l'Église, à partir de la fin du IVe siècle, les a pervertis pour exercer son pouvoir sur la société et les individus. Et elle continuera aux XVIIIe et XIXe siècles à lutter pour le conserver, en s'opposant aux droits de l'Homme, à la démocratie, à l'émancipation des femmes, etc. Un penseur comme Nietzsche a bien compris ce paradoxe, lui qui disait que «la religion chrétienne a été son propre fossoyeur», en transmettant aux Hommes un message (celui du Christ) qui ne cessait de la condamner dans ses pratiques institutionnelles. Le philosophe Marcel Gauchet a eu aussi cette formule lumineuse : «Le christianisme est la religion de la sortie de la religion.» L'éthique du Christ est un message d'amour universel qui n'a pas besoin d'une religion instituée, de dogmes et de normes pour le porter, et il peut survivre à la religion sous des formes laïcisées.

J'ajouterais à ce tableau une petite remarque concernant la France : l'Église catholique y a joué un rôle central pendant très longtemps en assurant une mission humanitaire dans le monde éducatif et dans celui de la santé : création de nombreuses écoles, orphelinats et hospices. Lorsque la France s'est sécularisée à partir de la Révolution, la plupart de ces institutions ont été prises en charge par la puissance publique : c'est l'origine de ce qu'on appelle aujourd'hui l'État providence – une forme d'État qui intervient activement dans les domaines social et économique en vue d'assurer des prestations aux citoyens – et qui est plus puissant en France que dans les autres pays du fait de cet héritage catholique.

N. H. – Pour en venir à la situation présente, j'ai justement été frappé du retour de l'État providence à la faveur de la crise du Covid-19.

F. L. – Pendant la pandémie, l'État a été en effet très présent ; il a assuré la sécurité sanitaire de tous en prenant des mesures extrêmes d'un point de vue financier et économique. L'État providence en France a joué à plein, ce qui nous fait redécouvrir cette mission de l'État, même s'il a parfois été défaillant. Certains pays asiatiques ont choisi d'autres voies leur évitant le confinement obligatoire et ont eu beaucoup moins de morts que nous. Hong Kong, Taïwan, la Corée du Sud ou Singapour : tous ces pays possédaient des masques, ont mis rapidement au point des tests et avaient l'habitude d'adopter une distanciation sociale et des mesures d'hygiène. En Europe, en l'absence de moyens de protection, nous avons été réduits à opter pour la technique du confinement, comme pendant la peste noire au XIVe siècle, ce qui était bien évidemment un moindre mal…

Je m'interroge cependant sur deux points : la responsabilité et les libertés individuelles. Partant du principe que les citoyens étaient indisciplinés, l'État français ne leur a pas fait confiance et c'est de manière autoritaire qu'il leur a imposé des autorisations de sortie à remplir avec des contrôles et une pénalisation en cas de non-respect des règles. La population a été pour ainsi dire infantilisée avec des mesures parfois extrêmes et un peu risibles : surveillance par des hélicoptères ou des drones des sentiers de randonnée en montagne ou des planchistes en mer qui ne menaçaient personne... Dans les pays du Nord de l'Europe, il en fut tout autrement. L'État a demandé aux citoyens de rester chez eux, sans menace de sanctions, en leur expliquant les enjeux, ce qu'ils ont fait de manière responsable. Cette constatation soulève de vraies questions. Les citoyens français, espagnols, italiens sont-ils capables de se discipliner et d'être responsables ? L'État n'est-il pas allé trop loin dans le contrôle ? Comment avoir une attitude plus éducative que répressive ? Lors d'une nouvelle crise, ne pourrait-on pas proposer aux citoyens d'être responsables et, en cas d'échec, envisager seulement alors une solution répressive ?

Ces questions sont d'autant plus sensibles qu'elles s'inscrivent dans un rapport psychologique complexe et ambivalent des Français avec le pouvoir religieux et politique. Cela m'amène une nouvelle fois à évoquer notre passé catholique : les Français ont vécu pendant de nombreux siècles une relation d'amour-haine, de soumission-insubordination avec l'institution catholique, qu'ils ont ensuite reproduite avec le pouvoir politique. De même qu'on attendait le salut spirituel et les secours matériels de la part de l'Église, tout en critiquant les clercs et en ne supportant pas la soumission à leur pouvoir, on a reproduit les mêmes attentes et critiques envers l'État providence. Nous attendons qu'il nous aide et nous protège, mais nous critiquons sans cesse le personnel politique et nous ne supportons pas son autorité. Nous attendons tout de l'État, et dans le même temps nous le détestons, nous sommes en état d'insurrection permanente contre lui. Ces nombreuses plaintes qui ont été déposées contre l'État ou des hommes politiques pour mise en danger de la vie d'autrui le montrent bien alors que les Français reprochent dans le même temps à l'État d'en avoir trop fait ! Cette attitude et ces reproches contradictoires ont stupéfié nos amis américains et européens.

Deuxième point que je souhaite souligner et qui a été mis en exergue par la crise du Covid-19 : celui des libertés. Le besoin de sécurité peut conduire les citoyens à accepter de sacrifier leur liberté. Au nom de toutes les menaces (virus, terrorisme…), ils sont capables d'abdiquer certaines libertés individuelles fondamentales, comme celle de circuler, car l'État qui surveille et contrôle tout pourrait mieux les protéger. Ce qui pose de sérieuses questions. Pour l'instant, il n'est pas obligatoire d'être tracé grâce à l'application StopCovid, mais cela pourrait peut-être un jour le devenir : serait-ce acceptable que l'État sache où tel individu est allé, tel jour, à telle heure et à tel endroit ? À cause du terrorisme, la reconnaissance faciale s'est développée. En Chine, la population est fichée grâce à 500 millions de caméras disséminées dans les rues. Et nous sommes en train de prendre le même chemin dans les pays occidentaux. À Nice, des caméras ont été installées partout par les autorités après l'attentat du 14 juillet 2016 et sont acceptées par la population. Quand il s'agit de contrôler le terrorisme, ce type d'installation est concevable, mais si jamais un État devient autoritaire et en profite pour contrôler ses opposants, cela peut virer au cauchemar de science-fiction. Restons très vigilants afin que la protection des individus face aux risques terroristes ou sanitaires ne devienne pas dans les années à venir un prétexte pour que les États exercent un fichage et un contrôle de tous les citoyens. Afin d'éviter ces dérives, certaines villes aux États-Unis, comme San Francisco, viennent de décider de supprimer tous les systèmes de reconnaissance faciale et de fichage de ses administrés.

N. H. — Je me garderai bien de commenter la gestion de la crise, compte tenu de la situation dont le gouvernement a hérité, et des éclairages scientifiques divergents pendant cette pandémie qui a pris tout le monde de court. Dans ces conditions, le confinement, me semble-t-il, était inévitable. Si la vertu et le bénéfice d'une mesure même pénalisante ou d'un changement ne fait pas de doute dans l'esprit de nos concitoyens, ceux-ci sont prêts à l'accepter. Et c'est bien ce qu'il s'est passé avec le confinement. En revanche, ils renâclent dès lors que les clivages politiques et médiatiques autour d'un objectif sèment le doute. Comment apprendre à se coordonner dans une société qui se divise sur tout ? Au cœur de la crise, le spectacle des pseudo-experts qui ont créé du clivage et des peurs sur les plateaux de télévision alors qu'ils ne savaient rien ou pas grand-chose, était atterrant, alors même que tout le monde souhaitait regarder dans la même direction. Comme tu viens de le rappeler, l'État a été attaqué pénalement par des citoyens pour mise en danger d'autrui. Il se voit responsable de tout. Ce que je trouve aussi excessif. Un article du *New York Times*[1] salue d'ailleurs Emmanuel Macron pour sa gestion de l'épidémie et s'étonne que les Français soient si sévères avec leur gouvernement. La vérité est souvent nuancée.

F. L. – J'ai été frappé par les propos tenus pendant le confinement par mon ami le philosophe André Comte-Sponville dénonçant le « sanitairement correct ». Plusieurs questions n'ont pas été assez débattues publiquement. La santé est-elle la valeur suprême qui doit présider à toutes les décisions ? Quel doit être le rôle des experts dans les décisions gouvernementales ? La protection absolue de la santé doit-elle justifier, par exemple, la limite des libertés individuelles, comme je viens de l'évoquer ? Et j'ajouterais une question capitale : peut-on empêcher nos concitoyens d'être auprès de leurs proches en fin de vie ? J'ai été très choqué qu'on nous interdise de nous rendre auprès d'un parent mourant dans un hôpital ou un Ehpad. Si ma mère âgée de 95 ans avait été mourante pendant le confinement, j'aurais transgressé toutes les règles pour me tenir à ses côtés, en portant évidemment un masque pour ne pas être un risque pour les membres et pensionnaires de l'établissement hospitalier. Mourir dignement, entouré de ses proches, est pour moi une valeur plus importante que la maximisation des précautions sanitaires. La santé physique n'est pas un absolu, il y a d'autres valeurs et dimensions de la vie – le lien, l'amour, la liberté, l'équilibre psychique et émotionnel – que les politiques doivent prendre en compte lors de leurs décisions. Dit autrement : ce n'est pas aux médecins de décider à la place des gouvernants.

N. H. – Je pense à ceux qui sont morts seuls, loin de leurs proches, dans des hôpitaux et parfois dans des régions ou des pays éloignés… Pour autant, j'apporte une nuance. Le discernement qui fait tant défaut dans nos sociétés est encore plus difficile dans des situations de panique. Les mesures de précaution adoptées dans les Ehpad et les hôpitaux paraissent excessives aujourd'hui, avec du recul, mais pour le personnel qui voyait les gens mourir jour après jour, au cœur de l'épidémie, elles étaient nécessaires. Tous nos acquis démocratiques, dont la liberté, peuvent voler en éclats en temps de crise.

F. L. – Pourquoi les gouvernements ont-ils réagi en voulant tellement protéger les populations ? Quand la grippe de Hong Kong s'est abattue sur l'Europe en 1968, aucun gouvernement n'a pris de mesures aussi radicales que celles observées pendant la crise du Covid-19, et les médias n'en ont presque pas parlé, alors qu'elle a fait plus d'un million de morts dans le monde et 35 000 en France ! Deux choses fondamentales ont changé en quarante ans : notre rapport à la mort et la multiplication des sources d'information, comme l'apparition des réseaux sociaux. Aujourd'hui, les opinions publiques ne supporteraient pas de voir défiler des images de morts en masse dans les hôpitaux ou les maisons de retraite, et notre rapport à la mort a changé socialement. La mort est à éviter à tout prix, « quoi qu'il en coûte ». Ce qui est un fait tout à fait nouveau. D'un côté, je me réjouis de cette évolution qui accorde plus de prix à la vie que dans le passé. D'un autre côté, n'oublions pas que la mort fait partie de la vie. Sans la mort, la vie sur Terre ne pourrait pas exister : nous serions beaucoup trop nombreux sur une planète aux ressources limitées. Et puis ce qui fait la beauté de la vie, c'est son intensité et non le fait qu'elle dure le plus longtemps possible. Vivre de plus en plus longtemps est une belle promesse, mais dans quel monde ? Dans quelles conditions ? Mieux vaut apprendre à vivre le mieux possible, c'est-à-dire le plus qualitativement possible, dans un environnement préservé et dans une durée limitée, que d'espérer vivre n'importe comment le plus longtemps possible grâce à la régénération cellulaire et à la chirurgie esthétique. Mieux vaut apprivoiser la mort, ne pas la refouler pour éviter la terreur quand elle surgit brusquement, à la faveur d'une épidémie par exemple.

N. H. – Plus notre vie est belle et qualitative, plus nous souhaitons la prolonger… Ce qui comprend une forme de paradoxe. Je suis d'accord avec toi pour lever le tabou autour de la mort. Il faut en parler alors que l'Homme moderne a plutôt tendance à la cacher, l'enfouir, la dissimuler. En même temps, compte tenu des croyances des uns et des autres, je comprends tout à fait que la mort effraie. Et cette peur est aussi le signe d'un attachement à la vie, à l'amour. Je pense à l'histoire de chacun, mort du Covid-19, qui souhaitait que les médecins déploient le maximum d'efforts pour être sauvé. Il faut tout faire « humainement » pour prolonger la vie – pas de manière artificielle bien sûr – et éviter de mourir prématurément d'un accident ou d'une maladie. Tu raisonnes au niveau collectif, alors que je raisonne au niveau de l'individu.

F. L. – Ce qui soulève aussi une question politique importante. Beaucoup plus d'individus meurent de causes pour lesquelles on ne déploie pas tous les efforts nécessaires – tabac, alcool, maladies cardio-vasculaires… –, plus que du Covid-19 ! Pourquoi prendre des mesures aussi radicales alors que ce n'est pas le cas pour d'autres maux ? Ne faudrait-il pas alors prendre les mêmes ? Et si on met en avant le sentiment d'humanité, pourquoi ne pas investir aussi des milliards pour éviter les 400 000 morts annuels de la malaria ou les 9 millions de morts annuels de la malnutrition ?

N. H. – C'est le paradoxe. Je plaide pour une radicalité programmatique. Il faut savoir être radical dans les objectifs, qu'il s'agisse d'une crise sanitaire ou écologique, car on n'y fera pas face avec des mesures cosmétiques, mais il faut être progressif dans la mise en œuvre afin de permettre l'adaptation. Dans tous les domaines, il faut mettre les moyens pour préserver la vie. Je ne pense pas que les gouvernements aient « surréagi » face au Covid-19, mais que cette crise est plutôt le révélateur d'une sous-réaction face aux autres menaces. On est capable de rester chez soi pour éviter le Covid-19, mais incapable de faire le dixième pour échapper à d'autres menaces. Quand l'État revoit à la baisse la limitation de vitesse de 90 à 80 kilomètres/heure, les citoyens ne voient pas directement la corrélation avec les accidents de la route et protestent. *Idem* sur des mesures aux enjeux écologiques vitaux comme freiner le réchauffement climatique. Individuellement et collectivement, j'attire l'attention entre les menaces palpables qui sont pourtant bien documentées et les menaces aléatoires.

F. L. – Il est en effet plus facile de parler avec du recul qu'en plein cœur de la crise, dont on ne saura jamais vraiment le nombre réel de morts. Les morts de la grippe et sûrement d'autres maladies ont pu être confondus avec ceux du Covid-19, de même que, inversement, n'ont pas pu être comptabilisées les personnes mortes chez elles de ce virus.

N. H. – Et nous ne saurons jamais combien de morts auront été évités grâce au confinement… Il est évident que notre gouvernement comme tant d'autres est forcément dépassé face à des aléas inédits d'une telle ampleur. Il faut bien l'admettre, le Covid-19 a pris tout le monde de court dans sa célérité et sa dynamique. Une fois encore, ce genre d'épisode qui, hélas, risque d'en préfigurer bien d'autres, nous confronte aux limites de résilience de notre modèle. Nous avons pris une leçon, mais est-ce qu'on en a tiré les enseignements ? C'est trop tôt pour le dire, il y a tant d'urgences à traiter qui se combinent.

L'articulation entre la science et le politique se fait mal. L'Académie des sciences a longtemps été, par exemple, un foyer de climato-sceptiques. Les structures qui devraient éclairer sont parfois opaques ! Trancher sur la responsabilité humaine sur le dérèglement climatique a pris vingt ans. Comment garantir une expertise indépendante ? Dans la troisième chambre, dédiée au temps long, que j'appelle de mes vœux, il faut que la science ait la part plus belle. Mais, bien évidemment, il est capital de savoir d'où viennent les experts, qui paie les études, etc. Gouverner, c'est prévoir, et prévoir, c'est anticiper. Saurons-nous le faire enfin, déjà sur ce qui est prévisible et documenté par la science ? Autant je suis indulgent sur la gestion de cette crise (de ce que j'en connais en tout cas), mais sur la crise écologique, je perds patience. Je ne comprends pas qu'on agisse à la marge alors que l'évolution du climat ne fait aucun doute.

F. L. – Malheureusement, actuellement, les experts consultés par le gouvernement sont tous plus ou moins en lien avec des laboratoires pharmaceutiques. Au cœur de cette crise sanitaire, un événement m'a interpellé : pourquoi l'État a interdit aux médecins de ville de prescrire un médicament comme l'hydroxychloroquine administré depuis plusieurs décennies pour traiter le paludisme ? Pourquoi ne pas laisser les médecins discerner au cas par cas et leur faire confiance ? Ce n'est pas au gouvernement, sous la pression de certains experts, de prendre ce type de décision. Tous les médecins que je connais ont été choqués par cette mesure, même ceux qui n'étaient pas favorables à titre personnel à ce médicament.

N. H. – Oui, mais s'il y a des morts, il y aura une enquête et les politiques seront accusés d'être responsables de ces morts et de ne pas avoir écouté les experts qui les avaient mis en garde. Quand il faut prendre des décisions en 24 heures, alors que les experts vous disent tout et son contraire, il est normal d'appliquer le principe de précaution, parfois à l'excès. Il y a eu un moment de panique, c'est sûr. J'ai eu des conseillers du gouvernement au téléphone pendant cette période, ils étaient souvent dans un grand désarroi. L'État n'est pas une machine, il réunit en son sein des personnes douées d'affects, parfois épuisées, qui tentent de faire de leur mieux au cœur d'une crise. J'aimerais aider à sortir de cette grande mystification participant à un malentendu malsain, dangereux, lancinant et imprévisible entre citoyens et politiques. Ce livre me donne l'occasion d'exprimer mon inquiétude sur le discrédit dont sont victimes les politiques et d'expliquer au citoyen la complexité de l'exercice politique face aux nouveaux enjeux, pour qu'il ait un peu d'indulgence, sans pour autant perdre son exigence. Car si le citoyen a un devoir d'exigence envers le politique, le politique a aussi un devoir de responsabilité par rapport à cette confiance qui lui a été accordée.

J'observe globalement depuis quelques décennies dans toutes les démocraties du monde qu'aucun homme ou qu'aucune femme d'État n'a émergé suffisamment longtemps pour rester une référence durable pour son peuple. Pourquoi ? Est-ce que les grands hommes ou les grandes femmes ne surgissent que dans des moments très particuliers de l'histoire, lorsque la population a besoin d'un guide ? Est-ce que l'exigence est plus grande envers des responsables politiques dans les périodes moins troublées, avec une tendance à voir plutôt ce qu'ils n'ont pas réalisé ? Au moment de l'émergence du président Lula au Brésil, l'espoir est né avant de s'évanouir le jour où il a été condamné à de la prison pour corruption. De la même manière, à chaque nouvelle élection, nos démocraties européennes participent à une forme d'illusion. La population cède un temps à l'enthousiasme avec l'espoir de voir changer les choses, avant d'entrer dans la désillusion, deux ans plus tard. À l'état de grâce, succèdent les 3 L : « On lèche, on lynche, on lâche ». On se prosterne au début, on critique ensuite et, enfin, on conspue.

Comment se fait-il que nous allions d'illusions en désillusions ? Serions-nous des électeurs écervelés qui élisons des personnages stupides ? Comment pouvons-nous nous tromper en permanence ? Pourquoi les responsables politiques créent-ils cette déception ? Pourquoi cette confiance entre élus et électeurs ne dure-t-elle pas et se termine-t-elle mal ? Pourquoi celles et ceux portés aux nues un jour sont-ils cloués au pilori le temps d'après ? À l'exemple d'Emmanuel Macron, François Hollande, Nicolas Sarkozy en France, de Theresa May au Royaume-Uni ou même d'Angela Merkel en Allemagne... Lors de moments officiels ou officieux passés en tête à tête avec des chefs d'État, combien de fois m'ont-ils avoué une forme d'impuissance ! Combien de fois les ai-je entendus me dire « Comment veux-tu que je fasse autrement ? ». Une analyse un peu réductrice et simpliste voudrait que les politiques n'aient rien compris... à moins qu'ils n'aient pas les moyens de leurs ambitions et que l'exercice du pouvoir dans le monde actuel se révèle plus compliqué qu'auparavant.

Premier point important, un responsable politique, quel que soit son exercice, se trouve sous un feu constant d'injonctions contradictoires qui s'expriment aujourd'hui avec une vélocité, une intensité et une densité uniques par toutes sortes de canaux de diffusion, dont les réseaux sociaux. Plusieurs catégories socioprofessionnelles sont en situation, à un moment ou à un autre, de faire pression de manière préjudiciable sur l'État. Les agriculteurs peuvent en un claquement de doigts bloquer des routes avec leurs engins, tout comme les routiers, les ambulanciers, les taxis, les cheminots... Or, en démocratie, le gouvernement n'envoie pas l'armée (et fort heureusement!). Les intérêts particuliers ont une puissance et une force d'expression qui paralysent le pays par moments. Cette somme d'intérêts particuliers repose parfois sur des revendications compréhensibles, mais ne servent pas toujours l'intérêt général. Concilier les expressions et les revendications, qui disposent aujourd'hui d'outils particulièrement efficaces, rend l'exercice du pouvoir encore plus difficile qu'auparavant.

Deuxième point, ce que les économistes appellent «la tragédie des horizons», autrement dit la confrontation du court et du long terme, est nouveau dans le spectre et le logiciel des politiques. J'aime cette parabole pour expliquer cette tragédie: certaines paires de lunettes permettent de voir de près, d'autres de loin, mais les deux mises ensemble rendent la vision floue. Comment concilier les deux. La décision pour privilégier le court terme est souvent totalement «orthogonale» avec celle qui tiendrait compte du long terme. Fermer une centrale thermique ou nucléaire, augmenter le prix du carbone ou encore sortir du glyphosate sont des mesures qui préservent l'avenir, mais qui pénalisent le présent. Aussi, interdire une molécule dans l'industrie ou l'agriculture parce qu'à terme son usage régulier est dangereux crée un problème immédiat pour son utilisateur, mais en évite un autre à venir. La complexité de l'action publique est de mettre en œuvre des mesures qui éviteront à l'avenir des drames de grande ampleur, dont le citoyen n'aura peut-être jamais conscience, mais qui génèrent pour lui des difficultés mineures et immédiatement palpables. Par ailleurs, les mesures d'urgence prises par le gouvernement depuis la pandémie du Covid-19 ne doivent pas devenir définitives et souffrir d'une absence de vision. Interrogeons-nous sur les faiblesses de notre démocratie qui n'est pas adaptée à la précipitation du temps plutôt que de dénoncer uniquement l'inefficience des politiques.

Troisième point, un chef d'État ou un gouvernement, quel qu'il soit, n'est pas libre de toutes ses décisions. Soumis à des réglementations extérieures à son pays, il n'a pas carte blanche dans l'enceinte de ses frontières. Quand Aléxis Tsípras et Yánis Varoufákis sont arrivés au pouvoir en Grèce, ils ont été immédiatement confrontés à la réalité des systèmes monétaires, financiers et commerciaux internationaux, qui privilégient le court terme et enfreignent la liberté, l'inventivité et l'audace. Les politiques découvrent chemin faisant qu'ils ont moins de pouvoir qu'ils ne le pensaient, à cause d'une économie très contrainte par des règles internationales, comme celles de l'OMC, du FMI (Fonds monétaire international) ou de l'Union européenne, qui les empêchent de prendre des décisions unilatérales. Ils continuent cependant à espérer que le modèle économique référent, fondé sur une croissance économique de l'exploitation des matières naturelles, produira une richesse qui sera redistribuée. Cette illusion finit par devenir désillusion en créant la frustration et la colère des électeurs et le discrédit des politiques.

J'invite à dépasser le diagnostic facile et à se demander ce qui bloque, verrouille et paralyse notre démocratie. Ma conviction, confortée par mon expérience, est que le pouvoir est un jeu d'illusionnistes. Les politiques font des promesses avec sincérité aux citoyens, puis se heurtent à la réalité, faute de moyens économiques et financiers. Ils espèrent par quelque providence les tenir, mais, très souvent, l'absence de cadre réglementaire fait abandonner l'objectif dès lors qu'il est fixé. Et les moyens diminuent en même temps que les objectifs augmentent. Très souvent aussi, l'argent promis pour atteindre un objectif est pris ailleurs, donc pénalise un autre objectif. Dans le système budgétaire actuel, les ressources de l'État sont très limitées. Et, jusqu'à la crise du Covid-19, l'État endetté respectait une politique d'austérité en refusant d'augmenter la dette. S'il n'est pas nécessaire que l'État soit présent à chaque étape, il doit donner

Les limites du politique 159

l'impulsion de la transition en acceptant de faire de la création monétaire ou de creuser la dette.

Il est important, non pour s'en accommoder mais pour le corriger ensemble, de ne pas voir le politique comme un monde homogène fait de cynisme et de narcissisme, uniquement voué à protéger ses intérêts particuliers. Ce n'est pas une vision naïve de ma part et croyez bien que je ne cherche à protéger personne. Le monde politique est composé d'une grande diversité d'esprits et de personnalités. Il y a la même proportion qu'ailleurs d'individus cyniques animés uniquement par leur ambition personnelle que d'individus bienveillants animés par le sens de l'intérêt général et de l'État. Ceux qui accèdent au plus haut niveau n'arrivent pas là par hasard, ils ont été sélectionnés au moins sur leur intelligence, si ce n'est sur leur empathie et leur humanisme. Une rencontre avec le peuple s'est forcément faite à un moment ou à un autre. Évidemment, pour « accéder au pouvoir », certains se sont dotés de qualités qui ne sont pas celles requises pour « exercer le pouvoir », ce qui peut amener aux portes du gouvernement des tribuns, maniant très bien la communication. Mais le désir narcissique de certains étant d'être regretté, donc d'être réélu, les conduit aussi à tenir leurs promesses et à réussir. Que cela soit par orgueil ou par empathie, le politique souhaite améliorer les affaires de son pays. Brandir le « tous pourris » me paraît très dangereux, car mon expérience m'a prouvé qu'à l'intérieur de la classe politique, locale, régionale et nationale, on comptait aussi des femmes et des hommes de qualité, courageux, souvent discrets, qui aiment profondément la France et les Français. J'y ai rencontré beaucoup d'humanistes qui ne comptent pas leur temps et qui s'abîment lorsqu'ils ne peuvent résoudre une souffrance ou une difficulté sociétale, à l'image des médecins qui s'inquiètent de leurs patients comme des membres de leur propre famille. Derrière certains responsables politiques, il y a le sens de l'État et du bien commun, doublé du souhait sincère d'améliorer la condition humaine.

Si les citoyens ont la perception que les affaires du pays stagnent, voire qu'elles se détériorent, c'est parce que le système est bloqué. Il est trop facile de jeter le discrédit uniquement sur le politique. Le système ne permet pas de se nourrir suffisamment de l'inspiration et de la créativité de la société civile, d'écouter ses signaux et sa détresse, ainsi que de s'enrichir de ses propositions. Je souhaite souligner l'importance de rétablir une inspiration et une compréhension réciproques entre le citoyen et le politique, et celle de maintenir une communication et une confiance entre eux. Quand j'ai été nommé ministre, je souhaitais avoir quelqu'un auprès de moi chargé de recevoir la société civile pour en faire remonter les idées et les propositions chaque semaine. Malheureusement, par manque de personnel dans mon ministère, cela n'a pas été possible. Il est important que la volonté individuelle du citoyen rencontre celle du politique. Autrement dit, le politique a besoin d'être inspiré par le peuple et le peuple a besoin d'être guidé et accompagné par le politique. Enfin, il doit se rappeler ce qu'il a fallu donner dans l'histoire pour obtenir la démocratie. Dans un accès de colère, j'ai dit un jour : « Si la démocratie vous ennuie autant que ça, essayez la dictature, vous verrez, elle est mortelle ! » J'ai suivi pas à pas ce cadeau extraordinaire que Nelson Mandela a fait à l'Afrique du Sud. En France, les dernières générations, qui ne se sont pas battues pour la démocratie, ne se rendent pas compte de la chance qu'elles ont de pouvoir choisir leurs élus avec cette formidable latitude.

F. L. – Comment situer le rôle des médias, de plus en plus important dans le fonctionnement de nos démocraties modernes ?

N. H. – L'une des difficultés vient de la dichotomie entre, d'une part, un pouvoir médiatique parfois cantonné dans l'écume des choses et qui est souvent clivant et gourmand de confrontations, donc prompt à créer des diversions et, d'autre part, un pouvoir politique qui doit rassembler et se concentrer sur des projets. Les médias traditionnels, dont les chaînes d'information en continu, et les réseaux sociaux créent de la précipitation, de la pression et du détournement d'attention, parfois en accordant un espace éditorial démesuré à des nouvelles futiles, ou en véhiculant des *fake news*. Fort heureusement aussi, ces mêmes médias suscitent parfois une mobilisation légitime.

Au lieu de se projeter, les hommes ou les femmes politiques passent l'essentiel de leurs journées à régler dans l'urgence des problèmes, à naviguer à vue, à faire face à l'inattendu (une usine qui risque de fermer, un bateau au large qui risque de couler, etc.). Ils reçoivent au quotidien une somme de sollicitations, d'interpellations, de demandes d'interventions recevables isolément, mais inconciliables collectivement, ce qui rend toute prise de position difficile. Ils ne peuvent satisfaire tout le monde, n'auront jamais la reconnaissance du citoyen, et les insatisfaits crieront toujours plus fort que les autres. La partie visible de l'action politique est malheureusement ce qu'elle n'a pas réussi à résorber.

À cette pression du quotidien exercée sur le responsable politique, s'ajoute l'obligation de communiquer. Si ce dernier ne s'expose pas dans la lumière des médias, la population ou les journalistes pensent qu'il n'agit pas. Parfois, alors que j'étais ministre, j'ai essayé de m'isoler pour travailler sur des dossiers compliqués. Rapidement, les mauvaises langues se demandaient ce que je faisais et sautaient sur l'occasion pour dire que j'étais sans doute parti faire du kitesurf. Communiquer pour exister ! La majorité du temps d'un ministre est consacrée à la représentation et à la communication, et non à prendre de la hauteur pour valider des décisions. Il devrait être dans le prospectif, or il est le plus souvent dans le réactif.

Le temps consacré à la réflexion pure ou à l'évaluation d'un dossier est malheureusement minime. Celui-ci est tellement prémâché par ses conseillers ou ses administrations qu'un choix est suggéré, voire imposé, au ministre. Pourtant, certaines décisions mériteraient bien au moins une demi-journée de sens critique pour être prises en pleine conscience.

F. L. – Comment as-tu vécu intérieurement l'exercice du pouvoir ? Peut-être aurais-tu quelques suggestions pour l'améliorer ?

N. H. – Une fois entré au gouvernement, j'ai été happé comme dans un fleuve en crue. Restait à savoir si j'avais les qualités me permettant d'assumer les fonctions de représentation à l'Assemblée nationale et au Sénat, et de rencontre des corps intermédiaires. Mon agenda était surchargé, sans aucun moment de libre. N'importe quelle personne, quelle que soit son énergie, finirait par fatiguer. En tant que ministre de la Transition écologique et solidaire, je recevais des courriers de sénateurs, de députés, d'élus et d'associations me demandant qui de fermer des centrales à charbon, qui de les maintenir, ou encore des pétitions pour refuser l'implantation d'éoliennes, de panneaux solaires ou l'installation de tel centre commercial sur tel territoire… Une flopée de doléances m'étaient transmises, avec des arguments plus ou moins honnêtes. En réalité, convergent vers le ministre essentiellement des refus plutôt que des propositions, ou bien ces dernières sont inabordables. L'exercice du pouvoir se fait dans une telle profusion d'interpellations qu'il est difficile de suivre et d'évaluer chacune d'entre elles. Pourtant, j'avais plusieurs administrations centrales sous ma responsabilité, avec des dizaines de milliers de fonctionnaires, mais mon cabinet, loin d'être pléthorique (une quinzaine de personnes), était submergé. D'autres ministres ou des collaborateurs de l'hôtel Matignon et du palais de l'Élysée m'ont confié parfois avoir aussi cette impression de subir le mouvement. Tout en étant capables de réagir à l'aléa et à l'imprévu, la plupart des fonctionnaires ne semblent pas avoir une vision claire de l'endroit où le courant les mène, ni même une idée précise du chemin susceptible d'avoir une issue. Dans cette précipitation permanente et subite, il me paraît indispensable que le gouvernement s'impose et élabore un espace et un temps de réflexion pour s'ouvrir à l'inédit et honorer certains rendez-vous critiques, comme celui du défi écologique.

Le principe de précaution, dont j'ai été l'un des promoteurs et des instigateurs auprès de Jacques Chirac, sous sa présidence, a été beaucoup fustigé par la droite qui l'a caricaturé en principe d'inaction condamnant soi-disant notre société à l'immobilisme. Pourtant, ce principe me paraît indispensable au XXIe siècle afin de prendre le temps de l'évaluation et permettre de synchroniser science et conscience. Il est nécessaire quand le risque existe de ne pas maîtriser les conséquences d'une décision sur l'environnement ou la santé, ou encore quand un choix technologique ou scientifique, à l'apparence vertueuse, est soupçonné d'un rebond maléfique. Même contraint à une forme de rapidité, hors situation d'urgence, le politique devrait pouvoir prendre le temps de discuter de manière documentée et apaisée avec des spécialistes et des citoyens. Deux cas de figure sont alors possibles : soit il est estimé raisonnable de prendre ce risque, soit il n'est pas possible de le prendre, compte tenu des connaissances scientifiques et techniques du moment. Malheureusement, ce temps d'évaluation n'est quasiment jamais pris.

Comme le suggèrent les travaux du philosophe Dominique Bourg, l'exécutif aurait tout à gagner à s'appuyer sur une troisième chambre, la chambre du futur qui n'aurait pour seule grille de lecture que le long terme. Épargnée de la précipitation et de la pression des échéances électorales, cette assemblée assurerait une permanence de réflexion, d'évaluation et de planification. Elle pourrait être une émanation du CESE (Conseil économique, social et environnemental) en croisant la représentation de citoyens, peut-être tirés au sort, et de « sachants » (philosophes, scientifiques, experts, associations, corps intermédiaires, etc.). L'exécutif aurait obligation d'auditionner régulièrement ses représentants et de motiver la prise en compte ou le refus de leurs préconisations. En l'absence d'éléments pour appréhender les conséquences d'une décision, cette chambre du futur aurait *a minima* un droit suspensif de veto. J'avais, avec d'autres, proposé sa création, dont l'intitulé a été repris dans la campagne d'Emmanuel Macron. Pour l'heure, elle s'est transformée en une réforme du CESE dont, me semble-t-il, le seul argument était de réduire les effectifs et le coût.

F. L. – Quand bien même ce temps d'évaluation serait pris, restent l'inertie des administrations, les intérêts divergents des différents ministères, le poids des lobbies. Qu'as-tu observé sur ces plans ?

N. H. – J'ai observé une gouvernance par silos, même si le Conseil des ministres est censé harmoniser le tout. Dans mon domaine de la Transition écologique et solidaire, je portais une transition sociétale que je pouvais impulser, mais ni coordonner, ni décider tout seul, puisqu'elle touchait autant à la santé qu'à l'économie, à l'agriculture, à la justice, à l'éducation, aux affaires étrangères, etc. Dans les arbitrages, même en tant que ministre d'État, je n'avais évidemment pas autorité sur mes collègues. C'était Matignon et l'Élysée qui tranchaient. Et sans feuille de route commune, il est impossible d'avancer. J'avais expliqué au président Emmanuel Macron, avant même qu'il ne me nomme, que mon rôle était d'amorcer une transition sociétale et de la rendre irréversible, mais comme celle-ci dépassait largement le cadre de mon ministère, il fallait m'aider à distribuer et manager les rôles pour harmoniser l'ensemble, « sans quoi, rapidement, je serais paralysé et inéluctablement je m'en irais ». Ce à quoi il m'avait répondu : « Je connais ta vision, ton exigence et ton caractère, c'est pour cela que je veux que tu me rejoignes. » À ce moment-là, il était sûrement sincère, mais le Président, comme beaucoup d'autres hommes politiques, a été rattrapé par l'urgence du court terme, la pression des lobbies, mais aussi par le conformisme de l'exercice du pouvoir.

Les ministres sont sans arrêt convoqués à des réunions interministérielles (RIM) à Matignon, parce que, au-delà d'un certain seuil, c'est le Premier ministre et ses services qui arbitrent. Parfois, nous avions, les membres de mon cabinet ou moi-même, plus d'une centaine de réunions par mois, soit plus de mille pendant mes quinze mois passés au gouvernement ! Celles-ci sont chronophages et laissent parfois un goût amer, à tel point qu'une fois, de mauvaise humeur, j'ai interrompu la conversation pour dire : « Excusez-moi de vous interrompre, mais j'ai une question que j'aurais sans doute dû poser le premier jour de ma prise de fonction : que puis-je décider tout seul ? » À cela, personne n'a répondu et tout le monde a regardé ses pieds. En réalité, je n'ai jamais eu la réponse à cette question. Comme les arbitrages de Matignon étaient toujours réducteurs, sans être jamais totalement négatifs, je faisais constamment des compromis vers le bas, alors même que la France aurait besoin de changements profonds. Je n'ai jamais eu l'illusion de tout transformer du jour au lendemain, mais au moins de fixer des objectifs. Une autre fois, en rentrant d'une RIM, à 11 heures du soir, je me suis assis dans le bureau de ma directrice de cabinet à qui j'ai dit : « Ouf ! On a quand même réussi à sauver le minimum. » À ce moment-là, j'ai pris conscience que le système m'avait rattrapé. Ce fut un premier signe d'alerte.

Revenons sur l'exemple du glyphosate, molécule classée « cancérogène probable » par l'OMS et principe actif du Roundup de la firme Monsanto, herbicide le plus utilisé au monde. En 2017, je me suis battu pour en limiter l'utilisation à trois ans en France, alors que l'Europe s'apprêtait à renouveler son autorisation pour quinze ans, sans développer la recherche sur les risques et les alternatives, ni proposer la mise en place d'instruments d'incitation pour réduire son usage ou s'en passer. L'objectif a été annoncé, mais finalement il n'a jamais été intégré dans la loi. Les moyens mis en œuvre n'ont, de mon point de vue, pas été suffisants. Aujourd'hui, le Président a clairement remis en cause l'échéance du plan Ecophyto, repoussée à 2025. En tant que ministre, j'ai dû enlever mes habits de militant associatif pour comprendre, avec un grand réalisme, la situation de ceux qui sont impactés par ce type de projet et évaluer les alternatives de reconversion. Quand l'occasion m'était donnée, j'allais au contact de ceux qui manifestaient leurs craintes ou leur colère. Comme un matin, sur les Champs-Élysées, où je suis allé rencontrer, à l'improviste, les agriculteurs de la FNSEA (Fédération nationale des syndicats d'exploitants agricoles) pour m'entretenir avec eux de l'utilisation du glyphosate. Pour moi, la transition écologique ne peut être que solidaire et ceux qu'elle pénalise doivent être soutenus. C'est la raison pour laquelle je me suis battu, jusqu'à trois minutes de l'annonce de ma nomination sur le perron de l'Élysée, pour que ce mot, « solidaire », soit inscrit dans l'intitulé de mon ministère. J'ai bien conscience que la transition écologique est un exercice difficile qui nécessite une planification, c'est-à-dire qu'elle doit être progressive, prévisible et irréversible.

Autre exemple, celui du nucléaire. Alors que l'énergie était dans mes prérogatives ministérielles, j'ai constaté que les décisions étaient prises en amont entre le lobby et le Premier ministre, sans même me consulter. Aussi, je n'étais pas informé des réunions sur le commerce international du nucléaire, dont la principale préoccupation était de vendre des centrales un peu partout dans le monde. Sûrement n'y étais-je pas convié parce que je trouvais paradoxal que la France construise, vende et entretienne des usines, tout en affichant une (fausse) volonté de réduire le nucléaire… ! Ce lobby, très important et très organisé, est composé d'individus convaincus, parfois de bonne foi, que le nucléaire est la seule possibilité de répondre aux besoins en énergie de la planète et même d'en limiter le dérèglement climatique et la pollution. Par conformisme et excès de confiance, le doute n'opère pas chez eux, alors que les arguments en faveur du nucléaire ont sauté un à un depuis quelques années : il n'est plus moins cher que les énergies renouvelables ; il comporte bien un danger, même dans un pays stable, preuve en est à Fukushima ; et ses déchets ne sont, pour l'instant, ni transformables, ni réutilisables. L'échec de l'EPR (*European Pressurized Water Reactor* ; réacteur nucléaire européen à eau pressurisée) de Flamanville nous prouve bien que la nouvelle génération de centrales est très coûteuse : 12 milliards d'euros pour celle-ci, au lieu des 3 prévus initialement, selon le ministre de l'Économie, Bruno Le Maire. N'importe quelle autre entreprise qui se serait autant trompée sur les chiffres n'aurait eu d'autre choix que de déposer le bilan ou, à défaut, en tirerait des conclusions définitives.

Je me suis aperçu, au fil du temps, que des relations avec les différents acteurs économiques et sociaux s'étaient tissées au cœur même de l'administration des ministères. J'ai été surpris de constater que le ministre de l'Agriculture et de l'Alimentation de l'époque, Stéphane Travert, avait parfois des positions plus dures que la FNSEA. Tous ces mondes se connaissent, se côtoient et se respectent. Le plus étonnant était de découvrir que j'avais davantage de connivences avec Christiane Lambert, présidente de la FNSEA, qu'avec Stéphane Travert ! Quand a été révélé l'année dernière qu'une cheffe de cabinet adjointe du ministre de l'Agriculture et de l'Alimentation, Didier Guillaume, avait tweeté : « Je prends l'avion pour aller en vacances, *fuck* Greta Thunberg ! », je n'ai pas été très surpris... Et cela donne une idée de l'état d'esprit que j'affrontais au quotidien.

Tant que Matignon et l'Élysée, autrement dit le Premier ministre et le président de la République, ne partageront pas avec le ministre chargé de l'écologie la vision puis la coordination de la mutation sociétale, cette dernière se révélera impossible. Or, lorsque j'étais ministre, cette coordination n'a que rarement eu lieu et je me suis retrouvé tout naturellement confronté aux lobbies agricole, nucléaire, routier, de la chasse ou encore automobile, qui refusaient d'abandonner leurs pratiques ou leurs modèles. Aussi, tant qu'il n'y aura pas une approche systémique pour sortir de ces crises, au mieux, nous en retarderons les effets, mais jamais nous ne nous en affranchirons. Sans une véritable métamorphose de notre modèle agricole en saisissant l'opportunité de la réforme de la PAC, la bataille sera perdue. Tout comme rien ne changera tant que le ministère de l'Enseignement supérieur et de la Recherche n'investira pas dans le stockage des énergies intermittentes et les substituts aux pesticides, et qu'il ne formera pas les technocrates à l'économie circulaire et aux paramètres du XXIe siècle, comme la rareté des ressources et la fragilité de l'écosystème. Enfin, tout ira de mal en pis tant que Bercy aura une comptabilité étriquée qui tient peu compte des externalités négatives en matière de santé ou d'environnement dans de nombreux secteurs. Dit autrement, si l'analyse économique tenait compte des effets induits par certaines pratiques sur une plus large échelle de temps, leur viabilité serait remise en cause. Intégrer dans le coût du nucléaire le retraitement des déchets sur des centaines d'années et le démantèlement des réacteurs ou des centrales calmerait l'enthousiasme de beaucoup sur le prix avantageux de cette énergie. *Idem* dans l'agriculture, tenir compte des conséquences environnementales et sanitaires du modèle conventionnel sur une plus grande période révélerait immédiatement l'avantage économique d'en changer. Cette prise en compte systématique par le politique des coûts dissimulés ou reportés rendrait absurdes et non viables certains modèles et investissements, mais d'autres pertinents.

F. L. – On se souvient aussi que ta démission, même si elle avait certainement d'autres causes, est survenue juste après un incident à l'Élysée avec le lobbyiste des chasseurs…

N. H. – Autant je peux comprendre la plupart des lobbies de vouloir gagner du temps pour négocier la transition énergétique à cause de mutations profondes et d'une concurrence lourde avec l'étranger, autant celui de la chasse me dépasse. Je trouve que la démocratie est en danger quand débarque, en grande pompe à l'Élysée, sans y être invité, un lobbyiste rémunéré, patenté, défendant les intérêts des chasseurs, comme ceux des marchands d'armes de guerre à l'étranger ! Le but de sa visite, ce jour-là, était ni plus ni moins de baisser le prix du permis de chasse, de permettre de chasser plus longtemps certaines espèces et d'en classer d'autres en nuisibles afin de pouvoir les chasser. Tout cela, bien évidemment, sans se référer à la science pour guider ses décisions. Selon l'Agence française pour la biodiversité, il existe actuellement des espèces en voie de disparition qu'il faut soustraire aux prélèvements de chasse et d'autres espèces actuellement classées nuisibles qui n'ont plus lieu de l'être.

J'étais prêt à faire quelques aménagements concernant le permis de chasse, mais à la condition expresse de mettre fin à des pratiques cruelles et marginales, notamment la chasse aux oiseaux à la glu, tenderie ou à la matole, autant de techniques qui prolongent l'agonie de la bête. Mais de cela, il n'a pas été question pendant l'entretien, ni même de l'obligation pour les chasseurs de ramasser leurs cartouches. Le lobbyiste est reparti de l'Élysée avec un accord de principe pour créer un délit d'entrave à la chasse. Sa liste de doléances a été satisfaite sans réserve. Alors que j'étais le ministre chargé du dossier, les décisions ont été prises sans me consulter, je devais juste les valider avec les conseillers de Matignon et de l'Élysée. Évidemment, dans une constante perspective électorale, il y a toujours une bonne raison pour faire du charme aux chasseurs…

F. L. – Le poids des lobbies laisse songeur. Et celui de la chasse, dont je suis stupéfait qu'il soit aussi efficace auprès des plus hautes instances de l'État, n'a pas le même impact sociétal que le poids scandaleux des lobbies de l'industrie pharmaceutique, agroalimentaire ou énergétique, qui influencent trop souvent les décisions publiques au détriment de l'intérêt des citoyens.

N. H. – En tant que ministre de la Transition écologique et solidaire, comme tu l'as compris, j'avais le domaine de compétences le plus vaste, dépendant d'autres, administrés par d'autres ministères. Que pouvais-je faire quand Bercy pervertissait la taxe carbone pour en faire un simple instrument de recette et non de changement de comportement ? Si je voulais donner un sens au rattrapage du diesel sur l'essence, je me trouvais dans une forme d'impasse. Imposer brutalement aux consommateurs de changer leur comportement pour susciter une manne supplémentaire pour l'État a créé une crispation bien au-delà de mes craintes, d'où sans doute la crise des Gilets jaunes. Un ministre est confronté à la pesanteur de l'administration, à des signaux contradictoires du gouvernement et à des priorités différentes émanant des autres ministères. Il manque une vision commune. Quand je cherchais des arbitrages à Matignon, neuf fois sur dix, ils m'étaient défavorables ou effectués *a minima*. Les rares fois où j'obtenais satisfaction, je savais bien que le Premier ministre n'était allé dans mon sens ni par conviction ni par raison, mais juste pour calmer mes déceptions. Jour après jour, je me retrouvais dans une forme d'impuissance qui risquait de se transformer insidieusement en une forme de résignation. Vaille que vaille, je repartais de plus belle pour faire valoir d'autres arguments, proposer des réunions interministérielles pour bien exposer les problématiques. Mais plus le temps avançait, moins j'obtenais gain de cause.

Dans l'exercice du pouvoir, j'ai observé une dichotomie intéressante. Le gouvernement, avec force effets d'annonces, est prêt à afficher des objectifs très ambitieux, parfois même plus ambitieux que ses prédécesseurs, et ce, en toute bonne foi. Mais, à l'étude, les moyens et les dispositifs d'aide pour atteindre ces objectifs sont très souvent rognés, voire supprimés. C'est le rabot qui agit sans cesse. Un exemple, j'ai défendu le plan de rénovation thermique. Malheureusement, quand j'étais ministre, la première mesure que le gouvernement a prise a été de supprimer les aides pour le remplacement des portes et des fenêtres, au prétexte qu'il était moins efficace de les changer que d'isoler des toits ou les murs extérieurs, sauf que, dans les logements communs, les particuliers n'y ont pas accès ! Ce qui a été extrêmement brutal et préjudiciable pour les filières du bâtiment concernées. Autre exemple, au cours de l'été 2018, le gouvernement s'apprêtait à suspendre certaines primes à la conversion automobile annoncées pour l'année entière, parce qu'elles marchaient trop bien. Ce qui risquait non seulement de pénaliser les consommateurs, mais aussi les concessionnaires et les garagistes. Fort heureusement, à la suite de la crise des Gilets jaunes, le gouvernement a fini par les doubler au lieu de les arrêter.

À combien de réunions avons-nous dû assister, mon cabinet ou moi, pour faire des économies d'échelle, avec une approche purement paramétrique ! Nous étions sommés en permanence de réduire nos effectifs, alors que les syndicats, souvent à juste titre, me rappelaient que ce ministère, par le passé, avait déjà plus que largement diminué son personnel, mettant ainsi en péril ses missions régaliennes. À tous les niveaux, le gouvernement optimisait et réduisait les moyens, tout en affichant une volonté contraire. Partout, il manquait cruellement d'agents sur le terrain, à l'exemple des inspecteurs de la Direction régionale de l'industrie, de la recherche et de l'environnement (DRIRE) qui étaient chargés de surveiller et de contrôler des sites industriels Seveso, présentant des risques d'accidents majeurs, comme celui qui a explosé à Rouen en septembre 2019. N'ayant plus les effectifs nécessaires, le contrôle des installations à risque pouvait se faire de manière totalement aléatoire. Dans un autre domaine illustrant l'indigence, certains parcs naturels marins ne fonctionnaient plus qu'avec un seul agent, alors que d'autres ne possédaient même pas de bateaux.

Sans doute à cause d'excès par le passé, le président de la République avait décidé de réduire le nombre de conseillers par ministère. Dans le mien, l'un d'entre eux s'est ainsi retrouvé avec plusieurs domaines de compétences à gérer, comme la biodiversité et la santé. À force de travailler jusque tard dans la nuit, entre minuit et une heure du matin en moyenne, certains étaient devenus des zombies, ce qui ne les empêchait pas de rester très «pros». Il est difficile d'imaginer l'état d'épuisement dans lequel ils étaient! Or, leur rôle est capital: ils sont la courroie de transmission entre les administrations centrales et le ministre. Si celle-ci est fébrile en permanence, qu'advient-il? Je trouve normal qu'un ministère rencontre des périodes de suractivité pendant quelques jours, mais quand il ne ralentit jamais, comment peut-il rester efficace toute l'année? Sans vie de famille, comment mes conseillers pouvaient-ils se ressourcer et rester pertinents? À ce niveau de décision et de pouvoir, il est vital d'être à l'écoute de l'extérieur. Chacun a besoin de retrouver son univers pour nourrir sa propre réflexion, et laisser le doute exercer son contrôle et sa vigilance. Malheureusement, rapidement, dans ce flux tendu, le représentant politique pare à l'essentiel et à l'immédiat. Il finit par s'assécher, à s'isoler et à ne jamais se réinitialiser. Surtout que les paramètres changent en un an et demi;

des solutions qui pouvaient être pertinentes auparavant ne marchent parfois plus.

Quand j'ai été nommé ministre, j'avais une énergie, un enthousiasme, mais doublés d'une inquiétude. J'échangeais régulièrement à propos de mes espoirs et de mes craintes avec mes collègues. Comme chacun d'entre eux, j'étais habité par la volonté de faire avancer les choses. Quand Emmanuel Macron a annoncé un grand plan d'investissement de 57 milliards d'euros, dont 20 pour mon ministère pour accélérer la transition écologique, je me suis réjoui de cette perspective. Car celle-ci aurait permis d'abonder et de soutenir des filières qui en avaient besoin, notamment celles améliorant l'efficacité énergétique des logements des ménages les plus modestes et celle des bâtiments publics. Au fur et à mesure des réunions avec l'économiste Jean Pisani-Ferry, chargé de faire le tour des ministères pour savoir ce qu'ils avaient l'intention de faire avec la somme qui leur avait été attribuée, j'essayais de comprendre d'où venait cet argent. Un jour, en tête à tête, je lui ai posé la question franchement. Il ne m'a jamais répondu clairement, il avait même l'air gêné. Dès que l'occasion se présentait, je reposais cette question avec sincérité à mes collègues concernés par cette manne. Partout, la réponse était, au mieux, évasive, au pire, silencieuse. Jusqu'à ce que je réalise que ces 57 milliards d'euros étaient déjà dans nos budgets ! Ils correspondaient à des dépenses déjà engagées que nous pouvions soit suspendre, soit arrêter pour les affecter ailleurs. Je n'avais pas de milliards supplémentaires à consacrer à la transition écologique ; il s'agissait en réalité de les prendre dans mon budget et de choisir quoi conserver et quoi sacrifier. Sans penser à mal, dans une forme d'assentiment collectif, nous participions consciemment à une forme de mystification assumée et de duperie. Ce jeu à somme nulle aurait pu, par exemple, nous conduire à sacrifier la biodiversité pour doper les énergies renouvelables.

Le politique n'a pas les moyens de ses ambitions, parce qu'une fois encore les gouvernements ne vont pas chercher les recettes où il faut et entretiennent ce malentendu. Un jour, dans un accès de colère, j'ai dit : « Mais le pouvoir, c'est la symphonie du pipeau ! » Même si un homme ou une femme politique ne souscrit pas forcément à ces pratiques en mauvaise conscience, il ou elle pense que la volonté et la détermination affichées combleront le déficit de moyens ou généreront suffisamment d'énergie pour trouver une solution inédite. Le système pousse à faire des promesses non tenables, soit parce qu'il n'y a pas la souplesse budgétaire et les recettes nécessaires ; soit parce que les lobbies pèsent trop lourd et utilisent le chantage à la délocalisation, à l'emploi et à la paralysie du pays ; soit parce que le manque d'harmonie face à la règle européenne et aux règles internationales empêche un pays de décider seul. Évidemment, interdire les OGM en France sans les interdire ailleurs est irrecevable pour les producteurs. Et il y a bien d'autres exemples de la sorte. Quelles qu'en soient les motivations, les promesses non tenues renforcent le discrédit politique et, de jour en jour, délitent dangereusement la confiance entre le citoyen et ses représentants. Ce cercle vicieux ne laisse rien présager de bon.

J'en reviens à cette difficulté chronique de la société à planifier. Autrefois, il y avait le Commissariat général au Plan[2] chargé de définir la planification économique du pays. Aujourd'hui, l'horizon au-delà de deux ans n'est pas prévisible. Or, il n'est pas possible de résorber des problèmes aussi complexes que ceux posés par l'écologie si rapidement, mais juste envisageable d'initier les solutions. En entrant au gouvernement, j'avais cette ambition de mettre la société sur les rails de l'écologie autour de trois ou quatre thèmes importants, avec un cliquet antiretour pour que le processus ne puisse qu'accélérer en sécrétant sa propre dopamine.

F. L. – As-tu le sentiment qu'avec une volonté politique très forte à l'Élysée et à Matignon les choses pourraient aller dans le bon sens ?

N. H. – Évidemment, oui, c'est essentiel, de partager une vision et une feuille de route. Mais pour cela, encore faut-il avoir le même niveau de conviction. Avec le Président et le Premier ministre de l'époque, tout simplement, nous n'avions pas la même conscience du niveau d'urgence, de gravité, et donc, forcément, pas la même vision sur le périmètre du changement à opérer. Trois sincérités se sont-elles opposées ? Je ne trancherai pas. Pour autant, je suis lucide sur le fait que j'ai parfois été manipulé. En novembre 2017, quelques minutes avant le Conseil des ministres, Christophe Castaner, alors porte-parole du gouvernement, me dit : « Après le Conseil, tu te rendras en salle de presse pour annoncer que l'on va reporter la baisse de 50 % de la part du nucléaire, prévue en 2025 en France. » Pas encore aguerri aux us et coutumes du gouvernement, je n'ai pas le temps d'assimiler sa demande ni même celui de joindre mon cabinet que le Président arrive et me conduit au Conseil des ministres. À l'issue de ce dernier, une cohorte de conseillers me précipite en salle de presse où je me retrouve, face à la caméra, encadré de trois ministres, à lire un discours tout préparé, avant de me dire : « Mais qu'est-ce qu'on est en train de me faire faire ? » En termes de communication, la méthode et le format choisis étaient pitoyables. Même si je savais et admettais qu'il fallait reporter cet objectif de 50 %, pour la bonne raison qu'après avoir été inscrit dans la loi en 2015 rien n'avait été fait pour sa mise en œuvre, ni sur le plan social, ni sur celui de la réduction de la consommation, ni encore sur celui du développement d'énergies renouvelables de substitution. J'étais donc prêt à faire cette concession réaliste, mais à condition de l'assortir d'un calendrier et d'un scénario précis avec des engagements chiffrés. Ce jour-là, je me suis senti totalement utilisé et même humilié.

L'Élysée à son niveau, et *a fortiori* Matignon, sont aussi sous le feu de sollicitations orthogonales. Parfois, l'urgence sociale, ou n'importe quelle autre situation critique, oblige à prendre immédiatement des décisions n'allant pas toujours dans le sens des objectifs préalablement établis. Aussi, malheureusement, certaines décisions sont davantage prises par conformisme intellectuel ou pour satisfaire des relations de connivence en coulisses. Je ne fais aucun procès d'intention, mais il n'est pas possible d'effacer ou de se libérer, du jour au lendemain, d'un passé à côtoyer longuement tel ou tel univers professionnel. Même inconsciemment, chacun, en fonction de son parcours, a forcément un avis plus conditionné et moins critique que d'autres sur certains sujets. Ainsi, le passé de l'ancien ministre de l'Agriculture et de l'Alimentation, Stéphane Travert, ne l'a malheureusement pas amené à visiter des exploitations réconciliant efficacement culture et élevage, économie et écologie, à l'image de celle d'André Pochon dans les Côtes d'Armor. Pas plus, je pense que son parcours de député et de conseiller régional ne lui a donné l'occasion de fréquenter, ni de s'inspirer de quelques penseurs alternatifs de l'agronomie, tels que mon mentor Marc Dufumier, ingénieur agronome plaidant pour une agriculture inspirée de l'agroécologie, les époux Lydia et Claude Bourguignon, truculents spécialistes et lanceurs d'alerte sur la dégradation des sols, ou encore Maxime de Rostolan, brillant coordinateur du projet « Ferme d'avenir » et tant d'autres intelligences qui ont ouvert des chemins vers les standards de demain. Non sans difficulté, j'ai organisé un dîner amical avec Stéphane Travert et quelques spécialistes de la question, dont Marc Dufumier, pour essayer d'additionner les expériences des uns et des autres et présenter les alternatives au modèle conventionnel. Une rencontre qui n'a servi strictement à rien. En agriculture, comme en économie, il existe une orthodoxie tenace et ces deux ministères sont culturellement minés par les partisans du « On ne peut pas faire autrement ! ». Concernant l'approche inconciliable entre Stéphane Travert et moi, il est regrettable que le gouvernement ait laissé cette situation perdurer, pour le seul bonheur des observateurs friands des couacs. Faire un choix d'entrée de jeu en nous séparant de l'un ou de l'autre aurait permis d'éviter bien des confrontations stériles.

A minima, pour amorcer une véritable transition écologique et solidaire permettant à terme de relever le défi écologique, il serait pertinent de nommer un vice-Premier ministre qui ait autorité sur les ministères. Mais encore faudrait-il que les objectifs soient clairement partagés, dès le départ, et les moyens clairement définis, notamment avec le Premier ministre. Au moment de la constitution de son gouvernement, j'avais soumis le souhait à Emmanuel

Macron de nommer un vice-Premier ministre chargé du Développement durable, dans la continuité de ce que j'avais déjà proposé, en 2007, dans le Pacte écologique. Ce qui aurait pu affirmer un engagement collectif en faveur de la transition écologique et donner le signal fort d'une nouvelle architecture. Pendant les heures de négociation qui ont précédé les nominations, il m'a été répondu en dernier ressort que, constitutionnellement, la nomination d'un vice-Premier ministre n'était pas possible. Pourtant, cela existe bien dans d'autres pays... J'ai donc été nommé ministre d'État, numéro trois du gouvernement, après Gérard Collomb qui était ministre de l'Intérieur. Ce rang protocolaire ne me donnait aucun pouvoir de coordination, juste une visibilité dans le protocole, mais quelle importance !

Pour que le système fonctionne, il faudrait une vision partagée et une coordination entre le Premier ministre, le président de la République et le ministre chargé de la question, mais aussi une autorité sur Bercy, car c'est bel et bien le ministère de l'Économie et des Finances qui tient la barre. J'en ai fait les frais le jour où j'ai annoncé officiellement, en accord avec Matignon et l'Élysée, le plan de déploiement de l'hydrogène pour la transition énergétique pour lequel j'avais prévu 100 millions d'euros pris sur mon budget. Deux heures après la conférence de presse, Bercy a sapé le processus en annonçant publiquement que cette somme n'avait pas été arbitrée. Sans leur accord, je ne pouvais absolument rien faire avec mon propre budget.

F. L. – Imaginons que demain, toi, ou un autre écologiste convaincu, sois nommé Premier ministre, est-ce que la transition écologique serait faisable, ou bien les contraintes externes resteraient-elles trop fortes ?

N. H. – Ce n'est pas tant une question d'homme que de modèle de gouvernance et de stratégie comprise et partagée. Pour répondre à ta question, ce sera toujours difficile, mais davantage faisable s'il existe une vision partagée, une feuille de route commune, une harmonie d'ensemble et non pas des dynamiques contraires entre le Premier ministre et le président de la République. Comme partout, l'union fait la force. La convergence de décisions et la planification permettent d'investir plus rapidement des projets à grande échelle, car ceux à petite échelle prennent trop de temps à faire jaillir des vertus et des bénéfices. Au fur et à mesure, il s'agit de prévoir, de monitorer et d'accompagner de manière cohérente la transition écologique afin de la rendre plus douce et bénéfique. Une coordination interministérielle est indispensable pour faire un état des lieux de chaque domaine une fois par semaine. Avons-nous les moyens d'offrir des alternatives dans tel ou tel domaine ? Il est absolument nécessaire de donner aux organismes de recherche de l'État les moyens de trouver une issue.

Le changement d'état d'esprit du politique ne va pas se décréter, mais se susciter. Il a cette propension à cultiver des idéologies obsolètes, des différenciations artificielles, ou encore cette gourmandise des affrontements de pure forme et des polémiques stériles. Tout cela est pour moi totalement indécent à une époque aussi cruciale, complexe et déterminante que la nôtre. Dans l'exercice du pouvoir, j'ai plus souvent observé une confrontation des intelligences, qu'une addition de ces dernières. Un exemple : alors que j'étais ministre, j'ai fait voter une seule loi pour planifier l'interdiction de l'exploration de nouveaux gisements d'hydrocarbures. Je connaissais le processus, mais je n'en avais pas encore fait l'expérience. Tout d'abord, mon texte est présenté à l'Assemblée nationale, lors de longues séances au cours desquelles les différentes formations politiques donnent des amendements pour l'enrichir, le modifier ou le combattre. À chaque amendement, je dois dire si je l'accepte, le refuse ou bien si je m'en remets à la sagesse de l'Assemblée. Ce qui prend déjà un temps incroyable, alors que ma loi n'est pas l'une des plus complexes. Un beau matin, elle est votée, sous les applaudissements de l'Assemblée. Arrive alors la deuxième étape, le Sénat, avec ses centaines (et parfois ses milliers) d'amendements. Puisque celui-ci n'est pas dans la majorité, par le jeu de l'opposition, il détricote ma loi fil par fil, à tel point qu'il la vide de sa substance. Ma directrice de cabinet et mes conseillers me disent que la commission paritaire essaiera de trouver un arrangement. Malheureusement, elle ne le trouve pas. La loi repart alors devant l'Assemblée où le processus recommence à zéro. Finalement, elle est votée. Mais quelle perte de temps et d'énergie !

Je ne remets pas en question le rôle du Sénat consistant à faire une deuxième lecture d'une loi, mais plutôt l'état d'esprit dans lequel le processus se fait la plupart du temps. Car le but inavoué des sénateurs de l'opposition est de bloquer la loi ou de déstabiliser le ministre. Je trouve que ce principe d'opposition systématique est indigne de la confiance que le citoyen accorde au politique. Une idée est nulle et non avenue si elle vient d'un autre camp que le sien. Dans ce théâtre des apparences et des postures, où les grandes envolées de colère ou de joie de quelques-uns sont parfois feintes, je cherchais souvent la sincérité. Ces séances m'affectaient au plus profond, tant certains gestes ou regards me mettaient mal à l'aise. Surtout que le jeu d'oppositions politiciennes est alimenté et accompagné par le jeu complice des médias. En troublant la perception du citoyen, cela empêche la société de converger. J'ai lancé plusieurs fois un appel à la responsabilité politique. Parfois, sur certains sujets, la confrontation est nécessaire et le compromis n'est pas possible, mais il y en a tellement d'autres sur lesquels une solution non discutable s'impose ! Pour traiter le problème écologique, il ne peut y avoir un protocole de gauche et un autre de droite, il y a juste des priorités. Cette crise nous offre en réalité une formidable opportunité de réconcilier les citoyens avec le politique. Comme le disait Martin Luther King : « Nous devons apprendre à vivre ensemble comme des frères, sinon nous allons mourir tous ensemble comme des idiots. » Cela n'a jamais été aussi vrai.

F. L. – Je crois en effet que le politique mérite mieux que d'être enfermé dans un clan idéologique. Dans un premier temps, vouloir dépasser le clivage gauche/droite a d'ailleurs été favorable à Emmanuel Macron, qui a réuni une partie de son électorat autour de cette idée…

N. H. – Des femmes et des hommes politiques de la droite modérée, de gauche et du centre associés à des femmes et des hommes de la société civile… le message et le symbole étaient de bon augure. Je suis entré au gouvernement sur cette promesse : dépasser nos clivages traditionnels pour converger vers l'essentiel. C'était un préalable pour moi.

F. L. – Mais on s'est vite rendu compte que la balance a penché d'un côté ! Une fois élu, le Président a pris un Premier ministre et des mesures qui étaient beaucoup plus à droite qu'à gauche, et le remaniement ministériel du début de l'été 2020 n'a fait qu'accentuer cette tendance. Emmanuel Macron a représenté l'espoir de sortir d'un système idéologique fermé et stérile, avant de créer la désillusion chez beaucoup de Français. Ton expérience participe à une explication pour laquelle les citoyens se détournent de plus en plus de la chose politique et ne votent plus. Pourtant, ils ont envie de s'intéresser aux affaires de la cité et de s'impliquer dans les décisions éducatives, de santé publique, etc. Ils s'intéressent à la chose publique, mais ne croient plus que les hommes politiques agissent pour l'intérêt commun.

Nous sommes confrontés à une forte crise de la représentativité. Pour y remédier, il va falloir que les solutions soient plus radicales. Il s'agit en effet de sortir du clivage trop rigide droite/gauche, même si des sensibilités existent, et avoir des consensus qui dépassent les divisions habituelles. Il s'agit de se réunir autour d'idées communes essentielles pour l'avenir du pays, comme la transition écologique, la réduction des inégalités et l'amélioration des performances économiques dans certains domaines. Il faudrait aussi développer l'implication des citoyens dans le politique au niveau local. L'idée des référendums d'initiatives populaires, comme cela se pratique souvent en Suisse, je n'y crois pas vraiment de manière régulière à l'échelle nationale en France. On pourrait toutefois, à l'initiative de la population ou du président de la République, en organiser exceptionnellement, sur des sujets majeurs ayant besoin d'une forte légitimité pour être mis en œuvre. La transition écologique, par exemple, pourrait faire l'objet d'un référendum, mais encore faut-il que tous les acteurs politiques et sociaux se plient ensuite au choix de la population. En revanche, je crois que l'on pourrait organiser plus régulièrement des référendums au niveau local : de nombreux problèmes pourraient s'arranger en impliquant les citoyens dans des décisions sur des sujets comme l'éducation, la santé, la réorganisation des transports publics, etc.

N. H. – Tout d'abord, n'oublions pas que le citoyen a la chance d'être représenté et pas ignoré en démocratie. Pour autant, je pense en effet qu'il est possible de l'associer différemment à l'élaboration d'un projet ou à sa mise en œuvre. Il doit pouvoir juger de sa pertinence, de ses excès, de ses bénéfices ou de ses effets pervers. Malheureusement, actuellement en France, les processus de consultations ou de débats publics ne sont que des simulacres de pure forme. La plupart du temps, ils servent à faire valider une décision ou une mesure déjà prise par le politique, sans tenir compte des remarques ou des alternatives proposées par les citoyens. Ce qui, au final, crée forcément de l'exaspération. Je peux en témoigner, notamment à travers le projet de barrage à Sivens ou celui d'un aéroport à Notre-Dame-des-Landes. Les exemples montrant que le gouvernement ou les collectivités sont revenus sur la décision d'un projet grâce au débat public, et non par la violence, sont très rares.

Pour fluidifier les relations entre les décideurs et les citoyens, il faut développer les mécanismes de la démocratie inclusive permettant au citoyen d'être associé à la complexité des équations et parfois de comprendre la pertinence des solutions. Je crois en cette démocratie élaborative et participative, dont j'ai testé les principes dans ma fondation. À la question « Êtes-vous pour la taxe carbone ? », posée à un groupe de citoyens tirés au sort, la réponse était non à 95 %[3]. Mais, après leur avoir expliqué les enjeux, la réponse s'inversait tout naturellement. Des aménagements, à l'image des votations (même si elles ont leurs limites, sans être inutiles), ou des référendums, pourraient revitaliser la démocratie. Mais pour qu'ils ne se limitent pas à sanctionner une autorité locale ou le gouvernement qui a posé la question, encore faut-il aller vers une plus grande maturité démocratique. Associer les citoyens à la complexité de l'exercice démocratique éviterait d'obtenir des réponses binaires à un problème donné. Et les élus auraient tout à gagner à s'inspirer du bon sens et à se nourrir de l'expérience de terrain de la société civile. Ce temps partagé entre citoyens et experts dans un premier temps, et le travail ensuite fourni et proposé à nos représentants dans un second temps, vaudraient largement en efficacité et en utilité les séances théâtrales et chronophages de l'Assemblée nationale et du Sénat, trop souvent formelles. Surtout que les navettes parlementaires entre les deux assemblées répondent parfois au jeu stérile de l'opposition et de la majorité.

F. L. – La cause écologique est un enjeu vital qui devrait nous obliger à nous retrouver au-delà de tous les clivages politiques. J'ai trouvé à cet égard très positive la mise en place par le président de la République de la Convention citoyenne pour le climat qui a rendu ses conclusions fin juin. Et j'ai surtout été frappé par le fait que les 150 citoyens tirés au sort ont voté à 95 % des mesures fortes et pénalisantes pour lutter rapidement et efficacement contre le réchauffement climatique, comme la limitation des vols aériens intérieurs, le développement du télétravail, la promotion des circuits courts et du bio dans l'alimentation, la taxation de l'alimentation ultra-transformée, l'interdiction de moitié d'ici 2030 de l'usage des pesticides, etc. Ils proposent même la tenue d'un référendum afin d'introduire dans notre constitution un crime « d'écocide » visant des actions commises en toute connaissance de cause pouvant mettre en péril la vie sur Terre. Tout cela montre que lorsque les citoyens sont bien informés et conscients des enjeux écologiques, ils sont quasiment unanimes à souhaiter des mesures à la hauteur des enjeux. Comme le disaient Socrate et le Bouddha : « L'ignorance est la cause de tous les maux. » Reste maintenant à savoir quelles suites concrètes seront données à ces propositions. Au lendemain des élections municipales, qui ont vu un raz-de-marée vert dans les plus grandes villes de France – autre signe des temps très encourageant –, Emmanuel Macron a affirmé qu'il adhérait à 156 des 159 propositions formulées par la Convention et que certaines pourraient être soumises à référendum en 2021, tandis qu'une grande loi sur la transition écologique serait proposée à la rentrée, ainsi qu'une rallonge de 15 milliards d'euros pour la conversion écologique de l'économie française. Nous verrons bientôt si ces engagements sont tenus, mais j'aimerais avoir ton sentiment sur ces deux événements récents (victoires des écologistes dans les grandes villes et Convention citoyenne sur le climat) qui vont dans le sens de ton combat politique depuis tant d'années ?

N. H. – Le gouvernement devrait se saisir et se réjouir de la simultanéité de ces deux événements. D'un côté, un vote massif pour l'écologie qui est une sorte de mandat clair pour agir. Et de l'autre, un travail fourni et précis des participants à la Convention citoyenne qui indique aux politiques par quoi commencer. On ne peut pas rêver de circonstances plus propices pour enfin combler le fossé entre les mots et les actes. Il y a un moment favorable à saisir, compte tenu du surcroît de la réalité écologique quotidienne qui donne à ces sujets une pertinence tragique. L'exercice de la Convention citoyenne est un cas d'école qui devrait se multiplier à toutes les échelles territoriales et se pérenniser dans la chambre du futur. Pour la plupart sans *a priori* sur le sujet ou avec quelques préjugés sur l'écologie punitive, des femmes et des hommes tirés au sort se retrouvent associés et immergés dans la complexité de l'enjeu climatique et écologique. Après un long et sérieux travail factuel d'écoute et d'échanges, ceux-ci posent un socle de propositions structurées qui, au bout du compte, croisent et complètent les préconisations portées par des écologistes patentés. Voilà une magnifique démonstration de démocratie inclusive !

Parmi les propositions de la Convention citoyenne pour le climat, beaucoup peuvent être mises en œuvre rapidement par voie réglementaire ou dans le cadre du projet de loi de finances rectificative. Concernant la Constitution et notamment la modification de l'article 1, l'idée d'un référendum est à étudier, mais il n'est pas une étape obligée. Les deux chambres peuvent être sollicitées, mais elles seront plus audacieuses si le peuple s'est prononcé en amont par voie référendaire. Les propositions de la Convention citoyenne sont un tout mais pas «le» tout. Elles ne valent pas projet de société et n'exonèrent pas d'un rendez-vous à l'automne pour définir collectivement, avec les syndicats, les corps intermédiaires, les ONG, etc., l'absolu prioritaire, dans un plan de résilience, à l'aune des contraintes et des paramètres du XXIe siècle. L'idée d'associer les citoyens à l'élaboration politique et de les plonger dans la complexité des problèmes et des solutions est cruciale pour les faire adhérer au changement et apaiser les esprits. Ceux-ci verraient ainsi que la décision politique découle, bien souvent, du moins mauvais choix, ce qui générerait chez eux davantage d'indulgence. Dans le même temps, le politique aurait tout à gagner à profiter du bon sens, des multiples intelligences, diverses et complémentaires, de la société civile. L'idée des citoyens tirés au sort est empruntée d'une idée plus globale de transformation du CESE en chambre du futur. Je crois nécessaires cette présence et cette vigilance permanente des citoyens aux côtés des experts dans cette assemblée.

F. L. – « Nous devons répondre à l'appel de l'océan et de la forêt qui brûle », a déclaré Emmanuel Macron lors d'une courte allocution prononcée à Biarritz, quelques heures avant l'ouverture officielle du sommet du G7 en 2019. Face aux incendies qui ravageaient la forêt amazonienne, déclenchés pour la plupart par des exploitants agricoles, le Président français est entré dans un bras de fer avec Jair Bolsonaro, à la tête de la République fédérative du Brésil, accusé de ne pas agir pour éteindre ces flammes et, par là même, de favoriser la déforestation. Emmanuel Macron lui a reproché de lui avoir « menti » sur ses engagements environnementaux. D'après toi, ces propos comme ses promesses récentes concernant les mesures proposées par la Convention citoyenne constituent-ils de simples effets d'annonce ou une vraie prise de conscience chez le Président ?

N. H. – La réalité n'est jamais noire ou blanche : il y a toujours une part de sincérité en chacun. C'est le cas chez Emmanuel Macron, tout comme c'était le cas chez son prédécesseur, François Hollande. La difficulté est d'avoir une ambition isolée sur des sujets universels et de ne pas être suivi à l'identique par d'autres pays. Sur le plan international, je reconnais que notre Président fait son travail ; la France, en diplomatie écologique, fait plutôt partie des « premiers de cordée », bien qu'elle ne remplisse pas les objectifs qu'elle s'est elle-même fixés, notamment lors de la COP 21 à Paris. Au G8 de Biarritz, le Président a été le seul à oser se confronter à Jair Bolsonaro. Or, ce n'est pas rien de se mettre à dos une puissance comme le Brésil ! Évidemment, les mots précèdent les actes qui doivent suivre de près. Cela fait des années que les gouvernements se donnent trop bonne conscience à l'oral. Tout a été dit depuis le discours de Jacques Chirac sur « la maison qui brûle » jusqu'à l'expression des « biens communs » revendiquée par Emmanuel Macron.

Dans la conversion écologique, notre Président en a fait davantage que ses prédécesseurs. Mais là n'est pas la question. La seule qui vaille est plutôt celle-ci : la France en fait-elle assez ? Assez pour assumer notre responsabilité historique dans la crise écologique, assez pour contenir ou inverser les phénomènes à l'œuvre avant que leurs effets ne deviennent irréversibles, assez pour saisir des opportunités économiques que, paradoxalement, cette contrainte fait naître ? La réponse est clairement non. Je l'ai dit, en tant que ministre, dans ce domaine vital, l'autosatisfaction est indécente. Formulée autrement, la question est de savoir si l'approche est systémique. Remettons-nous en cause le modèle ultralibéral à la racine de tous nos maux ? La réponse est la même : non. Nous touchons du doigt l'essence même du malentendu pour les uns, ou celle de l'imposture pour les autres.

Concernant les promesses récentes du Président à l'issue de la Convention citoyenne pour le climat, l'automne sera un moment de vérité sur la sincérité et la volonté écologique des uns et des autres, en France comme ailleurs. L'AIE (Agence internationale de l'énergie) vient d'affirmer que l'irréversibilité des conséquences des changements climatiques se jouent dans les prochains mois. Nous verrons où seront fléchés les investissements et les contreparties exigées (ou pas) aux secteurs soutenus par l'État.

F. L. – Je souhaiterais revenir sur ta décision de démissionner du gouvernement d'Emmanuel Macron, annoncée en direct dans le « Grand Entretien » de France Inter, le 28 août 2018 : « Je vais prendre ce matin la décision la plus difficile de ma vie… Je ne veux plus me mentir… Je me surprends tous les jours à me résigner. » Avec le recul, comment as-tu vécu, d'un point de vue psychologique, le moment de ta démission ? L'avais-tu anticipée, ou pas du tout ?

N. H. – Pendant les seize mois que j'ai passés au gouvernement, j'ai lutté pied à pied sur tous les sujets avec la conviction qu'il était normal, au début d'un mandat, de convaincre pour mieux se comprendre et se synchroniser. Certains disaient : « Hulot fait des caprices », alors que je me battais, tout simplement. D'autres disaient : « Il n'est jamais content », alors que je trouvais légitime de ne pas me satisfaire de petites avancées. Je ne suis pas entré au gouvernement avec de petites ambitions, mais sur la promesse d'un changement profond. Le but n'était pas pour moi de faire un peu plus que le précédent ministre de l'Environnement, mais de préparer la France à s'adapter aux mutations écologiques, de les appréhender du mieux possible et d'en limiter les effets néfastes. Je savais que ce changement d'ambition nécessitait une souplesse et une compréhension de ma part. Dans ma tête, je m'étais fixé un an pour sentir si cette synchronisation, cette coordination et cette initiation d'une transition écologique irréversible étaient possibles. Je n'ai pas envisagé ma démission chaque matin de mon mandat, je me suis battu avec rationalité, même si j'ai pu « gueuler » parfois. J'ai pris le temps pour me convaincre que ma présence était utile pour nous mettre dans une dynamique irréversible sur des sujets centraux, non pas pour éviter des reculades. C'était mon Graal ! Au fil des mois, je me suis usé dans des discussions sans fin. J'avais de plus en plus l'impression de voir le frein, la résistance et les signaux contradictoires.

Est arrivée la période de rupture estivale – les quinze jours de vacances du gouvernement – pendant laquelle j'avais décidé de faire le point, de regarder mes priorités et d'évaluer ma propre action. Cet été-là a été une fois encore rythmé par toutes sortes de cataclysmes dans le monde entier : des incendies en Grèce, au Portugal, aux États-Unis, en Sibérie, la canicule suivie d'inondations au Japon, des records de température en France, etc. Autre petit détail, mais très agaçant, je m'étais fait étriper tout l'été par Brigitte Bardot, qui me traitait de « lâche » et de « trouillard », en m'accusant d'avoir augmenté le quota d'abattage des loups et de ne pas « bouger » sur la condition animale. Même si j'ai pris beaucoup de recul sur ses propos injurieux, je trouvais injuste d'en être le récipiendaire, alors que l'absence d'avancée sur ce sujet venait d'un blocage de l'Élysée. Dans le même temps, le président de la République a organisé, sans m'en tenir informé, un entretien avec l'actrice engagée dans la cause animale, sans doute pour l'amadouer. Elle en est sortie séduite et triomphante, avec des promesses d'Emmanuel Macron, en déclarant : « Heureusement que je suis là, parce que si on comptait sur Hulot ! » Or j'avais initié un dispositif ambitieux et relativement délicat sur un an, dont le but était de faire émerger une conscience animale dans la société, pour que le gouvernement puisse s'appuyer dessus. J'avais mandaté un député européen afin d'évaluer et de recenser en Europe les avancées dans ce domaine, susceptibles d'être inspirantes. Simultanément, j'avais demandé à une commission parlementaire de consulter tous les acteurs concernés, dans un esprit apaisé, et de faire des propositions. J'étais déterminé à aller au fond des choses en évitant de stigmatiser qui que ce soit. Malheureusement, j'ai tout de suite été combattu frontalement par le ministère de l'Agriculture m'accusant d'empiéter sur ses prérogatives. J'ai même reçu une note du ministère de l'Intérieur me signifiant de faire attention, car j'allais me heurter aux cultes et à leurs traditions, et que ce n'était pas le moment. Mon idée, au contraire, était de les associer à la réflexion. Pour finir, l'Élysée m'a dit d'attendre au moins un an avant d'initier ce projet. Encore une fois, un an ! Alors qu'il aurait été valorisant et marquant pour un président jeune de mettre le droit en conformité avec les attentes profondes de la société et de mettre fin à des mœurs désuètes (chasse à courre, animaux sauvages dans les cirques, etc.). Brigitte Bardot, au final, n'a pas eu plus de chance que moi, puisque les promesses faites par le Président, notamment sur la vidéosurveillance dans les abattoirs, n'ont toujours pas été suivies d'actes. Je suis donc sorti de l'été 2018 meurtri par cet épisode, tout en prenant la décision de rester, sous réserve de clarifier quelques points centraux à la fois avec le Président et le Premier ministre.

Dès la rentrée, avec mon cabinet, je précisai et listai mes doléances, pour la plupart liées aux moyens, dans les domaines de l'agriculture, de l'énergie, de la biodiversité, du climat, de la fiscalité, etc., afin de me donner la possibilité de changer d'échelle et de rythme. Je souhaitais aussi que le rôle et la responsabilité de chacun soient clairement établis et distribués pour mettre un terme définitif aux confrontations stériles et aux polémiques médiatiques. Il me fallait sortir du jeu éreintant que subissent beaucoup de ministres entre l'Élysée et

Matignon : l'avis plutôt positif du Président était souvent suivi d'une exécution contraire du Premier ministre ou de ses conseillers. J'avais déjà évoqué mes doléances, lors d'un voyage en avion, de nuit, entre le Portugal et Vélizy-Villacoublay, avec le président de la République. J'avais cru comprendre qu'il était d'accord avec moi sur l'essentiel. Ce n'était pas un inventaire à la Prévert, mais un ensemble cohérent de douze points. « Je ne vous demande pas la lune, mais seulement d'en prendre le chemin », lui avais-je dit. Je souhaitais simplement avoir les moyens d'assurer mon cap. Emmanuel Macron, avec qui j'avais échangé quelques textos durant la trêve estivale, s'était montré plutôt rassurant. Comme j'avais également besoin de recevoir l'aval du Premier ministre sur ces points cruciaux, je l'ai sollicité. Il m'a reçu pour un déjeuner sur la pelouse centrale de Matignon. Pendant près de trois heures, sur un ton de conversation amicale, nous avons parlé de notre vie privée, de nos enfants, de nos états d'âme, et, bien évidemment, des sujets qui me préoccupaient. Avec beaucoup d'affect, car j'en mets partout (et il y en a aussi chez lui), je lui ai dit : « Édouard, après-demain, au Conseil des ministres, je vais te remettre une lettre dans laquelle je formalise ce que je t'ai demandé aujourd'hui pour repartir sur des bases saines, peux-tu me répondre avant lundi ? » Il a acquiescé. Le jour du Conseil des ministres, le mercredi matin, je lui ai remis discrètement cette lettre, ainsi que la même à Emmanuel Macron, en leur demandant de me répondre par écrit. Le week-end suivant, n'ayant aucune nouvelle, j'ai envoyé un texto à Édouard Philippe qui ne m'a jamais répondu. Le lundi, jour de mon échéance, pas le moindre signe, ni de l'un, ni de l'autre. À partir de ce moment-là, la donne était claire. La responsabilité changeait de camp : faire le choix de rester au gouvernement signifiait que je m'accommodais définitivement de ne pas avoir les moyens de mener ma politique. Et on aurait eu beau jeu de me dire, un jour : « Vous saviez que vous n'aviez pas la possibilité de mener votre politique, pourtant vous êtes resté... » Ai-je assez signifié mon exigence et son importance ? Je le crois. Aurais-je dû mettre plus clairement ma démission dans la balance ? Peut-être, car ni Emmanuel Macron ni Édouard Philippe ne l'avaient envisagée et, surtout, ils n'avaient aucune envie que je parte. Mais le deal de départ avec le Président était justement de ne pas avancer au forceps et, dans les relations, de passer de la pression à la raison.

Ce même lundi s'est déroulée cette fameuse réunion sur la chasse qui n'est pas la raison pour laquelle j'ai démissionné, contrairement à ce qu'a pensé ce lobbyiste insupportable de suffisance, flanqué d'un sourire carnassier. En revanche, elle a sans doute précipité ma décision, car je me suis senti humilié et instrumentalisé. Encore une fois, tout avait été préparé sans que j'en sois informé, ce qui donnait au conseiller politique de la Fédération de chasse, Thierry Cosse, le sentiment qu'il avait gagné contre moi. À la fin de cette réunion, pendant laquelle j'ai très peu parlé, le président de la République s'est tourné vers moi pour me dire : « Alors, Monsieur le ministre, pourrait-on faire une synthèse ? Est-ce que vous considérez que tout cela est acceptable ? » Ce à quoi je lui ai répondu : « Vous savez, Monsieur le Président, je n'ai pas grand-chose à dire, car tout a été décidé en amont. Je ne comprends pas très bien ce que je fais là et, surtout, je comprends encore moins ce que fait cette personne ici. » Pour calmer le jeu, le Président a imposé une pause et en a profité pour raccompagner le sénateur François Patriat qui assistait à la réunion. Pro-chasse, il avait été visiblement associé aux étapes précédentes. En leur absence, je me suis à mon tour levé et, passablement agacé, j'ai lancé à la cantonade : « Vous ne m'en voudrez pas, mais je préfère vous laisser entre vous. » Dans l'escalier, j'ai croisé le sénateur et le Président qui échangeaient. Ce dernier a tenté de me dissuader de partir, mais je lui ai dit que c'en était trop, avant de disparaître à grandes enjambées.

Dans la foulée, je me suis rendu à une réunion à Matignon. Un conseiller m'a confié plus tard : « Quand je t'ai vu arriver, tu étais gris. » Ce qui était sans doute vrai, tellement j'étais contrarié. Je me retrouvais dans une équation difficile, parce que je n'avais ni mépris ni animosité envers ce gouvernement, j'éprouvais même une forme de tendresse envers certains et, surtout, je ressentais une profonde tristesse que l'on ne se comprenne pas. La nuit suivante, j'ai très mal dormi. L'idée de démissionner m'a alors traversé l'esprit. Quand et comment, je n'en savais rien encore à ce moment-là. Mais je savais que je ne rendrais pas forcément service à la France en démissionnant, parce que j'ajouterais de la difficulté aux difficultés et que je n'avais pas envie de nuire. J'avais conscience que si ce gouvernement échouait, ce serait pire ensuite. Mais aussi que si j'y restais deux jours de plus, ils auraient eu beau jeu de dire : « Notre non-réponse vaut réponse. »

Le lendemain matin était prévue de longue date une interview de rentrée sur France Inter, durant laquelle je devais commenter les faits d'actualité de l'été et éventuellement jeter des prérogatives sur mes priorités de l'année à venir. Je m'étais levé très tôt pour préparer professionnellement l'interview menée par les journalistes Nicolas Demorand et Léa Salamé. Après avoir travaillé sur les questions qu'ils risquaient de me poser, notamment un sujet sur les retraites, très sensible, je suis parti avec mon conseiller de communication pour me rendre à la Maison de la Radio. Une fois arrivé, j'ai discuté brièvement avec Léa Salamé, sur un ton presque badin, pour me déstresser. Quand je suis entré dans le studio à 8 h 20, je n'avais encore aucune idée de ce qui allait se passer. Après les trois ou quatre premières questions, submergé par l'accumulation de déconvenues et le tableau tragique de la planète, tout est sorti tout seul : « Je ne veux plus me mentir. Je ne veux pas que ma présence au gouvernement donne l'illusion qu'il est à la hauteur des enjeux écologiques. » Incapable de dérouler les éléments de langage, je ne pouvais pas répondre autre chose à la question que me posait Léa Salamé, stupéfaite, aux côtés de Nicolas Demorand. Quand j'ai annoncé tout de go : « Je prends la décision de quitter le gouvernement, aujourd'hui », personne ne s'y attendait, ni France Inter, ni Emmanuel Macron, ni Édouard Philippe. Je me souviens d'avoir dit, en début de quinquennat, à Emmanuel Macron : « Tu sais, de deux choses l'une, soit je vous inspire, soit vous m'aspirez. » À cet instant, si je prolongeais mon mandat de ministre, je me reniais en toute connaissance de cause et perdais à l'avenir toute crédibilité vis-à-vis de mes interlocuteurs. Heureusement qu'un petit sursaut providentiel de conscience, accompagné d'une dose de spontanéité, a pris le dessus ce matin-là. Même si je reconnais que la forme de ma démission n'était pas du tout académique.

F. L. – As-tu regretté cette décision ?

N. H. – J'ai surtout regretté d'avoir été contraint de la prendre, car cela signifiait une forme d'échec gouvernemental et j'avais conscience d'avoir agi de la mauvaise manière auprès de mes collègues du gouvernement. Sinon, sur la décision elle-même et son timing, je ne l'ai jamais regrettée, et ce, pour deux raisons. La première est que je me sens libre, indépendant et en phase avec ma conscience. En restant au gouvernement, j'aurais été mal dans ma peau, parce que je me serais livré au pire ennemi de l'être humain : la résignation. J'ai pris la décision de démissionner à partir du moment où j'ai eu la certitude absolue que je ne bénéficierais jamais ni des moyens ni du cadre pour mener à bien mon projet. Convaincu du bien-fondé de ma décision, je ne suis donc pas parti sur un coup de tête. La seconde raison est que cette décision, contrairement à ce que je craignais, n'a pas généré une forme de reddition dans la société. Elle a même été initiatrice d'une mobilisation dans toutes les sphères, même les moins concernées, en France et peut-être au-delà du territoire. Je n'avais pas prévu cet effet, mais j'ai été heureux de constater qu'au lieu de créer une forme de dépression collective mon acte a suscité une sorte de sursaut collectif. Après ce moment de vérité démontrant que la politique en faveur de l'environnement n'était pas en si bonne voie, une partie des Français ont saisi qu'ils devaient s'y mettre en passant eux-mêmes à l'action. Pour le gouvernement, ma démission est peut-être aussi un point de référence auquel il aura à cœur de donner tort, en rehaussant son ambition écologique. Finalement, cette démission a eu un effet bien plus positif que si j'étais resté ministre. En me voyant cautionner et accompagner la misère, j'aurais perdu ce précieux et fragile capital confiance que m'accorde une partie des Français.

F. L. – Tu t'es, en fait, très peu exprimé sur ce sujet depuis ta démission…

N. H. – Je ne voulais pas mettre davantage d'huile sur le feu que ma démission n'en n'avait déjà jeté. Je me suis imposé une diète médiatique pour laisser les événements retrouver leur juste mesure. Et j'ai pris le temps du recul pour tirer des leçons bénéfiques de cette expérience pour tous, y compris pour moi. J'ai souvent dans ma tête cette phrase de Nelson Mandela : « Dans la vie, je ne perds jamais, soit je gagne, soit j'apprends. » Une pause est nécessaire pour tenter d'expliquer la complexité politique, au milieu du bruit de fond de notre société et du brouhaha médiatique. Et, on peut rappeler ce que disait justement John Fitzgerald Kennedy, 35e président des États-Unis : « Ne demandez pas à votre pays ce qu'il peut faire pour vous, demandez-vous ce que vous pouvez faire pour votre pays. » Si le pays doit faire beaucoup pour ses citoyens, chacun d'entre eux doit aussi agir pour lui. J'aimerais provoquer cette connivence, cette convergence, cette synchronisation entre les différents acteurs. Je ne sais pas comment y parvenir, mais je sais ce qui empêche d'y arriver. En aucun cas, je ne souhaite tomber dans le simplisme ou la caricature. Je souhaite sincèrement à ce gouvernement de réussir et, au fond de moi, j'aimerais tellement avoir tort dans mes inquiétudes.

Je suis entré au gouvernement avec un bagage

plein, que j'ai épuisé. L'exercice du pouvoir isole et assèche. Il isole non pas forcément par vanité, contrairement à l'idée la plus répandue, ou parce qu'il enferme les politiques dans une tour d'ivoire. Même s'il faut bien admettre que la subite et sournoise déférence de beaucoup à leur égard, au milieu des dorures et des gyrophares, peut parfois troubler l'esprit de ceux qui ne supportent pas l'altitude. La principale raison de cet isolement vient du fait que les politiques sont happés comme dans un fleuve en crue, principalement préoccupés par l'idée d'éviter les écueils qui défilent en cascade sur leur chemin ! Comme je l'ai déjà souligné, il est capital que les deux échelles de temps, court terme et long terme, cohabitent dans la gouvernance, qu'elles existent en parallèle, mais ne s'ignorent pas. Le CESE produit de l'intelligence qui, malheureusement, est rarement prise en compte, souvent parce que les politiques manquent de temps pour en lire les rapports ! Nos démocraties, nos institutions européennes et les Nations unies doivent absolument s'adapter aux nouveaux enjeux universels incluant la précipitation du temps.

F. L. – Encore une question personnelle. Je comprends l'état d'esprit constructif qui est le tien, tu n'es pas entré dans l'opposition pour critiquer systématiquement Emmanuel Macron, tu restes dans une relation cordiale avec les acteurs politiques et tu conserves le désir de faire avancer la cause écologique. Quels moyens te donnes-tu pour que ta compétence et ton expérience puissent s'incarner dans la cité, au-delà de ta fondation ? Quels combats souhaites-tu encore mener et comment ? As-tu l'intention de rencontrer le nouveau Premier ministre, Jean Castex, pour essayer de faire avancer la cause écologique auprès du nouveau gouvernement ?

N. H. – Je n'ai pas encore la réponse à cela. J'ai parfois une forme de lassitude à répéter les mêmes choses, alors que chaque jour la réalité donne raison à l'écologie. J'ai officiellement ou officieusement conseillé ou tenté d'éclairer des gouvernements successifs mais, aujourd'hui, je m'interroge sur la poursuite de mon rôle. Je sais juste que j'ai toujours œuvré pour ne pas aggraver le délitement de confiance entre le citoyen et le politique et pour maintenir la permanence du dialogue et de l'échange. Dans ce discrédit excessif du politique, je sens tellement la démocratie en danger. Depuis près de trente ans, j'utilise, avec bien d'autres, toutes formes de moyens pour faire avancer la cause écologique. Rien de ce que j'ai fait n'a été inutile. J'ose croire que les milliers de conférences, d'articles, de prises de parole, d'interventions et de rendez-vous auxquels j'ai participé ont suscité une prise de conscience. J'ose penser que le travail sans relâche, sur tous les fronts, de ma fondation (Fondation pour la Nature et l'Homme) a ouvert un chemin de transition, et, avec d'autres ONG, contribue à écrire un nouveau récit. J'ose espérer que la pression constante qu'elle exerce en permanence sur les décideurs, assortie de propositions, ont fait *a minima* que la situation n'empire pas. En tant que militant de la cause écologiste, je ne m'inscris pas seulement dans le constat, mais dans l'action. Avec le collège d'experts de ma fondation, nous produisons, soutenons ou promouvons sans relâche des solutions techniques, politiques et économiques. Au-delà des centaines de projets que nous avons soutenus sur le terrain en France et à l'étranger, nous avons participé à l'élaboration et à la structuration de nombreuses politiques publiques, comme lors du Grenelle de l'environnement, en 2007. Je crois que nous avons joué un rôle majeur dans des modifications constitutionnelles, notamment l'adossement de la charte de l'environnement à la Constitution, la transformation du Conseil économique et social en Conseil économique, social et environnemental, l'introduction d'une commission du développement durable à l'Assemblée nationale… Ce travail multiforme a été fait autant dans l'ombre que dans la lumière pour que chacun se sente investi dans le défi commun de l'écologie. Ni ma fondation ni personne n'ont révolutionné le monde, peut-être avons-nous juste retardé l'échéance de son effondrement et gagné un temps précieux. Garder l'espoir devient quelquefois un acte de bravoure. Car malheureusement, les phénomènes à combattre se sont développés plus vite que la traduction concrète de notre prise de conscience, nous amenant au bord d'un point de rupture physique et psychique. Comment concevoir que malgré les alertes répétées des scientifiques sur les événements climatiques, dont les premières ont été lancées dans les années 1970 par l'agronome René Dumont, nous en soyons encore là ? Pourquoi faut-il dépenser autant d'énergie pour dire à l'humanité de se sauver elle-même ?

Je reste convaincu que le préalable pour entrer dans un changement profond de société est de créer une unité politique et spirituelle partageant une vision. Lors de chaque intervention publique, j'essaie de me discipliner pour ne pas tomber dans le piège de la division, de la polémique inutile ou du mot blessant. Je souhaite être dans la proposition, valoriser ce qui fait partie de la solution et accompagner ceux qui œuvrent pour elle. Je suis un homme de dialogue, et cela m'est même parfois reproché. Partout, je cherche à dénicher le positif et ignorer le négatif, en me focalisant sur la part vertueuse de chacun, et non sur la part défectueuse. Il faut miser sur le grand et le bien, les cultiver, les relayer et les reproduire. Voilà sans doute la vraie révolution à opérer, celle des esprits. L'utopie est notre planche de salut. Je m'y accroche. Régulièrement, sans flonflon, je me rends sur le terrain pour rencontrer des agriculteurs convertis à d'autres modes de production, des entrepreneurs innovants, des membres de collectivités et d'associations engagées, ou encore des anonymes qui se battent. Et je pense souvent à ce proverbe : « Un arbre qui tombe fait plus de bruit que toute une forêt qui pousse. » Il existe des forces invisibles et silencieuses qui, peut-être, nous feront basculer du bon côté. Cette conviction me dope et me permet de continuer d'avancer.

 Je cherche, comme beaucoup, la recette pour sortir de l'impasse, celle de la résignation couplée à l'abdication de la conscience individuelle au profit de l'inconscience collective. Comment agréger ces petites forces créatrices, positives et humanistes qui influent dans des périmètres restreints et qui font du bien localement sans peser collectivement ? Comment, tout en conservant leur âme et leur diversité, faire en sorte qu'elles deviennent un souffle irrésistible qui inspire le politique ? Comment s'affranchir de cette plaie qu'est la politique partisane ? Parfois, je rêve d'un moment de grâce, au lendemain d'élections, pendant lequel on s'unirait autour de grands objectifs. J'imagine une alliance féconde des forces politiques soutenues par les citoyens pour tendre vers l'horizon enchanteur des 100 % d'énergies renouvelables, 100 % d'agroécologie, 100 % d'économie sociale et solidaire. Investir sans retenue, additionner nos intelligences et sceller nos compétences permettraient de réaliser l'irréalisable : un pacte national sur une vision et une ambition que notre Constitution rendrait irréversibles.

 Ce qui manque à notre pays est une vision suffisamment ambitieuse. La raison ne vient pas du manque de compétence de nos hommes et femmes politiques, mais de la présence d'un univers collégial qui entretient la culture du ring, de l'affrontement et de la polémique. Une vision et une aspiration partagées de la classe politique est la condition pour faire adhérer la société à une métamorphose, et la parole commune en est le préalable. Nous avons besoin d'unité et de hauteur, comme nous savons en faire preuve au lendemain d'événements tragiques tels que la crise sanitaire du Covid-19, les attentats de 2015 ou l'incendie de Notre-Dame de Paris. N'attendons pas que la douleur soit à vif pour nous rassembler, et évitons la confrontation violente et le conflit radical. Je me suis fixé une discipline d'action pacifique, même si je comprends qu'une jeunesse ne se sentant pas écoutée puisse recourir à la violence. Bien évidemment, un décalage entre les discours et les actes est aussi une forme de violence. On ne soignera pas les maux avec des mots. La cohérence entre les intentions et les actions des politiques leur permettra de regagner la confiance des citoyens. Or, où est la cohérence quand on ratifie des traités de libre-échange qui permettent d'importer des produits qui ne respectent pas les normes souhaitées en France ? Pourquoi ne pas légiférer en interdisant, par exemple, le glyphosate ? Face à des mesures cosmétiques, l'opinion n'est pas dupe. Je souhaite voir jaillir de la convergence et de la radicalité pacifique pour accompagner les changements profonds annonciateurs du nouveau monde. Si j'en crois les paroles qui ont été prononcées pendant la crise du Covid-19, il y a peut-être une prise de conscience de la vérité de cette maxime : « Aux grands maux, les grands remèdes. » Sur un plan politique, cette crise nous a montré qu'il était possible de sortir des sentiers battus.

Avant la campagne présidentielle de 2017, ma fondation a lancé avec 120 autres ONG (Action contre la faim, les Apprentis d'Auteuil, ATD Quart Monde, Fermes d'avenir, la Fondation Abbé Pierre, Greenpeace, LDH, etc.) 120 propositions pour un monde solidaire. Ce collectif inédit visait à démontrer que les domaines écologique et social étaient liés. Alors que j'étais encore au gouvernement, nous avons appris à travailler ensemble et pensé une seconde action : le Pacte du pouvoir de vivre, avec notamment la CFDT et des dizaines d'associations humanitaires et écologiques (le Secours catholique, la Fondation Abbé Pierre, la Cimade…). Représentant des millions de gens souhaitant agir pacifiquement, nous l'avons lancé après ma démission, le 5 mars 2019. Depuis, malgré notre demande et toutes nos initiatives, ce collectif n'a jamais été reçu par le gouvernement, qui pourrait s'appuyer sur cette aspiration concrète et profonde. Cela me laisse circonspect et dans une forme de désarroi.

J'observe, je ne ferme aucune porte, mais dans notre registre pacifique et démocratique, que peut-on faire ? Je ne perds pas tout espoir, peut-être que « le temps est venu », enfin. Quand j'ai lancé cette tribune dans la presse, le 6 mai dernier, j'ai cru que les esprits étaient prêts à recevoir une approche multidimensionnelle de cette nouvelle crise, que des idées non recevables jusqu'alors allaient peut-être l'être. Pour réinventer le monde dans toutes ces dimensions, j'ai choisi de faire une synthèse d'aspirations énoncées par différentes voix pendant la crise. J'espérais engager une réflexion commune sur la dimension culturelle de la crise. Malheureusement, les 100 principes que j'ai proposés ont fait l'objet de railleries chez les journalistes qui les ont qualifiés de « lieux communs ». Pourtant, s'ils étaient si communs, aurait-on besoin de les rappeler ? Le bon ordre, pour moi, était de poser une matrice de valeurs et de principes communs acceptés par tous avant de proposer et de décliner des actions concrètes pour les incarner. « Le temps est venu de passer du libre-échange au juste échange » est une formule, certes, mais, derrière, il y a un champ de propositions politiques, comme ne plus signer de traités de libre-échange sans clause miroir, remettre en cause les règles du commerce mondialisé, etc. À chaque principe sont ou peuvent être adossées deux ou trois mesures concrètes.

F. L. – Même si j'ai aussi été choqué de la méchanceté de certains propos à ton égard, je peux comprendre le reproche de fond qui t'a été adressé car le temps est en effet venu de faire des propositions concrètes, comme nous essayons de le faire tout au long de cet ouvrage, plus que de poser des principes généraux dans un catalogue à la Prévert. C'est surtout cela qu'on t'a reproché.

N. H. – J'ai été blessé par le ton méprisant de certaines critiques faisant totalement abstraction du travail de fond que nous ne cessons de faire avec ma fondation. Depuis trente ans, nous sommes dans le « comment faire ». Notre équipe et notre conseil scientifique ne cessent d'alimenter l'espace public de propositions concrètes dans tout le champ politique et économique. Beaucoup de politiques publiques se sont d'ailleurs inspirées de nos travaux. Dans ces critiques, j'ai eu l'impression que la plupart faisaient fi de notre investissement au long cours. Sans doute parce que l'exercice de rentrer dans la complexité et la technicité des mesures est plus astreignant que la lecture superficielle d'une tentative de mobilisation et d'introspection. Le journal *Le Monde* a d'ailleurs présenté quelques-unes de nos propositions, mais, malheureusement, personne d'autre ne les a reprises. Peut-être que le champ était trop large et que j'aurais dû proposer moins de principes et plus de propositions… Je n'ai pas été compris. Ce n'était sans doute pas la bonne manière ni le bon moment. Ce rendez-vous critique avec la population a été manqué. Et je crains qu'une partie de celle-ci n'ait pas encore tiré profit des enseignements de cette crise et souhaite reprendre sa vie d'avant. L'immense file d'attente pour obtenir des paniers d'aide alimentaire à Saint-Denis pendant le confinement s'est transformée dès le lendemain en une autre pour se ruer chez Zara. Le contraste me paraît tellement fou et choquant !

F. L. – Pendant deux mois, les gens n'ont consommé que des produits vitaux et s'en sont très bien portés. Nous avons fait l'exercice de l'essentiel et de la sobriété.

N. H. – J'avoue que quand je vois des masques jetés par terre, je suis consterné et je me dis que la partie n'est pas gagnée. La période est révélatrice de tellement d'incohérence. Il faut du civisme, chacun doit se sentir responsable, pas seulement les politiques.

F. L. – Nous partageons la même vision et avançons sur le même chemin, avec des parcours et des moyens différents. Un de mes tout premiers ouvrages, publié en 1991, abordait déjà ces questions et s'intitulait *Le Temps de la responsabilité*. Postfacé par Paul Ricœur, il soulignait la nécessité d'une résurgence des préoccupations éthiques dans tous les domaines bouleversés par la révolution technologique et la globalisation du monde. Au même moment, j'ai commencé mon engagement écologique en participant à la création de l'association « Environnement sans frontière », puis je me suis impliqué dans la cause animale, comme tu le sais, puisque je suis venu plusieurs fois te rencontrer au ministère pour travailler sur cette question qui te tient aussi à cœur. Plus récemment, je me suis investi dans l'éducation, car je pense que c'est la clé de tout. Je suis d'ailleurs frappé de voir combien les enfants sont sensibles à la cause écologique et à celle des animaux, ce qui me donne un certain espoir pour l'avenir. Sous l'impulsion de la députée des Yvelines, Nadia Haï, devenue depuis ministre du gouvernement Castex, mon association a mis en place il y a deux ans des ateliers philo dans plusieurs écoles primaires de la ville de Trappes. Ils ont un impact profond sur les enfants, dont la plupart sont issus de l'immigration. Et j'ai été frappé par ce que m'a rapporté Atika Lebret, la principale animatrice de ces ateliers, à propos de ceux qu'elle a effectués à la sortie du confinement. Elle a demandé à des élèves des écoles Pergaud et Langevin, quelles seraient les valeurs qu'ils mettraient en exergue s'ils se retrouvaient sur une île déserte et devaient créer des règles afin de bien vivre ensemble. Il est ressorti de ces ateliers que les notions de fraternité, d'équité et de respect de la planète et de tous les êtres vivants sont plébiscitées et que l'amour est la valeur phare autour de laquelle toutes les règles devraient être édictées.

Mais à côté de ces engagements dans la cité, j'essaie de mener une réflexion sur la possibilité pour les individus de grandir en conscience et de se transformer eux-mêmes, car je suis convaincu que le changement collectif se fera également par l'addition d'une foule de changements individuels. C'est aussi en se transformant soi-même qu'on transformera le monde, et cette transformation passe souvent par un questionnement philosophique et spirituel sur le sens de nos vies. Nous y reviendrons à la fin de cet ouvrage, comme nous en sommes convenus, mais je m'interroge déjà ici sur la nécessité de relier toutes ces consciences individuelles qui évoluent. Comment fédérer tous ceux, comme toi, comme moi, et comme tant d'autres, qui contribuent à cette prise de conscience et qui souhaitent s'engager plus efficacement dans la cité au service de cette révolution sociétale ? Compte tenu de ton expérience et de ta popularité, ne souhaites-tu pas créer un mouvement collectif de citoyens, une sorte de « lobby des consciences » qui pourrait agir fortement contre les autres lobbies et influencer les politiques ? Ou bien envisages-tu de créer un parti politique qui pourrait être amené à gouverner ?

N. H. – L'urgence est de se rassembler sur un projet au-delà des clivages traditionnels. Puis-je y aider ? Si j'avais trente ans et la vie devant moi, je me lancerais peut-être en politique pour agréger les forces nouvelles qui ne trouvent pas de débouchés pour faire jaillir le nouveau monde. Mais cette aventure imprévisible et dangereuse demande une énergie sans faille, dans un contexte plus que jamais instable. La prudence est de mise, et l'imagination est convoquée pour inventer de nouveaux formats d'engagement. Un énième parti politique est-il le préalable ? J'en doute, il ajouterait de la division à la division. Beaucoup d'hypothèses ou d'alternatives me sont suggérées ou proposées par de nombreuses personnes qui me vouent de l'affection, me surestiment parfois, sans fausse modestie, et ignorent mes lacunes. Une conjonction de facteurs rend utile et nécessaire de rassembler toutes ces volontés positives émanant d'esprits humanistes, sur un socle de valeurs selon des modalités inédites. Il y a une aspiration puissante, mais diffuse dans ce sens. Beaucoup, comme moi, cherchent la pierre de Rosette pour faire converger les petits filets d'eau en une lame de fond irrésistible. Pour autant, faut-il un leader ? Je n'en suis pas convaincu. Suggérer qu'une femme ou un homme providentiel concentre la solution fragilise. Cette tentation de l'icône dissuade l'investissement créatif du plus grand nombre qui se repose de manière illusoire sur sa seule personne. Il y a, je pense, un autre format à inventer. Pour autant, il est possible de jouer un rôle moteur pour créer un effet d'entraînement. Cette décision n'est pas à prendre à la légère, il faut l'assumer pleinement. Ce qui demande de retrouver l'énergie – j'en ai toujours, mais plus la même – et, par conséquent, une forme de foi, tout en gardant à l'esprit que la société civile n'est pas immunisée contre les turpitudes observées en politique. L'expérience m'a prouvé que quand il s'agit de réunir des diversités, on peut passer aisément de l'écologie à l'égologie.

F. L. – C'est le PFH, le « putain de facteur humain », comme disent nos amis québécois !

N. H. – J'ai bien conscience de cette difficulté et je ne la sous-estime jamais. Pour m'engager à nouveau, je dois retrouver cette forme de foi me permettant de croire en la nécessité et en la possibilité de réussite de mes actions. Peut-être, ou pas, serai-je guidé au moment opportun par une sorte d'intuition qui me poussera à prendre une décision dans un sens ou dans un autre, comme ce fut le cas sur France Inter. Ceux qui me connaissent savent que je fonctionne ainsi. Faire de la figuration ne m'intéresse pas et répéter les mêmes actions ou les mêmes mots me lasse. Je l'ai martelé : je ne veux plus donner le sentiment que faire les choses en petit suffit. Je ne veux plus m'accommoder des petits pas. Quand j'ai quitté le gouvernement, combien de fois m'a-t-on dit que j'étais trop exigeant et trop radical ! Or c'est la situation avec ses conséquences qui est devenue radicale. Les phénomènes à combattre, pas seulement le dérèglement climatique ou l'érosion de la biodiversité et des ressources, mais aussi le clivage entre riches et pauvres, progressent à grandes enjambées et non à petits pas. Il n'y a plus de temps à perdre en doutes ou en hésitations, car la course contre la montre est engagée.

Il y a des périodes d'action, d'engagement, de mobilisation et d'autres de réflexion et de retrait. Je suis à la croisée de ces deux périodes. Je ne sais pas encore ce que je vais faire, même si le combat écologique reste dans mon esprit ma priorité. J'observe aussi qu'émergent de nouveaux porte-voix et de nouvelles initiatives. Alors, peut-être faut-il passer le relais ? En aucun cas, je ne souhaite bouger pour bouger, ni céder, par amitié, à celles et à ceux qui veulent me mettre dans un rôle et un personnage. Je dois agir dans la vérité, tout d'abord pour moi, mais aussi pour les autres. Malgré ma réserve précédemment évoquée, je rêverais qu'une femme ou un homme qui ait 30 ans dans sa tête émerge, et rassemble, au-delà des clivages, cette société bienveillante et anonyme de bénévoles qui, très sincèrement, s'est extraite des idéologies creuses pour embrasser une dimension humaniste, au-delà des affinités politiques. Comment donner corps à cet engagement ? Au moment où je parle, je n'ai pas encore trouvé la solution, mais la réflexion chemine à l'aune des événements.

Le personnel politique a des qualités et des défauts divers et variés, il correspond à un sérail qui ne se renouvelle sans doute pas assez et qui a besoin de sang neuf. Ce qui n'enlève rien aux gens de qualité qui ont donné leur vie à l'action politique. Les temps changent, les choses s'accélèrent, et un certain conformisme, à gauche comme à droite, tous productivistes et adeptes du libéralisme, assèche un peu les idées et les actions. D'où le besoin d'un vrai changement. Mais qui demain va avoir envie de faire de la politique dans un climat aussi délétère ? À l'instant où je suis entré en politique, le regard des gens sur moi et le courrier que j'ai reçu ont changé. Si j'avais franchi le Rubicon, c'était forcément par intérêt personnel. Même quand j'ai lancé le mouvement « Le temps est venu », on m'a dit « Ah, c'est une stratégie pour la présidentielle ! » L'homme politique concentre toutes les suspicions et les procès d'intention. Rares sont ceux qui pensent qu'il agit pour l'intérêt général.

Dans la machine à broyer politico-médiatique, il peut oublier toute sérénité et toute reconnaissance. On ne retiendra que ce qu'il n'a pas fait et on lui reprochera ce qu'il a mal fait. Le politique n'a pas le droit à l'erreur, il ne lui est pas possible d'expérimenter. Je me suis aperçu que mes amis écolos ne remarquaient que ce qu'il manquait aux plans que je proposais, ils ne relevaient jamais ce qui avait été une avancée. Où sont mes troupes ? Je me suis souvent posé la question. La suspicion de malhonnêteté est telle, certes confortée par quelques exemples probants, qu'une transparence salutaire est instaurée. Mais transparence ne veut pas dire exhibitionnisme ! Inspecter les revenus du politique est légitime, mais mettre sa vie privée et familiale sur la place publique ne l'est pas. Qui, en remontant le fil du temps, peut dire qu'il a toujours agi sans faire de faux pas ? L'engagement politique est la garantie de perdre toute tranquillité et d'engager ses proches dans une aventure qui a toutes les chances de mal se terminer.

Donner de son temps et se soumettre à la critique est nécessaire, mais être suspecté de tout en permanence est décourageant. Le citoyen doit gagner en nuances, distance, discernement et indulgence envers le politique. Sinon seuls les ambitieux et les cyniques iront dans l'arène politique, et la démocratie perdra des femmes et des hommes de qualité qui ne voudront pas s'engager, le prix à payer étant trop élevé.

F. L. – Tu as visiblement été très éprouvé par ton expérience ministérielle...

N. H. – Ma vie a été passée au scanner. Pendant des mois, mon entourage, mes amis, mes relations d'hier et d'avant-hier, les commerçants et les restaurateurs que je fréquente ont été interrogés. Est-ce qu'il paie ses notes ? Demande-t-il des ristournes ? Est-il sympathique ? Dans cette aventure, vous pouvez tout perdre, votre honneur, votre santé, votre équilibre familial. Un matin, s'est présenté à la Fondation un magistrat de la Cour des comptes : « Je suis là pour trouver une nouvelle affaire Crozemarie[4]. » L'ironie signifiait que, dans son esprit, la fondation était un moyen d'alimenter la cagnotte de son président. Il a passé deux ans à inspecter nos comptes et n'a rien trouvé. Il est bien sûr normal que la FNH, qui est une fondation d'utilité publique, rende des comptes, mais cet homme instruisait à charge. Pendant tout ce temps, il m'a fallu rester concentré et faire bonne figure. Car n'oublions pas que la responsabilité d'un ministre est immense. Il prend un risque pénal, n'a pas les moyens d'agir, en prend plein la figure et ressort souvent de cet exercice « en lambeaux ». Qui peut vouloir s'engager dans cette aventure ? Il n'y a pas une journée où l'un de mes anciens collègues ne se retrouve au centre d'une affaire, avérée ou non, qui est de toute façon jugée au tribunal de l'opinion avant d'être vraiment instruite. Cette exigence de transparence est salutaire dans son principe, mais la manière dont elle s'exerce a de quoi faire fuir tous les candidats !

F. L. – J'aimerais conclure ces chapitres sur l'économie et le politique en soulignant que l'écologie, même si elle gagne du terrain partout, n'a pas encore bouleversé nos modes de pensée et de vie. Nous n'en sommes sans doute qu'au début d'une prise de conscience et celle-ci permet déjà d'apporter de précieux correctifs à la trajectoire triomphale du dogme ultralibéral. Comme le rappelle Régis Debray dans son dernier opuscule consacré à l'écologie : « Le communisme a fait planer une épée de Damoclès sur le capital, et n'a pas peu contribué à humaniser son règne en le contraignant à passer de sérieux compromis avec les salariés. L'écologisme a déjà la même vertu d'inhibition que les pollueurs de l'agro-industrie comme du transport routier et aérien. C'est la règle : on visait au départ une révolution, on finit par une correction de tir. Mais ce moins sera un jour compté comme un plus, et non comme une déception[5]. » Les petits pas valent mieux que l'immobilisme, c'est un fait. Mais je te rejoins sur le fait que l'enjeu aujourd'hui n'est plus simplement d'infléchir un rapport de force économique ou social : c'est de la survie de l'humanité d'ici la fin de ce siècle qu'il est sans doute question, et ce n'est pas en apportant quelques correctifs au système actuel, si utiles soient-ils, qu'on relèvera un tel défi. C'est un changement radical de logique qu'il faut envisager, ce qui suppose de penser et d'agir autrement qu'on ne le fait depuis les années 1950, qui ont vu l'accroissement exponentiel de tout ce qui conduit aujourd'hui au désastre écologique, et qui constitue l'entrée dans l'anthropocène, « l'ère humaine », la première ère géologique au cours de laquelle les activités humaines sont devenues le principal agent de transformation de la planète. La réponse actuelle des politiques est en effet très en deçà du problème auquel nous sommes confrontés.

Chapitre 5

De l'intérêt individuel au bien commun

> « *La première règle avant d'agir consiste à se mettre à la place de l'autre. Nulle vraie recherche du bien commun ne sera possible hors de là.* »
>
> Abbé Pierre

FRÉDÉRIC LENOIR – Face au défi écologique, qui concerne le bien commun de l'humanité et de tous les êtres vivants, nous sommes finalement confrontés à trois freins : l'égoïsme des États-nations, celui des entreprises et celui des individus.

L'égoïsme des États-nations face aux enjeux planétaires est flagrant, alors qu'aucun pays n'est épargné par le changement climatique ; la pollution des sols, de l'eau, de l'air ; l'effondrement de la biodiversité ; les risques du nucléaire civil, etc. Tous sont confrontés à cet enjeu planétaire décisif qui est la préservation de l'environnement et ils sont aussi tous interdépendants. Comment pourrait-on mettre en place des règles internationales qui dépassent les intérêts immédiats des États ? Chaque fois que des tentatives ont eu lieu, elles ont malheureusement échoué. La COP 21 sur les changements climatiques, lancée en 2015 à Paris, a débouché sur un accord international sur le climat signé par les 195 pays participants mais, en l'absence de règles coercitives, certains d'entre eux s'en sont affranchis, comme ce fut le cas pour les États-Unis.

Comment faire en sorte que les États ne s'affranchissent pas des engagements pris au niveau international ? Comment renforcer l'ONU pour qu'elle ait, sur cette question cruciale pour l'avenir de l'humanité, un pouvoir au-dessus des États ? Comment éviter que ceux-ci soient ballottés par les discours démagogiques favorisant les intérêts sectoriels et l'égoïsme des individus ? Il y a une vraie urgence à trouver une solution. Je pense, hélas, que tant que le système se maintiendra à peu près correctement, peu d'États feront l'effort de s'engager de manière très volontariste pour préserver la planète. Toutefois, quand les plus grands États se sentiront suffisamment touchés et ébranlés par des catastrophes en série, ils finiront sans doute par adopter une attitude responsable. Mais est-ce que ce ne sera pas déjà trop tard ?

Nous avons déjà abordé la question de l'attitude égoïste de nombreuses grandes entreprises qui ne pensent qu'au profit immédiat, cherchent à échapper à la solidarité via l'impôt, et participent parfois grandement à la dégradation de la planète, notamment par la déforestation et la pollution. Face à ces attitudes irresponsables, les États vertueux pourraient leur imposer certaines règles. Mais il faudrait, pour être efficaces, que ces règles soient adoptées par un grand nombre d'États, au moins au niveau européen. Je crois davantage que la conversion à de bonnes pratiques des entreprises passera plutôt par leur intérêt bien compris : l'amélioration de leur image auprès d'un public de plus en plus sensible à l'écologie, ce qui aurait une incidence positive sur leurs ventes. Le mouvement est déjà en route : de plus en plus de PME et de grandes firmes internationales évoluent vers des pratiques plus vertueuses.

Enfin, l'égoïsme des individus, nombreux à être indifférents au bien commun, à s'émanciper des règles fondamentales du vivre-ensemble, à démontrer un manque de respect et de civilité et à ne pas s'impliquer dans l'effort collectif est flagrant. Dans les années 1980, Gilles Lipovetsky avait déjà souligné cet avènement en Occident de « l'individu narcissique », qui ne pense qu'à ses propres intérêts et qui a une conception purement utilitariste de la société : « J'ai des droits, mais pas de devoirs. » La situation ne s'est pas vraiment arrangée depuis, même si une prise de conscience et un changement d'attitude chez une minorité d'individus émergent à partir des années 2000. Il faut parfois une catastrophe pour que les gens se relient. Sinon ce sera par l'éducation, l'information et la prise de conscience citoyenne que l'on pourra lutter contre ce constat accablant. Les jeunes générations semblent avoir compris que la préservation de l'environnement représentait un enjeu majeur et non pas une option. Elles montrent l'exemple, à l'image de Greta Thunberg. Bien conscients que le réel nous impose de changer notre mode de vie, de nombreux jeunes ont voté «Vert» aux dernières élections européennes.

C'est dans cette optique que j'ai développé des ateliers philo pour les enfants. Je suis persuadé que si ces pratiques se généralisaient dans toutes les écoles du monde, il pourrait changer en une ou deux générations ! L'atelier philo est un véritable laboratoire de citoyenneté dans lequel on apprend aux enfants à discuter, à débattre et à développer leur esprit critique et leur discernement. Il est un outil, parmi d'autres, pour éveiller les consciences et essayer de trouver des solutions face à cette généralisation de l'indifférence. «Après moi, le déluge, j'essaie de profiter au maximum du système…, etc.» Il faut absolument sortir de ce mode de pensée par l'éducation. Se pose actuellement, de manière plus générale, le problème de la transmission des valeurs humanistes qui ne sont plus portées par des courants spirituels ou à travers l'idéal républicain, comme par le passé. Comment les transmettre ?

NICOLAS HULOT – Comme toi, je suis convaincu que l'éducation est la clé pour charpenter les nouveaux paramètres du XXIe siècle. Le moment éducatif, dont la première vertu est la transmission du savoir et de la connaissance, permet de disposer de l'attention des jeunes pendant des années. Il faut en profiter pour l'utiliser à transmettre les valeurs qui nous semblent importantes et à pérenniser le changement. L'éducation civique et morale à l'école devrait être renforcée par un travail philosophique sur notre perception du monde et la place que nous y occupons. Si nous ne travaillons pas sur les causes qui nous ont conduits à cette situation, je crains que nous ne changions pas d'état d'esprit. Concernant la jeunesse qui s'éveille, je modérerais un peu ton enthousiasme. Il y a un mouvement formidable et j'ose espérer qu'il va s'amplifier par compréhension, transmission et contagion. Mais il y a aussi une autre partie de la jeunesse qui a malheureusement basculé dans le monde virtuel et consumériste.

Sur le point des institutions, je voudrais rappeler que la réussite diplomatique de la COP 21, à laquelle j'ai participé avec tant d'autres, tenait du miracle. Obtenir un texte paraphé par autant d'États, en l'occurrence 195, plus l'Union européenne, ne s'était pas vu depuis la conférence de Yalta en 1945 ! J'étais conscient que la non-signature de cet accord signifiait perdre la bataille climatique, mais aussi qu'une fois signé, cette bataille ne serait pas gagnée pour autant. Je me souviens de ce moment, le 12 décembre 2015, au Bourget, où Laurent Fabius, président du Conseil constitutionnel, a annoncé l'adoption de cet accord en frappant la table d'un marteau en bois. Il y a eu un moment légitime d'exaltation. J'étais probablement le seul à être très réservé, tant je savais que l'aspect non contraignant de cet accord risquait de provoquer des effets pervers. Je craignais effectivement l'absence de points d'étapes, avec obligation de transparence et de contrôles effectués par des observateurs pour vérifier les trajectoires. Aussi, se fixer un objectif donne parfois le sentiment aux signataires de l'avoir atteint, ce qui interrompt les efforts à poursuivre. Malheureusement, l'avenir m'a donné raison, car non seulement il y a ceux qui se sont retirés de l'accord, comme les États-Unis en 2019, ceux qui, par la suite, ne l'ont pas ratifié, douze encore aujourd'hui, mais aussi ceux qui sont restés, sans pour autant poursuivre les trajectoires données, comme la Chine. À ce jour, seulement seize pays appliquent réellement l'accord de Paris. Ce qui nous fait perdre des années précieuses.

À cette même période, j'ai à plusieurs reprises accompagné le président de la République, François Hollande, au siège des Nations unies. Dans les couloirs, les escaliers et les ascenseurs, j'observais déambuler avec curiosité et candeur les délégations de tous les pays de la planète, en compagnie de leur chef d'État. Chacun est là et se déplace dans une sorte de bulle intellectuelle et psychologique qui est celle de son propre État. Ce qui donne le sentiment que les Nations unies sont une addition de nations, mais pas encore une institution universelle. Elles n'ont pas encore basculé dans l'universalisme, tant dans leur fonctionnement que dans l'état d'esprit de celles et ceux qui la composent. Chacun y vient avec souvent un souci de «moins-faisant» pour essayer de contribuer éventuellement à résoudre un conflit, mais surtout pour faire en sorte que son pays s'en sorte au mieux. L'égoïsme des États est parfois flagrant.

Je suis toujours surpris de constater que le texte de conclusion de grandes messes diplomatiques, d'une assemblée générale des Nations unies, d'une séance spéciale d'un G7 ou d'un G20, est la plupart du temps rédigé au moins partiellement à l'avance par les conseillers. Cela prouve bien la part théâtrale de toutes ces réunions. À la fin, chacun se félicite pour ce qu'il a fait, en restant focalisé sur ses propres intérêts, et il n'en ressort pas grand-chose, à part quelques phrases d'indignation. Les COP en sont la plus probante illustration. Elles sont très convenues et dans un excès de compromis. Pourquoi en faire tous les ans ? Pour dire que cela ne va pas assez vite, que les promesses ne sont toujours pas tenues... Je n'en vois pas l'intérêt, surtout qu'elles mobilisent beaucoup d'énergie et coûtent un argent fou ! Mieux vaudrait en faire moins, dans un format plus court, plus studieux, avec les seuls décisionnaires, pour créer réellement du lien entre les pays et les assortir d'une obligation de résultat, ce qui permettrait de sortir du théâtre des apparences.

Avant la conférence de Paris de 2015 sur les changements climatiques, alors que la COP n'avançait pas, j'avais dit à François Hollande : «Rappelle-toi quand Jimmy Carter, président des États-Unis, avait réuni le président égyptien Anouar el-Sadate et le Premier ministre israélien Menahem Begin, lors des accords de Camp David en 1978. Tu devrais suivre cet exemple et réunir à Versailles les douze chefs d'État qui comptent dans cet accord pour créer un lien en cassant les codes. » Quand je lui en parlais en privé, il trouvait l'idée bonne. Mais dès qu'il en référait à ses conseillers, elle devenait impensable. À cause d'un excès de conformisme, je trouve la diplomatie écologique cruellement molle. Elle est trop souvent une forme de camomille mielleuse pour dissimuler l'indigence. Et les fonctionnaires d'État finissent par s'y habituer. Quand Emmanuel Macron a accusé Jair Bolsonaro, président de la République fédérative du Brésil, d'avoir menti, je pense qu'il a eu raison. Pour moi, c'est ça, la vie : s'exprimer de manière directe, sans compromis, sur des sujets importants ! D'une manière générale, je souffre des réactions convenues dans une situation qui, elle, n'est pas convenable. Il manque indéniablement du lien et un objectif commun. Une universalité de destins ferait fondre nos singularités dans une détermination et une force supérieure.

F. L. – Comment faire pour que les Nations unies aient une force supérieure aux États sur cette question capitale pour l'humanité et la planète ? La catastrophe sanitaire du Covid-19 a montré, une fois de plus, que nous étions tous concernés…

N. H. – Au cours de sa présidence, Jacques Chirac avait anticipé la nécessité de créer une institution supranationale qui ait en charge la gestion de nos biens communs. Avec d'autres, j'en étais un fervent partisan. Cette institution doit s'imposer tôt ou tard tant cette notion de bien commun paraît évidente. Chacun comprend bien que si la forêt amazonienne disparaît et que les océans se vident, nous sommes face à un préjudice universel. Ainsi, les médicaments représentent un des biens communs de l'humanité, tant leur égalité d'accès est une condition indispensable à la jouissance du droit à la santé. Actuellement, cette idée de constituer un cadre institutionnel et juridique chemine discrètement avec la contribution et sous l'initiative de juristes, philosophes, sociologues et historiens pour étudier les différents scénarios possibles. La route risque d'être longue avant d'aboutir à une institution digne de ce nom. Alors, n'attendons pas d'être au bord du précipice pour se doter d'un tel outil !

Il n'est pas possible de sortir d'une situation hors normes avec des outils conventionnels. Nous pouvons remettre à plat les règles de la société que nous avons produite, ce ne sont pas des règles divines ! En temps de guerre, il faut savoir prendre des mesures de guerre pour opérer une mutation profonde nécessitant des investissements colossaux. Il est possible de repartir sur un « chapitre 2 », que j'appelle le nouveau monde. Comment dresser un horizon commun ? Comment définir collectivement l'absolu prioritaire ? Le Covid-19 nous a réunis de manière inédite dans une communauté de destins. L'OMS a tardé à parler de « pandémie », mais a très tôt alerté sur ses risques. C'est une organisation de consultation qui, par définition, n'a aucune autorité. Malgré ses failles, elle a quand même joué son rôle, mais a été très peu écoutée par les États pendant la crise sanitaire. Les gouvernements ont tardé à réagir et surtout ont peiné à se coordonner, notamment au niveau européen. Au sein du conseil scientifique même, les voix étaient discordantes, et la vérité d'un jour n'était pas celle du lendemain. Au moment même où le multilatéralisme est malmené dans nos institutions, nous sommes confrontés à des enjeux universels qui nécessitent des coordinations universelles.

Allons-nous être frappés d'amnésie collective après avoir traité les urgences ou un moment d'introspection va-t-il s'ouvrir face aux failles révélées par la crise du Covid-19 ? J'ai eu des échanges avec de hauts responsables qui ont fait aveu d'une prise de conscience. Les paroles d'Emmanuel Macron lors de son allocution de mars, « Sachons nous réinventer ! », ont ouvert un espoir. Il faut l'entendre comme un coup de semonce, un ultimatum. Même si ce n'est pas scientifiquement correct de l'exprimer ainsi, ce petit virus est venu nous rappeler à l'ordre, et nous devons en tirer des enseignements. Le seul moyen pour redonner l'espoir au monde serait de redéfinir enfin l'absolu prioritaire.

Faisons-le au moins au niveau européen à défaut de pouvoir le faire à l'échelle de la planète. Sans tomber dans l'autarcisme proposé par le Rassemblement national, je suis convaincu que cette crise peut nous donner l'occasion de réinventer un nouveau modèle économique qui passe par la réindustrialisation de l'Europe et la relocalisation de certains secteurs, de faire revenir toute une échelle de valeurs.

À côté de ce petit virus, il ne faut pas oublier les feux en Amazonie, en Australie… et tellement d'autres phénomènes inédits ! Actuellement, le président du Brésil Jair Bolsonaro est en train de mettre en coupe réglée l'Amazonie, qu'il livre en pâture aux forestiers, aux miniers, aux orpailleurs et aux cultivateurs de soja, bafouant les droits des peuples indigènes. Jamais l'Amazonie n'a été aussi rapidement détruite. La destruction de cette forêt, poumon vert de l'humanité, va amplifier le problème du réchauffement climatique en restituant massivement du CO_2 dans l'atmosphère. L'Europe devrait prendre une action diplomatique pour préserver ce bien commun. J'ai appelé le Quai d'Orsay afin d'alerter sur la situation, mais pour l'instant, la France envisage toujours la signature d'un accord avec le Mercosur. Elle vient également de ratifier un traité de libre-échange avec le Vietnam sans aucune considération écologique, d'en conclure un autre avec le Mexique, et en prévoit encore un autre avec les États-Unis qui sont, rappelons-le, sortis des accords de Paris. Nous ne nous engageons pas pour le bien commun.

F. L. – La proposition d'introduire la préservation de l'environnement dans l'article premier de notre Constitution proposée par la Convention citoyenne sur le climat – proposition qui pourrait être soumise à référendum, comme l'a confirmé le président de la République – serait un pas important. Ne faudrait-il pas aussi enrichir la Déclaration universelle des droits de l'Homme en y ajoutant le droit à vivre dans un environnement préservé ?

N. H. – La démarche de Laurent Fabius que j'avais soutenue, à travers le Pacte mondial pour l'environnement, allait justement dans ce sens. Il avait créé un groupe de travail constitué d'experts pour ajuster le droit international aux enjeux d'aujourd'hui et consacrer une nouvelle génération de droits fondamentaux liés à la nature, à la biodiversité et aux générations futures. Son objectif était de réunir, sous une même ombrelle, un grand nombre de textes, de déclarations ou de traités existants, de leur donner un poids et une force juridique internationaux, afin d'aboutir à un texte universel juridiquement contraignant. De son côté, le travail de Corinne Lepage, ancienne ministre de l'Environnement, consistait à enrichir les droits de l'Homme en y adossant des devoirs ; salutaire exercice ! Pour l'heure, ces deux initiatives n'ont pas débouché, la première s'étant enlisée dans les méandres du conservatisme onusien. Je pense qu'il ne faut pas changer les droits de l'Homme, mais les réactualiser avec les questions environnementales. Ce texte a été écrit à une époque où l'être humain se croyait au centre de tout, alors qu'il fait pleinement partie de son environnement.

F. L. – Il pourrait inclure les droits du vivant, dont ceux des animaux, qui font l'objet d'une question juridique très complexe. Peut-on donner à un animal le même statut juridique qu'une personne humaine ? En 2015, je me suis battu pour faire évoluer le statut juridique de l'animal dans le code civil en France. La fondation 30 millions d'amis avait récolté pas moins de 800 000 signatures de personnes désirant faire changer ce code civil qui désignait les animaux comme des objets. Comme seules deux catégories existaient – les personnes et les objets –, il était nécessaire de créer une catégorie intermédiaire : les êtres dotés de sensibilité. Ce qui bloquait complètement au niveau politique. En lien avec la fondation 30 millions d'amis, j'ai lancé une pétition signée par 25 intellectuels renommés, dont Boris Cyrulnik, Edgar Morin, Luc Ferry, Michel Onfray, Élisabeth de Fontenay, Alain Finkielkraut, etc. En l'espace de quelques semaines, les politiques se sont emparés de l'affaire et ont finalement changé le code civil, reconnaissant désormais les animaux comme des êtres doués de sensibilité, ce qui implique un certain nombre de devoirs envers eux. Aujourd'hui, il faut aller encore plus loin pour que ce nouveau statut juridique ne reste pas qu'un principe et soit suivi d'effets dans l'application du droit français et, pourquoi pas, international.

La difficulté pour définir le statut juridique de l'animal vient essentiellement de la distinction entre trois catégories : les animaux d'élevage, les animaux de compagnie et les animaux sauvages. Peut-on leur donner les mêmes droits ? Il est très difficile de trancher sur cette question complexe, d'autant plus que dès lors que l'on souhaite donner des droits aux animaux d'élevage, le lobby des éleveurs se dresse contre, et lorsqu'il s'agit de donner des droits aux animaux sauvages, c'est le lobby des chasseurs qui s'y oppose. Il est pourtant temps, je pense, de passer d'un humanisme anthropocentrique, coupé de la nature, à un humanisme relié aux autres espèces vivantes, imposant le respect de celles-ci.

N. H. – Cela me fait penser au roman *Les Animaux dénaturés* de Vercors, écrit au début du XXe siècle et publié en 1952. À travers la condamnation par un tribunal d'une espèce de singe, le narrateur cherche à donner un statut à l'animal. L'humanité se grandirait à acter que les animaux sont doués de raison, que l'instinct n'est pas qu'une forme primitive et archaïque de l'intelligence (bien au contraire), que la conscience n'est pas l'apanage de l'Homme, et surtout que la souffrance physique et psychologique existe chez la plupart des êtres vivants. Voilà qui serait un grand pas de civilisation et de réconciliation entre l'Homme et l'animal !

F. L. – Pour faire face à cet enjeu crucial de la préservation de l'environnement et du respect du vivant, je ne vois pas d'autre alternative que la création d'une institution mondiale, mise en place par les Nations unies, qui rédigerait une Constitution universelle dans laquelle seraient inscrits, entre autres, le respect des droits humains fondamentaux et de ceux des animaux, la préservation de l'environnement et de la biodiversité. Parallèlement, il serait nécessaire qu'une sorte de police, pouvant imposer des sanctions très lourdes aux États, aux sociétés et aux individus, puisse vérifier que le droit est bien appliqué.

N. H. – Une fois bien définis son périmètre d'action, son contenu et son mode de fonctionnement, il faudrait que cette institution ait un pouvoir politique avec les moyens d'exercer et de contrôler. Les Nations unies pourraient-elles prendre en charge cette mission ? Ou faut-il créer une autre organisation internationale ? En tout cas, confier la gestion des biens communs à une institution où seuls cinq pays, comme c'est le cas aujourd'hui avec le Conseil de sécurité, décident souvent pour le reste du monde, serait inconcevable. Nos démocraties, comme nos institutions, sont prises de court, car elles ne sont pas adaptées aux enjeux universels, à l'adéquation entre le court terme et le long terme et à cette notion de bien commun. Tout cela est très nouveau et devrait mobiliser d'urgence les plus grands esprits pour définir et proposer une nouvelle architecture de gouvernance. Notons quand même que nous nous sommes déjà dotés d'institutions pour prendre en charge des enjeux universels. Je pense aux agences onusiennes, à l'OMS, l'Unicef (Fonds des Nations unies pour l'enfance), le PNUD (Programme des Nations unies pour le développement), le PAM (Programme alimentaire mondial)… Mais que valent l'influence, à défaut de pouvoir, de ces organisations au regard du FMI ou de l'OMC ? L'économie demeure la reine du monde.

F. L. – La difficulté actuelle vient aussi du fait que les trois plus grandes nations du monde – les États-Unis, la Chine et la Russie – n'ont aucune envie de s'imposer des contraintes. Elles veulent rester maîtresses de leur destin. Il n'est actuellement pas envisageable que ces trois nations entrent dans une instance mondiale, où elles abdiqueraient leur souveraineté sur les sujets de l'écologie ou de la santé. En revanche, il serait possible d'envisager que l'Union européenne soit unie autour de ces questions-là et montre l'exemple, en renonçant à certains de ses intérêts pour favoriser le bien commun de l'humanité et de la planète. Devenue un modèle de vertu, peut-être pourrait-elle entraîner les autres pays !

N. H. – Je suis d'accord avec toi, l'Union européenne est l'espace providentiel pour faire jaillir un nouveau modèle à la fois économique, sociétal et écologique. Elle devrait être le navire amiral d'un nouveau monde drainant dans son sillage les flottes de tous les pays. Elle pourrait être la matrice d'un système enfin solidaire. Notre espace européen aurait tout intérêt à se développer dans ce sens, ne serait-ce que d'un point de vue économique. Un exemple : anticiper sur les technologies des panneaux solaires et des batteries lui aurait permis d'éviter les affres de se retrouver aujourd'hui pieds et poings liés à la Chine. En tant que proeuropéen, tous mes espoirs convergent vers l'Europe, mais je la vois actuellement se diviser, diminuer. Il existe trois, quatre, cinq... dix visions européennes ! C'est une des raisons de mon inquiétude. Son prochain banc d'essai, en matière de cohérence et de volonté écologiques, et test grandeur nature est la réforme de la PAC. Aurons-nous un prisme purement budgétaire ou une vision prioritairement sociale, sanitaire, environnementale ? La taxe sur les transactions financières dans l'Union européenne (UE TTF), sur le modèle de la taxe Tobin, pourrait également changer la donne. Sa mise en place cheminait timidement entre 2015 et 2016, à travers l'engagement de onze puis dix États, mais malheureusement, les désaccords entre les pays membres ne l'ont pas permise. La France s'est retirée, au prétexte, selon Emmanuel Macron, de bien vouloir la mettre en place, mais seulement à vingt-huit pour ne pénaliser personne. C'est remettre aux calendes grecques ce vieux serpent de mer qui pourtant changerait radicalement la donne dans les moyens consacrés à l'aide au développement et à la transition écologique.

L'Union européenne est paralysée par sa règle de l'unanimité. Il est capital, selon moi, qu'elle puisse s'en affranchir dans les domaines écologique, social et fiscal, sans quoi elle risque de s'enliser. Certains sujets nécessitent de se réunir à vingt-huit, mais pour que l'Union européenne puisse évoluer, il est indispensable de lui donner un peu de souplesse. Des cas particuliers devraient pouvoir permettre aux États de transgresser les règles et prendre unilatéralement d'autres options. L'Europe est trop rigide, sauf quand elle se sent menacée dans ses institutions financières. En 2008, comme je l'ai déjà évoqué, elle n'a eu aucun état d'âme à faire tourner la planche à billets, pour injecter des milliards d'euros dans l'économie, dont la majeure partie a servi à la spéculation ! En dépit de ses incohérences, je conserve une très haute ambition, vision, exigence et volonté d'unité pour l'Union européenne.

F. L. – On ne peut pas reprocher à Emmanuel Macron de ne pas avoir de suite dans les idées, puisqu'une des rares mesures proposées par la Convention citoyenne sur le climat qu'il a récusée d'emblée, était justement de taxer à hauteur de 4 % les transactions financières pour financer la transition écologique. Cette idée, pourtant simple et généreuse, fait peur aux adeptes de l'ultralibéralisme qui y voient un interventionnisme trop fort des États et préfèrent laisser libre cours à la spéculation financière. Mais pour en revenir à l'Europe, si nous parvenions à promouvoir l'idée qu'elle devienne un modèle sur le plan du respect des droits de l'Homme, de l'environnement et du bien-être animal, je suis persuadé que la conscience citoyenne européenne se remobiliserait et recréerait un désir d'Europe. Nous aurions le sentiment de faire partie d'un espace commun en partageant et en appliquant les mêmes valeurs fondamentales.

N. H. – Oui, et comme le dit joliment Michel Barnier, ancien ministre proeuropéen et négociateur en chef du Brexit : « Il ne faut pas avoir l'Europe honteuse. » Malheureusement, nous avons généré une Europe de compétition par rapport aux autres espaces géopolitiques et économiques. Or je ne crois pas que c'est ce que souhaitent les citoyens. Ils attendent avant tout une Europe construite sur des valeurs et des principes de coopération et de solidarité ! Je rêverais que l'Union européenne passe un pacte avec l'Afrique, car je suis persuadé que nous gagnerons ou que nous coulerons avec elle. Nous avons besoin d'elle et elle a besoin de nous. Nous avons tout intérêt qu'elle réussisse. N'oublions pas que l'Afrique n'est pas si loin, historiquement, géographiquement… On la voit de Gibraltar. Aussi, il y a dans la plupart des pays de l'Union européenne des initiatives qui peuvent nous enrichir, comme, par exemple, le fonctionnement de la démocratie dans les pays scandinaves. L'Union européenne ne serait pas un laboratoire, mais un espace providentiel pour oser de nouvelles expérimentations et mutualiser ses forces. D'ailleurs, faire le constat que l'Europe n'a toujours pas mutualisé ses armées en 2019 est aberrant !

F. L. – En effet, il est aberrant qu'elle n'ait pas une armée, une force humanitaire d'intervention, une diplomatie et une politique fiscale communes !

N. H. – Pour conserver la liberté des peuples, mieux vaut favoriser leur autonomie que leur dépendance. Par exemple, les Africains ont besoin de gagner une autonomie énergétique, sanitaire et alimentaire. Les Européens peuvent les y aider en leur apportant un savoir, des moyens et peut-être même des investissements pour y parvenir. On peut imaginer mettre en *open source* un certain nombre de brevets. De cette manière uniquement pourra se développer un mondialisme de coopération. Ce qui n'empêche pas la communauté internationale de pourvoir ponctuellement à des besoins, mais elle doit veiller à ne pas créer de dépendance. Rendre les peuples dépendants les met dans une forme de vulnérabilité et d'indignité qui peut s'apparenter à du postcolonialisme. La mondialisation de l'économie crée une compétition sans limites, dans laquelle il y a forcément des gagnants et des perdants : le succès des uns fait la détresse des autres. Au contraire, si cette mondialisation avait comme vertu de partager, de mutualiser, d'échanger et non de prendre, elle deviendrait un mondialisme humaniste. Il faut mondialiser ce qui est coopératif et démondialiser ce qui est toxique. J'ai parfois l'impression que cette globalisation nous a plus permis d'échanger nos vices que nos vertus.

F. L. – Il existe un paradoxe entre le besoin de lien et le besoin d'autonomie. D'ailleurs, la vie n'est faite que de tensions et de paradoxes. Il y a toujours cette tension chez l'être humain : il revendique une autonomie et a le désir de décider par lui-même, mais il ne peut vivre sans relations, sans lien.

L'histoire nous montre que l'équilibre entre bonheur (ou bien) individuel et bonheur (ou bien) collectif est très difficile à trouver. La solution idéale reste à inventer. La culture traditionnelle, qui privilégie le groupe sur l'individu a très largement dominé l'histoire de l'humanité. Dans les sociétés antiques, mais aussi actuellement dans les civilisations hindoues, musulmanes et chinoises, les intérêts de l'individu sont sacrifiés au profit de ceux du groupe pour des raisons religieuses et culturelles. Le groupe est tellement puissant qu'il est difficile pour l'individu de s'éloigner de la norme. Celui qui diffère de la majorité par ses mœurs, ses opinions ou son mode de vie se retrouve mis à l'écart. À partir du XVIIe siècle, l'histoire de l'Occident moderne rend compte de l'émancipation de l'individu par rapport au groupe. Cette libération a permis l'autonomie du sujet, qui s'est accentuée au XVIIIe siècle. Le sujet, devenu autonome, acquiert une liberté de conscience et d'expression, mais aussi de choix de vie (métier, sexualité, etc.). Marcel Gauchet parle de « renversement copernicien » de la conscience humaine dans le rapport individu/groupe. Pour la première fois dans l'histoire de l'humanité, ce n'est plus la tradition qui norme l'individu, mais c'est lui qui choisit, dans la tradition, ce qui l'intéresse, et qui rejette ce qui ne l'intéresse pas.

À partir des années 1990, en Occident, les excès engendrés par l'avènement de l'individualisme moderne se font ressentir. Les individus sont de plus en plus isolés et de moins en moins reliés. Ils sont aussi de plus en plus déprimés et mal dans leur peau. Il n'y a plus de sens commun ou de valeurs partagées assez fortes. Sans imaginer revenir aux sociétés traditionnelles, car personne n'a envie de perdre ses libertés individuelles au profit d'un idéal collectif, il serait nécessaire de retrouver, par le biais de notre conscience individuelle, un nouveau lien avec le collectif. Ce qui ne peut se faire par la contrainte, mais uniquement par l'intelligence et la raison. Il s'agit de créer du « vivre ensemble » parce que l'être humain en sent la nécessité.

D'une certaine manière, les réseaux sociaux reflètent bien ce besoin de se retrouver et de s'agréger à d'autres. Ils permettent de relier les utilisateurs de manière affinitaire et ont l'avantage de rassembler des individus isolés. On vient de voir combien ils ont permis de nous relier pendant le confinement. Ils permettent aussi de rassembler autour de causes communes. Par exemple, la pétition « L'Affaire du siècle » contre l'État français accusé d'inaction climatique, lancée entre autres par ta fondation en 2018, est devenue la plus populaire de l'histoire de France, avec deux millions de signataires. On observe également des individus qui se rassemblent autour d'activités dans les milieux associatifs et créent des terres de troc ou des écovillages. Aussi, les réunions de quartier ou la Fête des voisins contribuent à mieux vivre ensemble. On voit fleurir partout des tentatives qui montrent bien ce besoin de recréer un réseau humain de solidarité et de lien, tant au niveau local que transnational.

Nous sommes entrés dans « le temps de l'individu-monde », comme le dit le sociologue Jean Viard. Tout part désormais de l'individu, directement relié au monde, alors qu'auparavant plusieurs communautés intermédiaires l'en séparaient. Ce qui met fortement en valeur la responsabilité individuelle. L'individu peut être un acteur de changement au niveau mondial. Comme le disait Gandhi : « Soyez le changement que vous voulez voir dans le monde. » Ce qui est à la fois une mauvaise et une bonne nouvelle. La mauvaise, c'est qu'il faut convaincre des milliards d'individus de changer. La bonne, c'est que nous pouvons tous le faire !

N. H. – Oui, dès lors que chacun ne s'exonère pas de ses responsabilités en se cachant derrière je ne sais quelle icône. Je crois de moins en moins à l'homme ou à la femme providentiels. Notre époque consomme et jette, dans la foulée, ses héros. Vénérés un jour, conspués le lendemain ! L'avenir sera pluriel et collectif. Une seule personnalité, si elle n'est pas accompagnée, portée, nourrie par une lame de fond, échouera à vouloir « tordre le bras » du destin. L'histoire produit peu d'hommes tels que Mandela, mais davantage de dictateurs. D'autant plus que dans les périodes de désarroi et d'angoisse l'esprit humain est vulnérable, et peut être tenté de saisir toutes sortes de bouées de secours, même les plus « pourries ». Seule l'unité de la nation et des peuples nous permettra de franchir ce siècle par le haut.

F. L. – Connexes à la notion de bien individuel et de bien commun, j'aimerais évoquer celle du bonheur individuel et collectif. La différence entre les deux est que la notion de bien implique la justice, alors que la notion de bonheur implique davantage l'épanouissement. Je ne crois pas qu'il faille les opposer, car les deux se conditionnent mutuellement. Ce n'est pas pour rien que la Constitution des États-Unis, établie sur la Déclaration d'indépendance de 1776, est fondée sur le droit inaliénable des individus à la vie, à la liberté et à la recherche de bonheur. L'État ne doit pas s'opposer au bonheur des individus et doit même le favoriser. L'ONU a défini cinq critères qui favorisent le bonheur individuel au sein d'une collectivité.

1. Le critère environnemental : il est préférable de

vivre dans un environnement non pollué, entouré de nature et de beaux paysages.

2. Le critère sanitaire : l'accès aux soins permet de rester en bonne santé.

3. Le critère économique : un certain degré de développement économique favorise l'épanouissement individuel.

4. Le critère politique : mieux vaut vivre dans une démocratie que sous une dictature.

5. Le critère de l'éducation : l'accès au savoir permet un meilleur développement de soi.

D'une manière générale, il est préférable de vivre dans un pays qui réunit ces cinq critères. Le contexte global dans lequel les individus évoluent conditionne leur bonheur individuel, même s'ils ne sont pas suffisants et que d'autres critères plus intimes sont tout aussi essentiels, voire davantage (l'amour, le travail, la sensibilité de chacun...). Mais l'inverse est aussi vrai : plus il y a d'individus heureux, plus le collectif est heureux. Et il ne faut pas se culpabiliser à l'idée d'être heureux dans un monde qui peut être perçu, globalement, comme malheureux.

Je me souviens d'une conférence sur le thème du bonheur, auquel je participais dans la très belle ville de Fès, au Maroc, avec l'homme politique et conseiller du roi, André Azoulay, un humaniste que j'admire profondément. Alors que j'expliquais comment faire pour que les individus s'épanouissent au mieux en leur donnant des éléments de discernement, il m'a contredit : « Mais, monsieur, moi, je ne peux pas être heureux dans un monde malheureux ! » Après avoir réfléchi, je lui ai répondu : « J'entends très bien ce que vous dites, mais je ne suis pas du tout d'accord avec vous. Au contraire, je pense que c'est un devoir d'être heureux dans un monde malheureux. Qu'est-ce que votre malheur pourrait ajouter au malheur des autres ? » Avant de conclure : « Au contraire, si vous êtes heureux et amoureux de la vie, vous soutiendrez davantage les autres. » Le bonheur est contagieux, tout comme la joie. C'est une idée qui a été énoncée par de grands esprits, à l'exemple du philosophe des Lumières, Diderot : « Il n'y a qu'un devoir, c'est d'être heureux. Puisque ma pente naturelle, invincible, inaliénable est d'être heureux, c'est la source unique de mes vrais devoirs, et la seule base de toute bonne législation. » Alain écrivait quant à lui : « Il est bien vrai que nous devons penser au bonheur d'autrui, mais on ne dit pas assez que ce que nous pouvons faire de mieux pour ceux qui nous aiment, c'est encore d'être heureux. » Si je considère ma vie, je m'aperçois que plus j'ai appris à être heureux, serein, joyeux, plus je me suis engagé dans la société pour être utile aux autres, alors qu'auparavant j'étais davantage centré sur moi pour essayer de résoudre mes problèmes.

N. H. – Dans l'un des premiers livres que j'ai écrits, *États d'âme*, en 1990, j'avais mis une phrase en exergue qui prêtait à discussion : « Le bonheur est un état d'inconscience. » Que voulais-je dire par là ?

De l'intérêt individuel au bien commun 253

Si nous regardons le monde tel qu'il est, avec toute notre sensibilité et notre empathie, il est difficile d'être heureux, même si nous avons le droit de l'être. À la question «Êtes-vous heureux ?», je réponds souvent «Entre les gouttes», parce que je suis obligé de faire, par moments, ce que j'appelle «le tri des larmes» pour me protéger. Comme un médecin, je me dois de trouver la bonne distance dans le combat que je mène. Les quelques moments où je suis entré dans une forme de désespoir, je n'étais plus convaincant, accessible et contagieux dans mon engagement. Pour me protéger des affres d'autrui, je suis obligé parfois d'occulter une partie de la réalité et de m'isoler «dans ma bulle» par différents moyens : faire un *run* de kitesurf, lire un bon bouquin, m'enivrer de nature, jouer avec mes enfants, embrasser ma femme, rire de rien et de tout avec des amis, etc. La tentation de se murer et de s'endurcir existe. Mais je refuse d'y céder, car dresser cette cloison entre moi et les autres me priverait de la musique du monde par l'indolence qu'elle provoquerait. Je tiens à ne pas être détaché de la réalité et à garder mon empathie.

La sensibilité n'a pas de filtre, elle ouvre aux grandes joies comme aux grandes douleurs. Même géographiquement éloigné, le malheur des autres me touche, surtout quand il est assorti d'une forme d'injustice. Et avoir conscience qu'il était possible de l'éviter me rend dingue ! Le fatalisme m'insupporte. D'ailleurs, j'ai toujours considéré que le fatalisme des uns générait le fanatisme des autres. Aussi, je suis mal à l'aise quand nous nous accommodons des amnésies sélectives de l'histoire, quand on occulte le passé colonial ou qu'on minimise ses affres, ou encore quand on ignore la dette écologique que l'on doit à l'Afrique et sa contribution en ressources humaines et naturelles à notre propre émancipation. Cette vérité provoque toujours une petite gêne sur mon propre bonheur.

Il est singulier de constater que nos indicateurs de réussite gomment tout ce qui donne du plaisir et tout ce qui fait que la vie vaut la peine d'être vécue. Le fameux PIB (produit intérieur brut) est un indicateur économique brut et froid, ignorant l'avenir et basé sur des critères qui n'ont rien à voir avec le bien-être des citoyens. Notons, par exemple, qu'une catastrophe naturelle est bonne pour le PIB, ce qui est paradoxal. Pour faire un saut de civilisation, nous aurions besoin d'autres critères internationaux que purement économiques. Au Bhoutan, le BNB (bonheur national brut) est inscrit dans la Constitution depuis 2008. Cet indicateur est utilisé pour mesurer le bonheur et le bien-être de la population du pays. Du temps de la présidence de Nicolas Sarkozy, avant que son sursaut écologique retombe, a été mise en place une commission pilotée par l'économiste américain Joseph E. Stiglitz. Elle visait à définir de nouveaux indicateurs de richesse en se libérant d'une approche trop quantitative de la mesure de nos performances collectives et en y introduisant des critères plus qualitatifs, notamment le bien-être social ou l'état de notre environnement. Cette réflexion, comme d'autres allant dans le même sens, est restée lettre morte au niveau national, ce qui est le sort réservé, en général, aux travaux des commissions. « Si vous voulez enterrer un problème, nommez une commission », disait Georges Clemenceau. Sur le modèle du Bhoutan, et sans doute inspiré quand même des travaux de cette commission, l'OCDE a créé le BIB (bonheur intérieur brut) en 2011, basé sur onze critères (revenu, emploi, santé, environnement, sentiment de satisfaction personnelle, etc.). Mais force est de constater que cet indicateur n'est que très peu pris en compte.

F. L. – De nombreuses enquêtes sociologiques menées à travers le monde montrent d'ailleurs que le premier critère du bonheur pour les êtres humains, où qu'ils vivent, c'est l'amour, la qualité des relations affectives qu'ils nouent avec leurs proches, mais également la qualité des liens sociaux et du vivre-ensemble. Pour revenir sur cette question du bonheur, dire que « c'est un devoir d'être heureux » était une petite provocation de ma part face à ceux qui pensent qu'on n'a pas le droit d'être heureux dans un monde où le malheur est trop présent. En fait, si l'interdiction morale du bonheur me semble absurde, l'injonction au bonheur me semble aussi être un non-sens. Il s'agit de le proposer et d'en offrir les conditions, non pas de le rendre obligatoire. Rien n'est pire que d'imposer le bonheur. Tout d'abord, parce que, comme tu viens de le rappeler, le bonheur reste très fragile et subjectif. L'être humain n'est jamais totalement et définitivement heureux. J'aime ton expression « entre les gouttes », car il y a des souffrances dont nous ne pourrons jamais être épargnés. Au cœur du drame, le bonheur nous échappe jusqu'à ce que notre amour pour la vie reprenne le dessus et nous permette de retrouver notre sérénité ou notre joie de vivre. Ensuite, parce que nous vivons dans une société où l'injonction au bonheur est très présente et pose un double problème que je voudrais dénoncer. Elle est déjà difficile à vivre en soi par son caractère quasi obligatoire, mais elle nous oriente aussi vers des objets extérieurs, puisqu'elle est essentiellement liée à la performance, à la réussite sociale, à l'argent, à la possession, au paraître, etc. Ce qui nous écrase encore davantage lorsqu'on ne parvient pas à obtenir tout cela. Pourtant, nous savons aujourd'hui que ce n'est pas la performance qui va nous rendre plus heureux. Au contraire, nous avons besoin de communion et d'altruisme, d'être en lien avec les autres, d'accepter nos fragilités…

N. H. – Je mets en parallèle cette double confusion à propos du bonheur que tu dénonces, avec celle du progrès. Qu'est-ce qui est réellement un progrès et ne l'est pas, à la lumière des performances technologiques ? Qu'est-ce qui est un bonheur et une illusion du bonheur ? Le plaisir n'est-il pas l'ombre du bonheur ? Parfois, je me demande quel mot pourrait le mieux signifier et labelliser le bonheur. Peut-être l'harmonie…

F. L. – Ça peut être en effet une bonne définition du bonheur : être en harmonie avec soi-même, avec les autres et avec le monde.

N. H. – C'est vers cette harmonie qu'il faut tendre. Le bonheur n'est pas proportionnel à l'accumulation de biens ou de reconnaissance, mais à la profondeur des liens construits ensemble.

F. L. – Un historien, Alain Ehrenberg, dans son livre *La Fatigue d'être soi*, a étudié les maladies mentales et psychologiques à travers l'évolution de la société moderne. Il décrit trois grandes phases. Au XIXe siècle se développe la première grande maladie mentale moderne, l'hystérie. La seconde, apparue vers la fin du XIXe siècle, est la névrose, déclenchée par le conflit entre nos pulsions et les interdits de la société, autrement dit entre le ça et le surmoi. Au XXIe siècle, apparaît la troisième grande maladie psychologique, la dépression. Alors que les interdits sont tombés les uns après les autres, le surmoi a changé, avec l'obligation pour l'être humain de s'accomplir. Celui-ci est soumis par la société à la pression de réussir sa vie personnelle et professionnelle, tâche épuisante, si ce n'est déprimante en cas d'échec. La dépression surgit comme l'un des symptômes majeurs de notre temps, à cause de cette injonction sociale à la réussite et à la performance (dans tous les domaines) et à l'incapacité de l'individu à y répondre. Je trouve cette analyse d'Alain Ehrenberg très pertinente.

Mais je crois qu'il est essentiel de distinguer aussi un bonheur purement égoïste d'un bonheur lié à l'altruisme. Le bonheur est une aspiration individuelle et collective qui peut parfois être très égoïste. Or, un bonheur qui ne tient absolument pas compte des autres et qui est focalisé sur un plaisir personnel n'est pas très profond. Le bonheur le plus profond est lié à l'altruisme, au fait que l'on donne et que l'on partage avec les autres, au contraire d'un bonheur égoïste. L'idée de s'engager dans une démarche de développement personnel, de pratiquer la méditation, de suivre des thérapies... est en soi merveilleuse. Elle peut nous libérer d'un mal-être et de nombreuses culpabilités. Mais le risque, et je l'ai constaté souvent, est de rester replié sur soi, de passer des heures à méditer sans jamais s'engager à changer le monde autour de soi, ou à être en vraie relation avec autrui. Dès que ce dernier gêne mon confort, je préfère m'en éloigner. Chögyam Trungpa Rinpoché, le premier lama tibétain à venir en Occident, avait pointé ce fait, lors d'une retraite qu'il avait donnée à Boulder, dans le Colorado, en 1972, dans laquelle il dénonçait ce qu'il appelait «le matérialisme spirituel». Il y disait en substance : «Au fond, vous, les Occidentaux, vous êtes des consommateurs de tout. Vous consommez la spiritualité comme vous consommez les biens matériels. » Le grand danger qui guette le développement personnel et la quête spirituelle en Occident au XXIe siècle est de les transformer en biens de consommation. Au lieu d'aider à lâcher l'ego, ils peuvent être utilisés pour le renforcer en multipliant les méditations, les initiations ou autres stages de yoga et de chamanisme. La spiritualité est là pour nous dépouiller et nous transformer, et non pour renforcer notre ego et notre culte de la performance.

N. H. – Ce point de vue est nouveau et pertinent. J'en observe également les effets. Est-ce que cette gourmandise pour les stages de développement personnel rapproche ou éloigne ? Est-ce que cela isole ou connecte ? Dans l'existence, il y a pour moi deux étapes clés : l'étape fœtale où l'être humain est tourné vers son nombril, qui est nécessaire, mais dans laquelle il ne faut pas rester ; et l'étape vitale où l'être humain, connaissant suffisamment ses forces et ses faiblesses, se redresse pour partager avec les autres. Il faut veiller à ne pas entrer dans une troisième étape qui impliquerait de nouveau le repli sur soi. Car il me semble que, paradoxalement, ce que nous partageons avec autrui est ce qu'il nous restera à la fin de notre vie.

Je reviens sur ta distinction entre le bonheur altruiste et le bonheur égoïste. L'idée que l'on se fait du bonheur est parfois de partir vivre sur une île, en compagnie des personnes que l'on aime. Est-ce un bonheur égoïste ou un bonheur altruiste ? Peut-être même que le bonheur ne sera pas au rendez-vous, car il est probable que l'on reproduira, à petite échelle, sur cette île, les turpitudes et les vicissitudes des relations humaines rencontrées dans la société...

F. L. – Tant que l'être humain entretiendra ses problèmes relationnels, il est en effet probable qu'il recréera les mêmes divisions sur une île, en petit comité. Aussi, tant qu'il n'aura pas dépassé à l'intérieur de lui-même sa violence et son besoin de domination, il les reproduira. En tant que disciple de Socrate, je crois que la quête de «la vie bonne» est plus importante que celle d'une vie heureuse qui pourrait nous couper des autres. «La vie bonne», c'est le bonheur plus la justice. L'individu doit s'épanouir dans la justice et pas contre les autres, ou au détriment des autres. Cette idée résume bien, me semble-t-il, tout ce que nous essayons de transmettre à travers ce livre. Lors d'un atelier philo que j'ai animé quinze jours après les attentats du Bataclan, avec des enfants parisiens d'une classe de CM1, j'ai été bouleversé par leurs réactions. Je leur ai posé cette question : «C'est quoi, réussir sa vie ?» Le bonheur leur semblait être un bon critère d'une vie réussie, jusqu'à ce qu'un enfant dise : «Je ne suis pas d'accord avec vous, parce que les terroristes qui ont tué des gens sont heureux de l'avoir fait, à cause de leurs croyances. Je ne peux pas dire qu'ils ont réussi leur vie... Pour moi, réussir sa vie, c'est être heureux, mais sans avoir fait de mal aux autres, en les ayant respectés. » Il a convaincu toute la classe et suscité la réaction d'autres enfants : « C'est vrai que les riches qui ne partagent pas leur richesse, ils sont peut-être heureux, mais ils ont raté leur vie », etc. Je me suis alors tourné vers ce petit garçon qui a introduit cette notion de « vie bonne » : « Tu vois, il y a un penseur qui a vécu il y a 2 500 ans, du nom de Socrate, qui a dit la même chose que toi. » Ce à quoi il m'a répondu : « Je suis heureux de savoir que Socrate pense comme moi ! » *(Rires)* Ce trait d'humour inconscient montre bien que la raison est universelle. On peut tous découvrir cette notion de « vie bonne », plus désirable que la vie heureuse, parce qu'elle inclut l'humanité tout entière. Et aujourd'hui, il conviendrait d'étendre la notion de « vie bonne » au respect de la nature et de tous les êtres sensibles.

Chapitre 6

Mirage du virtuel, éloge du réel

> « *Dieu seul sait ce que nous sommes en train de faire avec le cerveau de nos enfants.* »
>
> Sean PARKER
> (ancien cadre dirigeant de Facebook)

NICOLAS HULOT – Nous sommes les acteurs et les témoins d'une nouvelle révolution technologique – celle du numérique – qui bouleverse nos modes de vie, et peut-être de pensée, et il me semble nécessaire d'en parler, même s'il est sans doute trop tôt pour faire le bilan. Seul l'avenir nous dira si nous en sommes les bénéficiaires ou les victimes. L'*Homo numericus* que nous sommes en train de devenir est-il plus humain qu'hier ? Sommes-nous plus libres ou plus enchaînés d'avoir des prothèses technologiques, comme le portable ou l'ordinateur ? Internet relie-t-il ou éloigne-t-il ? En tout cas, force est de constater que les Hommes portent plus leurs vices que leurs vertus. Au vu du nombre de connexions pour consulter les sites pornographiques, on ne peut qu'en être convaincu. Chaque année, 136 milliards de vidéos pornographiques sont visionnées par l'humanité, pour une moyenne de 348 vidéos par utilisateur de smartphone, au point qu'à chaque seconde où vous lisez ces lignes 28 000 personnes sont en train de regarder une vidéo pornographique [1].

Sur Internet, il existe des exemples probants de mobilisation et de cohésion autour d'un enjeu ou d'une cause, tout comme de distribution de l'information et de la connaissance en libre accès, mais encore faut-il que celles-ci soient réelles et fondées. Lors de la crise sanitaire en France et dans le monde, nous avons vu émerger quantité d'informations qui unissent parfois ou divisent, comme les *fake news* qui peuvent être le fruit de groupes complotistes.

Je suis partagé entre un rejet systématique du monde numérique et virtuel et un enthousiasme total. Je reste pour l'instant très prudent sur les vertus d'Internet, y compris dans le domaine des pétitions que tu as cité. Quand nous avons lancé avec ma fondation et plusieurs ONG «L'Affaire du siècle», au-delà des 2 millions et quelques clics effectués par les signataires, que sont-ils prêts à faire concrètement ? Pour l'instant, la mondialisation doublée de cette brutale connexion par Internet ne nous a pas véritablement reliés, en tout cas pas au niveau des États. Ce qui ne doit pas en occulter les effets vertueux pour des personnes très isolées socialement et géographiquement. Elles peuvent y trouver des réseaux d'échanges et l'accès à des informations dont elles étaient privées jusqu'alors. Aussi, je ne fustige pas les sites de rencontres sur Internet, même si je ne trouve pas ces nouveaux usages très naturels. S'ils permettent de vaincre la solitude et de donner plus de chances de rencontrer l'âme sœur, grand bien leur fasse ! Pendant le confinement, il est manifeste que les réseaux sociaux ont également atténué la solitude et l'épreuve. Les familles ou amis, parfois isolés, ont pu rester reliés grâce à Internet.

Le plus souvent, les réseaux sociaux rapprochent des personnes qui sont loin, mais, malheureusement, éloignent des personnes qui sont proches. C'est leur plus grand paradoxe. On peut avoir 3 000 amis sur Facebook, mais on n'en connaîtra « pour de vrai » jamais plus de 150, rapporte Sébastien Bohler. Aussi, Internet crée-t-il une forme d'excès par la profusion des liaisons ou des connexions qu'il propose. Il est difficile de ne pas sombrer dans une forme d'ébriété par la quantité, au détriment de la qualité. Pourquoi n'ai-je jamais voulu avoir de Facebook personnel ? Parce que j'ai déjà du mal à soigner la qualité des relations avec mes propres amis. Mais peut-être ai-je la chance d'avoir de bons amis...

FRÉDÉRIC LENOIR – Je n'ai pas non plus de profil Facebook personnel, mais uniquement une page professionnelle, dont j'ai confié l'animation à une *community manager* pour ne pas y passer trop de temps moi-même.

N. H. – Tout cela m'inquiète, car notre cerveau n'a pas changé. Il n'a pas été doté d'un microprocesseur supplémentaire pour traiter tout ce qui converge vers nous, comme les sms, les mails, les messages sur Instagram, Facebook ou Snapchat. Si vous ne répondez pas à un mail dans la journée, vous en recevez un autre dès le lendemain… Nous sommes submergés à toute heure. Même le soir, certains se sentent obligés de lire leurs mails et de répondre à toutes sortes de sollicitations, amicales, commerciales et professionnelles.

F. L. – Je suis comme toi assez partagé sur Internet et le numérique. D'un côté, cela a révolutionné nos modes de travail et de vie, avec parfois des effets très bénéfiques, comme on a pu le constater pendant le confinement : grâce au numérique, nous avons pu continuer de travailler chez nous, d'échanger avec nos amis, de regarder des films et des séries. Ce qui a été globalement très soutenant et positif. Mais d'un autre côté, je suis inquiet des conséquences négatives de cette révolution technologique dans nos vies. Jacques Ellul, professeur de droit et sociologue, avait très finement analysé les conséquences de la révolution technologique sur nos vies. Dans son livre, *Le Bluff technologique*, publié en 1988, alors que les spécialistes nous faisaient croire que l'amélioration de nos outils technologiques allaient nous faire gagner du temps, il prédisait l'inverse : c'est la vitesse de la machine qui allait imposer son rythme à l'être humain. L'exemple que tu viens de citer des mails est exemplaire ! À cause de la vitesse d'échange, nous en sommes submergés et consacrons un temps quotidien important à leur traitement. Auparavant, peu de gens passaient deux heures par jour à répondre à des courriers ! Jacques Ellul, sur ce point, avait totalement raison : la vitesse de la technologie ne nous fait pas gagner de temps, mais au contraire, nous en fait perdre. Aujourd'hui, environ 4 milliards d'individus ont accès à Internet. Le temps moyen passé sur un smartphone a doublé entre 2012 et 2016 et, selon les experts, il devrait doubler encore entre 2016 et 2020 et pourrait atteindre de trois à huit heures par jour en moyenne par individu, en fonction des pays. Ce qui nous prive de temps pour contempler la nature, être seul, parler avec ses amis, lire un livre et même travailler. Nous partageons tous ce sentiment de ne plus avoir le temps de vivre. Comment résister à l'appel de ces technologies et s'imposer des moments de coupure ? En se limitant soi-même.

À cela s'ajoute un autre problème dont nous commençons tout juste à prendre conscience : l'impact du numérique sur le réchauffement climatique. L'augmentation constante de l'utilisation d'appareils numériques engendre de plus en plus de rejets de CO_2 dans l'atmosphère et, d'ici 2040, ce secteur pourrait devenir plus polluant que le trafic aérien, passant de 2 à

7 % des émissions de gaz à effet de serre, selon un récent rapport du Sénat. Cette pollution relève autant de la fabrication de nos appareils numériques que de l'usage qu'on en fait, notamment le streaming (60 % de la consommation mondiale d'Internet).

N. H. – Pour ma part, les mails sont devenus ma phobie, je vais finir par m'en passer ! Ils ne m'ont pas libéré, mais aliéné. Je n'arrive pas à y répondre, j'ai sans cesse peur d'être submergé. Ils sont un fil à la patte permanent, même s'ils permettent de travailler dans des endroits différents, lointains et parfois merveilleux. Encore une fois, tout est une question de dosage… Il faut apprendre à couper et à privilégier la qualité à la quantité. Avant, on disait qu'un Japonais estimait la réussite de son voyage au moment de développer ses photos. *(Rires)* Maintenant, la qualité d'un voyage se mesure au nombre de *likes* obtenus sur les photos postées !

Ces deux nouveaux paramètres du XXIe siècle, l'intrusion du futur dans notre logiciel et l'accélération du temps avec sa densification, m'inquiètent fortement. En tant que ministre, j'en ai fait les frais. Chaque espace vide est rempli, chaque minute est utilisée. Même aux toilettes, je consultais mes sms ! Cette pression de répondre en instantané ne peut être que néfaste pour notre cerveau.

F. L. – De nombreuses études l'ont prouvé. Lorsque Michel Serres, que j'aimais beaucoup, a publié

Petite Poucette, je lui ai dit que je ne partageais pas du tout son enthousiasme sur la révolution numérique et les conséquences qu'elle allait avoir sur les jeunes générations. Certes, Internet, qui repose sur le double principe d'un accès universel gratuit et de la collaboration de tous ses utilisateurs pour l'améliorer, est un formidable outil collaboratif et d'accès à la connaissance, mais deux choses m'inquiétaient déjà profondément : le phénomène de dépendance aux écrans, que j'observais chez les enfants dans mon entourage, et la récupération mercantile d'Internet – qui n'a fait que s'accroître depuis – par les géants du web, qui utilisent toutes sortes de techniques pour nous rendre encore plus dépendants. Le temps passé devant les écrans crée des problèmes d'attention majeurs chez les jeunes, à cause d'une sollicitation permanente. Il est prouvé qu'un enfant arrive à rester attentif entre huit et neuf secondes. Les jeux vidéo, tout comme les réseaux sociaux ou autres applications informatiques, relancent en permanence cette attention pour qu'il reste présent. Le hic, c'est que lorsqu'il n'est plus stimulé de cette manière-là, l'enfant ne parvient plus à être attentif. Ce qui pose un problème d'équilibre entre le monde réel et le monde virtuel. Combien de temps les enfants et les adolescents investissent-ils dans l'un et dans l'autre ?

N. H. – L'addiction aux jeux vidéo a été reconnue comme maladie par l'Organisation mondiale de la santé (OMS), au même titre que celle à la cocaïne ou aux jeux d'argent. En ce moment, aux États-Unis, fleurissent des centres de désintoxication. Le cas du jeu en ligne *Fortnite*, véritable phénomène de société, est probant. Sans oublier le succès de *Pokémon Go*, une application pour smartphone qui vous invite à chasser des personnages Pokémon dans votre quartier. Lors de sa sortie, en 2016, j'avais l'impression de voir de jeunes zombies passer dans la rue ! Petit à petit, nous nous éloignons du réel sensible et palpable pour rejoindre des univers virtuels. Nous nous privons de la chair du monde.

F. L. — Je viens de finir la lecture d'un livre édifiant, *La Civilisation du poisson rouge*, de Bruno Patino. Je connais bien l'auteur, le P-DG d'Arte, ancien patron de *Télérama* et de France Culture, et qui a été l'un des pionniers du web en France, en étant l'un des principaux artisans de la création de la plateforme numérique du journal *Le Monde*. Il raconte comment il a intensément cru à Internet avant d'en dénoncer, aujourd'hui, les dangers et les dérives : « L'utopie initiale est en train de mourir, tuée par les monstres auxquels elle a donné naissance. Deux forces ignorées par les libertaires se sont déployées en l'absence d'entrave : l'emportement collectif né des passions individuelles et le pouvoir économique né de l'accumulation. Nos addictions ne sont que le résultat du lien établi entre l'un et l'autre, et de la superstructure économique qui les fait se nourrir l'un de l'autre, se renforcer mutuellement au détriment de notre liberté[2]. » Au XVIe siècle, La Boétie publiait un *Discours de la servitude volontaire*. Le livre de Bruno Patino est un « traité de la servitude numérique volontaire » et montre comment les grandes entreprises du web font tout pour l'entretenir. On aurait dû se douter qu'il y avait anguille sous roche lorsque Steve Jobs, le cofondateur d'Apple, a confié au *New York Times*, peu de temps avant de mourir, qu'il interdisait à son fils d'avoir une tablette numérique. Il en va de même de la plupart des gourous de la Silicon Valley, qui mettent leurs enfants dans des écoles où non seulement les smartphones sont interdits, mais aussi les ordinateurs ! L'une des principales raisons est simple, et tu viens de le rappeler : une exposition trop longue aux écrans est dangereuse pour le cerveau et l'équilibre psychologique et émotionnel de l'individu. Des chercheurs de l'université de Pennsylvanie affirment qu'au-delà de trente minutes sur les réseaux sociaux notre santé mentale est menacée. Quand on sait que la plupart des adolescents y passent plusieurs heures par jour, il y a de quoi être inquiet ! Or tout a été conçu par leurs créateurs pour rendre les jeunes *addicts* à ces réseaux : *likes*, notifications, relances, etc. L'objectif étant de capter le plus longtemps possible leur attention, afin de pouvoir leur déverser la manne publicitaire ciblée à partir de leurs données personnelles et de leurs goûts. Et cette manne est colossale : aux États-Unis, 44 % des revenus publicitaires sont engrangés par le numérique, et Google et Facebook absorbent les deux tiers de toute nouvelle publicité. C'est grâce à toutes les données recueillies chez leurs milliards d'utilisateurs, et traitées par des algorithmes, que les géants du web parviennent à connaître nos goûts, nos habitudes, nos désirs, nos répulsions et à en tirer un immense profit. C'est la raison pour laquelle ils font tout pour nous rendre accros aux écrans, sans se soucier des dégâts provoqués. Les voix sont cependant de plus en plus nombreuses à le dénoncer, notamment parmi les pionniers de ces entreprises. Ainsi, Tristan Harris, ancien haut cadre de Google, n'hésite pas à déclarer : « Le véritable objectif des géants de la tech est de rendre les gens dépendants en profitant de leur vulnérabilité psychologique. » Ou encore Sean Parker, ancien cadre dirigeant de Facebook, qui lance ce cri d'alarme : « Dieu seul sait ce que nous sommes en train de faire avec le cerveau de nos enfants. » Mais c'est probablement le père d'Internet lui-même, Tim Berners-Lee, qui dresse le bilan le plus pessimiste : « Nous savons désormais que le web a échoué. Il devait servir l'humanité, c'est raté. La centralisation accrue du web a fini par produire un phénomène émergent de grande ampleur qui attaque l'humanité entière[3]. »

En fait, je continue de penser que le problème n'est pas Internet en tant que tel, qui reste un formidable outil de partage de connaissances et d'échanges, mais l'incapacité que nous avons à en faire un usage modéré. Ce qui est le plus problématique, c'est l'addiction des enfants et des adolescents, qui n'ont ni la force de lutter contre l'attrait des réseaux sociaux et des jeux vidéo, ni le discernement nécessaire pour faire la part des choses dans toutes les informations qu'ils reçoivent. C'est donc à nous, éducateurs, de donner l'exemple d'un usage modéré de nos écrans et d'apprendre aux jeunes à développer un esprit critique, ne serait-ce qu'en leur expliquant le système mis en place qui cherche à les aliéner en utilisant leurs fragilités et en stimulant en permanence leur attention. En sommes-nous capables ?

N. H. – Qu'il s'agisse d'Internet, de la télévision comme de toute notre technologie, tout dépend en effet de l'usage qu'on en fait et de la mesure qu'on lui donne. Est-ce que l'usage de ces outils ne se fait pas au détriment des relations d'amour, d'amitié et d'affection familiale ? Je constate malheureusement que les canaux d'Internet drainent le plus souvent des concentrés de haine, parce que l'anonymat le permet. Il est une mèche courte où parfois les esprits s'emballent et s'enflamment, sans prendre le temps de réflexion et d'évaluation nécessaires. Quand la haine des Hommes est sans risque, elle est sans limites, et, ajoute Céline, « leur bêtise est vite convaincue, les motifs viennent tout seuls ». La haine ne peut pas s'y propager sans risque, car la haine entraîne la haine ou la ranime. Pour l'instant, l'être humain ne s'est pas discipliné par rapport à ces outils. Mais peut-être est-ce la prochaine étape. Toutes ces applications, si utiles soient-elles, ne doivent pas nous éloigner les uns des autres et tout déshumaniser.

Nous sommes un peu comme des primates découvrant un nouvel outil qui, tout à coup, nous ouvre un panel infini de possibilités. Cet outil, comme n'importe quel autre, doit être soumis à un certain nombre de codes et de règles qu'il convient d'établir. Il ne peut être un espace de liberté absolue.

Comme tu l'as démontré à travers de très bons exemples, cet outil peut nous rassembler, mais aussi renforcer une forme d'isolement et d'individualisme. Internet nous rend narcissiques, comme l'atteste la folie des *selfies* partagés sur les smartphones ou les réseaux sociaux. Ils montrent bien ce besoin de partager un moment heureux ou malheureux. Pourquoi pas, mais n'est-ce pas plus important de profiter pleinement de l'instant présent ? Je ne peux rester insensible au fait de voir des gens se croiser dans la rue ou dans les transports en commun sans se regarder. Chacun est dans sa bulle. Est-ce que nos tablettes et smartphones isolent ou réunissent ?

F. L. – Chacun est dans sa bulle dans tous les sens du terme. Non seulement, nous ne nous parlons plus, nous n'échangeons plus de regards dans la rue ou dans les transports en commun puisque nous avons les yeux rivés sur nos écrans, mais les algorithmes mis en place par les réseaux sociaux favorisent aussi cet enfermement en nous envoyant toutes sortes de liens vers des lieux, des musiques, des individus et des idées le plus conformes possible aux nôtres ! Alors que nous grandissons par le métissage, la confrontation, la découverte de la différence, les algorithmes cherchent à nous entretenir dans notre zone de confort et dans nos habitudes de consommation et de pensée.

Mais regardons le fond du problème : si autant de jeunes sont devenus dépendants aux jeux vidéo et aux réseaux sociaux – et donc en général au monde virtuel –, c'est que nous n'avons peut-être pas su leur rendre le réel assez attractif. Face au sentiment que tout va mal, qu'il n'y a pas d'avenir, que la vie ne vaut plus la peine d'être vécue, que l'amour est compliqué et douloureux, que la cupidité et la malveillance dominent le monde…, ils finissent par ressentir une sorte de phobie du réel. De nombreux jeunes que je connais entrent facilement dans une forme de désespérance et de découragement. Ils ont une vision totalement négative de la société et trouvent les adultes trop égoïstes. Comme ils ne sécrètent pas suffisamment de dopamine dans leur vie réelle, ils vont en chercher dans le virtuel qui représente pour eux une fuite et un refuge.

N. H. – J'ai une profonde indulgence pour les jeunes. Je comprends qu'ils manquent d'idéaux. Pour la plupart d'entre eux, la nature est une abstraction, tout simplement parce qu'ils ne la connaissent pas. Selon l'ONU, plus de 50 % de la population vit actuellement dans des zones urbanisées et, d'ici 2050, ce seront sept personnes sur dix. À moins que les différentes crises n'inversent cette tendance ! Au lieu de se délecter de parfums, cette population est confrontée à des odeurs. Et son horizon est empreint de laideur, au lieu de beauté. Dans ces conditions, le monde virtuel devient indéniablement pour elle une source d'évasion. Le problème est qu'il ne s'additionne pas au réel, mais qu'il se substitue à lui et prive l'être humain de vraies sources de joie. « Rien n'est poison, tout est poison, sauf la dose des poisons », a dit l'alchimiste Paracelse. Le ministère français de la Santé devrait épauler les parents par la recherche, en mettant à leur disposition des études et de l'information sur l'addiction aux écrans. Je regrette que ceux-ci soient livrés en pâture, alors que certains spécialistes pourraient les éclairer en leur donnant des clés. Pourquoi laisser ces phénomènes évoluer jusqu'à l'excès et attendre qu'ils nous dépassent, au lieu de les anticiper ?

Cette addiction ou consommation effrénée du virtuel crée parfois une confusion avec le monde réel, chez les adolescents, tout comme chez certains adultes. Comme tu l'as évoqué, face à la profusion des informations, mélangeant le futile et l'inutile, le superflu et l'essentiel, l'être humain a bien du mal à hiérarchiser. Ce manque de concentration est palpable à l'échelle de la société. Paradoxalement, il est beaucoup plus compliqué aujourd'hui de se faire entendre. La diversion crée une dispersion d'intelligence. Face à une crise, ou quand la cathédrale Notre-Dame de Paris ou l'Amazonie brûlent, la population se rassemble un temps. Mais la mémoire collective est très courte, parce qu'un événement est chassé par une avalanche d'autres. Au lendemain de l'explosion de Fukushima, en 2011, la majorité des personnes aurait souhaité sortir du nucléaire, comme l'ont fait les Allemands grâce à leur chancelière Angela Merkel qui a raisonné en physicienne et en scientifique. Aujourd'hui, le reste du monde a quasiment oublié cet épisode.

F. L. – Tu as raison de le souligner à l'échelle collective, mais le même phénomène s'observe à l'échelle individuelle : une chose en chasse une autre, sans avoir le temps d'être intégrée. Après avoir vu un film qui m'émeut, j'aime prendre un temps pour rester avec moi-même et savourer les émotions qu'il suscite en moi. Pourquoi suis-je enthousiaste ou troublé ? Quand je referme un livre offrant des idées nouvelles, j'aime réfléchir à l'impact qu'il peut avoir sur ma vision du monde. Pour grandir dans le domaine du cœur ou de la connaissance, nous avons besoin d'un temps de digestion, de contemplation, de silence, voire d'ennui. C'est bien souvent dans ces moments où il ne se passe rien qu'il se passe justement des choses… et que des idées formidables surgissent. La vie intérieure demande ce travail introspectif. À cause de l'addiction aux écrans, des générations sont en permanence sollicitées par ce que Pascal appelait « le divertissement », pour les aider à oublier l'angoisse de mort. Or rien n'est plus important que d'avoir une vie intérieure pour être libre et heureux.

N. H. – « L'oisiveté est mère de tous les vices », dit le proverbe. Je pense, au contraire, qu'il est nécessaire à tous de vivre des périodes d'ennui et de doutes, parce que celles-ci sont très créatrices. À force de combler tous les vides, nous n'avons plus de vie intérieure.

F. L. – C'est peut-être parce que nous avons eu, alors que nous étions enfants, des périodes d'ennui que nous avons pu rêver et imaginer notre vie.

N. H. – Je le constate, même auprès de mes propres enfants. Comme ils ne savent plus s'ennuyer, ils perdent leur esprit créatif.

Nous cherchons à remplir au maximum nos journées. Quand j'étais ministre, j'avais l'impression de faire en vingt-quatre heures ce que quelqu'un de raisonnable ferait en quinze jours. Notre cerveau, empreint de curiosité, a bien du mal à résister à la multitude de possibilités qui s'offrent à lui. Il a aussi besoin de distraction pour éviter de penser aux problèmes. L'être humain est faible, vulnérable et inquiet, parce qu'il naît avec l'angoisse de la mort. C'est ce que j'appelle le déni des origines : on connaît tous très bien l'issue, mais on fait semblant. « Les Hommes vivent comme s'ils n'allaient jamais mourir et meurent comme s'ils n'avaient jamais vécu », souligne à ce propos le dalaï-lama.

F. L. – J'ajouterais, de manière plus personnelle, que, pour moi, la mort ne représente pas une angoisse, même si j'en tiens compte dans ma vie et surtout dans mes choix de vie. Comme je suis mortel, je préfère vivre intensément et ne pas manquer certaines opportunités. Comme je l'ai évoqué précédemment, j'ai à plusieurs reprises fait le choix de quitter des postes importants et chronophages pour me consacrer à l'écriture et à la vie associative. La vie étant courte, il est important de faire des choix. Pour mieux orienter ces derniers et aller vers l'essentiel, je n'hésite pas à prendre des temps de méditation et d'intériorisation. Ce qui ne m'empêche pas d'avoir aussi parfois besoin de faire des choses futiles pour me détendre !

Même si on ne peut avoir aucune certitude à ce sujet, j'ai depuis toujours l'intime conviction que l'être humain est immortel et que la mort n'est qu'un passage. Je n'en sais rien d'un point de vue rationnel, mais je porte en moi cette intuition qui fait que je ne suis pas terrorisé à l'idée de mourir. Si je devais apprendre ma fin prochaine, j'aurais un choc, mais je ne considérerais pas cela comme dramatique. Je me dirais que je n'ai plus que quelques semaines ou quelques mois à vivre sur Terre dans ce corps, mais que ma vie continuera très probablement sous une autre forme, en tout cas que la conscience subsistera, tout en se modifiant. Mon psychanalyste a tenté en vain d'éradiquer en moi cette croyance qu'il estimait illusoire... à l'aune de ses propres croyances ! Peut-être avait-il raison, et je m'efforce d'être suffisamment lucide pour savoir que cette croyance en l'immortalité de l'âme peut relever d'un « désemparement » face à ma propre mort et à celle de mes proches, mais rien n'y fait, cette intime conviction reste gravée en moi. Je vois la mort comme un passage, à l'image de la naissance. Le bébé qui est dans l'utérus de sa mère ne peut pas se projeter en dehors jusqu'au jour de sa naissance. Son univers de représentation, qui se limitait à l'utérus maternel, change alors brusquement. Quel traumatisme ! Mais une fois appréhendé, il finit par s'y habituer et à trouver son nouvel état de vie passionnant ! Je crois que le passage vers ce qu'on appelle la mort fonctionne de la même manière, avec un changement d'état de conscience au moins aussi fort que celui qui se fait lors du passage entre le ventre de la mère et le monde extérieur. Je n'oppose donc pas la mort à la vie, mais plutôt à la naissance. Pour moi, la vie commence avant la naissance et continue après la mort, qui sont deux passages essentiels où notre conscience change d'état. Nous verrons bien ce qu'il en est lorsque nous en ferons l'expérience. Quoi qu'il en soit, j'adore cette vie et je souhaite profiter de ce corps et de cette planète le plus longtemps possible !

N. H. — Cela me fait penser à l'une des plus belles phrases de la littérature française, venant de Romain Gary : « Avec l'amour maternel, la vie vous fait, à l'aube, une promesse qu'elle ne pourra jamais tenir. » Je pense être inconsciemment en quête de cette promesse. Comme toi, j'aime la vie par-dessus tout. En revanche, j'entretiens un rapport très ambigu avec la mort, ce qui m'a valu de me mettre dans des situations périlleuses, surtout du temps d'*Ushuaïa*. J'ai eu conscience très jeune que la vie était miraculeuse, qu'elle pouvait être chassée à tout moment et que chaque jour vécu était une chance. Pour moi, seul compte l'instant présent. Ce qui est paradoxal, puisque je travaille pour protéger le futur. D'une manière générale, je déteste tout ce qui marque le temps (anniversaires, photos, albums de famille, etc.). Soit parce que l'événement est heureux et provoque de la mélancolie, si bien décrite par Victor Hugo avec son « bonheur d'être triste ». Soit parce que l'événement est tragique et fait écho, par exemple, à des personnes qui ne sont plus là. Le passé me bouleverse, donc je ne le cultive pas, sans pour autant l'oublier.

La mort a très vite rôdé autour de moi. J'ai perdu mon père à l'âge de 15 ans et mon frère quelques années plus tard, alors qu'il avait 23 ans. Il s'est suicidé, en laissant ce mot : « La vie ne vaut pas la peine d'être vécue. » Toute ma vie, j'ai voulu faire la démonstration du contraire. La vie m'a apporté de profondes souffrances, mais aussi une profusion de grandes joies et de plaisirs. Ai-je peur de la mort ? Oui, mais je sais l'occulter. Ce n'est pas forcément la peur de l'au-delà qui m'inquiète, mais plutôt celle de quitter ceux que j'aime, mes enfants, ma famille, mes amis, et de ne pas être sûr de les retrouver. Comme toi, je n'arrive pas à me convaincre que la vie se limite à la partie visible, tout simplement parce que je n'en verrais pas le sens. Aussi, cela m'arrange d'entretenir l'illusion que ma conscience est immortelle.

En tout cas, je considère que chaque instant de la vie doit être cultivé et avoir un sens. Il ne doit pas forcément être exceptionnel, mais il est au-dessus de mes forces de rester dans un lieu où, tout à coup, je me sens mal, entouré de gens qui dégagent de mauvaises ondes. Je considère cela comme une injure à la vie. Comme toi, j'aime la vie. Je l'accueille sans aucune stratégie. Du coup, mon absence de stratégie de vie devient stratégie, ce qui surprend tout le monde, y compris en politique. Je fonctionne à l'intuition. Moi aussi, j'ai eu plusieurs vies dans ma vie. Par exemple, quand je réalisais *Ushuaïa*, j'aurais pu continuer jusqu'à plus soif. Mais j'ai préféré me lancer dans de nouveaux projets et consacrer la majorité de mon temps à mon engagement écologique. J'ai souvent provoqué des ruptures dans ma vie, parce que je pense qu'elles sont fécondes, surtout si c'est moi qui en prends l'initiative.

F. L. – À travers nos échanges, je me rends compte d'un point commun, très fort, entre nous : l'amour inconditionnel du réel. Ce que nous aimons par-dessus tout, c'est le monde réel et nous recherchons la lucidité. Comme nous ne cherchons pas à fuir le réel, le virtuel nous apparaît comme une perte de temps. Portés par cet amour du réel, nous aimons le savourer et en profiter un maximum, sans passer par les illusions des nouvelles technologies ou de la drogue.

N. H. – Plus jeune, j'ai expérimenté la planète dans toutes ses dimensions et sensations, sans doute pour me sentir en vie. Je l'ai éprouvée physiquement, en me confrontant au vide, à la pesanteur, à la glisse, à l'immersion… J'ai eu besoin de palper les éléments pour établir un contact avec la Terre. Depuis, je ne regarde plus les arbres, la mer et les nuages comme de simples éléments de décor. J'ai pris pleinement conscience du monde dans lequel j'évolue et auquel j'appartiens. L'intérêt de la vie est de s'épanouir à travers des moments de satisfaction et de plénitude absolues dans la nature ou à travers des rencontres humaines.

F. L. – Se posent aussi, de plus en plus, les questions du transhumanisme, de l'intelligence artificielle, de l'humanité augmentée… Quel est ton sentiment sur ces sujets ?

N. H. – J'ai envie de hurler : halte au feu ! Cessons de jouer les apprentis sorciers à notre détriment. Dans le domaine climatique, j'observe des propositions

Mirage du virtuel, éloge du réel 283

d'une ultime folie, comme celle de bombarder des sulfures de zinc dans l'atmosphère pour empêcher les rayons du soleil, premier responsable de l'effet de serre, d'arriver sur Terre ; ou encore celle de balancer de la limaille de fer dans les océans pour favoriser la croissance du plancton qui capterait du CO_2 et ainsi limiter le réchauffement climatique. Or, ce n'est pas tant de technologie que nous avons besoin, mais de sagesse. Je pense qu'il faut prendre le temps d'associer la conscience à la recherche pour ne pas brûler les étapes. Je ne suis pas fermé, par principe, à l'évolution, dès lors que l'être humain ne se retrouve pas dans l'éprouvette et qu'il ne joue pas à la roulette russe. Frappé par le syndrome du *Titanic*, il s'emporte sans penser aux conséquences de ses nouvelles découvertes. Il est tellement confiant en son paquebot qu'il prend le risque de sombrer à tout moment. Mon vœu le plus pieux serait que, face à l'héritage du siècle des vanités, l'Homme retrouve un peu d'humilité pour résoudre au mieux l'équation actuelle. Qu'il se mette déjà en phase avec sa propre intelligence, avant de la sous-traiter à des robots ou à des machines. Il n'y a aucune urgence à développer l'intelligence artificielle ou à s'adonner à des manipulations génétiques. Évidemment, il serait nécessaire de créer des institutions qui veillent, anticipent, régulent et modèrent un peu cette folie.

F. L. – Nous revenons toujours à la question initiale du livre : de quel progrès s'agit-il ? Prenons l'exemple des révolutions technologiques et médicales, qui permettent d'allonger l'espérance de vie. Certains chercheurs affirment que dans quelques décennies nous pourrons dépasser 200, voire 300 ans par la régénération cellulaire et des robots implantés dans le corps. Pourquoi pas ? Mais à quoi cela servirait-il de vivre mille ans si nous prenons des antidépresseurs, si nous sommes malheureux ou si nous évoluons dans un environnement dégradé et une société qui crée de plus en plus de mal-être psychologique, mental, moral, spirituel ? Serait-il par ailleurs acceptable que certains vivent si longtemps grâce à une révolution technologique très onéreuse, alors que des milliards d'êtres humains continueraient de mourir jeunes de malnutrition et de maladies diverses, faute d'hygiène et d'accès aux soins élémentaires ? Si le progrès de la technologie ne s'accompagne pas d'un progrès de la conscience humaine et des conditions d'un meilleur épanouissement humain pour le plus grand nombre, cela me semble assez vain.

N. H. – Il est bien évident que ce sont les plus riches et les plus puissants qui pourront profiter de ces avancées de la science, mais qu'en sera-t-il des autres ? Tout le monde n'aura pas sa place au paradis. Sans pour autant remettre en question les avancées de la science, il faut acter nos priorités et nous battre contre le scientisme des plus puissants. Non, la science ne pourra pas trouver des solutions à tous nos problèmes. Si le but ultime est de modifier le génome humain pour rendre l'Homme compatible avec un environnement détérioré, la question ne sera plus de savoir quelle planète nous allons laisser à nos enfants, mais quels enfants nous allons laisser à notre planète. Pour moi, c'est la tragédie absolue.

Chapitre 7

Du « toujours plus » au mieux-être

> *« La grande erreur de notre temps a été de pencher, je dis même de courber, l'esprit des hommes vers la recherche du bien matériel. »*
>
> Victor Hugo

FRÉDÉRIC LENOIR – Nous faisons le constat que le monde actuel est en crise. Je voudrais rappeler l'étymologie grecque du mot « crise » : *krisis*, renvoyant au moment clé d'une décision, à la nécessité de changer. Dans la crise, il y a presque toujours cette idée de changement nécessaire, ce qui lui confère un aspect positif. L'être humain, confronté à une impasse, ne peut plus continuer ainsi. Reste à se demander quoi changer et trouver les causes de la crise, voire des crises. Car la « crise » du monde contemporain se décline au pluriel : elle est à la fois économique, écologique, sanitaire, sociale et spirituelle. Toutes les crises sectorielles sont reliées entre elles et aboutissent à une crise globale. On peut dire que la crise planétaire de l'humanité est systémique. Elle fonctionne comme un système dont toutes les composantes sont liées et donc interdépendantes. La crise environnementale, par exemple, suscite, entre autres, une crise sanitaire et politique. Les réfugiés climatiques deviennent plus nombreux que les réfugiés politiques, ce qui crée de nouvelles tensions entre les nations. Un rapport de la Banque mondiale de mars 2018 évoque 143 millions de migrants climatiques d'ici à 2050 et l'ONU chiffre même ces futurs flux à 1 milliard de personnes sur la même période[1]. Nous avons déjà évoqué le lien entre les nouvelles pandémies et la crise de la biodiversité. Le Covid-19 nous montre également que les personnes les plus vulnérables au virus sont celles atteintes de maladies pulmonaires, de troubles cardiovasculaires, de diabète ou d'obésité. Or ces maladies – comme le cancer – sont des maladies de civilisation, liées à un ensemble de facteurs, dont la dégradation de l'environnement (pollution de l'air, de l'eau et des sols, etc.). Nous devons donc comprendre que cette crise systémique nous invite à changer de paradigme, à faire des choix importants. Nous ne pouvons plus continuer selon la logique et les comportements actuels.

NICOLAS HULOT – Dans le subconscient occidental, la crise est un moment délicat à passer. Mais, au lieu de se cantonner à un état provisoire, il est devenu permanent. Les crises s'enchaînent, s'additionnent et se combinent entre elles pour créer une crise systémique, comme tu dis, ou même peut-être civilisationnelle, dont nous avons tardé à prendre la mesure et à sonder les racines. À l'avenir, il n'est pas impossible que toutes les crises se combinent, que nous subissions par exemple une crise épidémique, comme celle du Covid-19, et une canicule. Encore une fois, nous nous satisfaisons des toxines que nous provoquent nos maux. Le malentendu vient du fait que des sincérités réelles se confrontent, mais ne partagent pas la même grille de lecture. Elles soignent les effets, mais ne considèrent pas les causes de cette crise écologique qui est verticale car profonde, et horizontale car systémique.

Convoqués à ce rendez-vous critique, nous devons nous donner les moyens, sans culpabilité, de trouver des solutions. Si nous en sommes arrivés là, ce n'est pas parce que nous avons pensé à mal. N'oublions pas que «l'enfer est pavé de bonnes intentions». Et paradoxalement, nous ne sommes pas victimes de notre ignorance, mais de notre trop grande intelligence, dont nous devons assumer les conséquences. Au cours des discussions que j'ai pu partager avec des responsables politiques, un malentendu concernant la crise surgissait souvent entre nous. Alors qu'eux diagnostiquaient une bronchite, j'identifiais des métastases. Le bon diagnostic est celui validé par la science qui montre pourtant parfois une prudence presque excessive.

Une enquête du *New York Times* et un livre américain, *Perdre la Terre – Une histoire de notre temps*, de Nathaniel Rich[2], rappellent que, dès les années 1970, la science en savait largement assez pour anticiper les changements climatiques. La Maison-Blanche était parfaitement informée. À cette même époque, des esprits éclairés s'étaient réunis au Club de Rome afin d'alerter la communauté internationale sur l'épuisement des ressources et remettre en cause le modèle économique. Face à cette menace, les pays industrialisés sont restés attentistes. Une autre enquête américaine, compilée dans le livre *Les Marchands de doute*[3], détaille la stratégie des lobbies qui vise à entretenir la confusion et à nourrir la controverse, même après que s'est établi un consensus scientifique. Souvent ces lobbies sans scrupules s'appuient sur un petit nombre de scientifiques politiquement conservateurs. Les forces économiques infiltrent la recherche scientifique.

Plutôt que de dresser le procès du passé, l'urgence est désormais de contenir la panique et de faire le bon diagnostic. Rappelons que le mot « crise » en chinois comporte à la fois les notions de danger et d'opportunité. Elle intervient comme une alerte qui nous enjoint de reprendre les rênes pour éviter une catastrophe. Au-delà de nos différences, elle nous confronte au même défi, nous invite à adopter un raisonnement universel et à nous relier au sein de la famille humaine. « Si nous sommes tous perdus, soyons frères ! » dit Edgar Morin. Grâce aux crises climatique et sanitaire, nous allons, je l'espère, accélérer cette prise de conscience et joindre nos diversités au sein d'une magnifique symphonie, dans laquelle chacun apportera sa note.

Notre premier devoir est de comprendre la dimension systémique de la crise et son dénominateur commun. À la fois économique, démographique, écologique, sanitaire et culturelle, cette crise de l'excès nous renvoie à un impératif de sobriété qui est un indice de santé psychologique. L'injonction demandée à l'humanité est de trouver un point d'équilibre entre ce que la nature peut donner à l'Homme et ce dont il a véritablement besoin pour s'épanouir, pas seulement pour survivre. Englué dans les filaments de ses découvertes, aveuglé même, il traverse une crise d'adolescence aiguë. Mais cette dernière est compréhensible, tant il a dû s'habituer aux changements précipités de ces quarante dernières années. Aujourd'hui, le téléphone portable s'apparente presque à l'un de ses organes externes ; il suffit de voir combien nous sommes démunis et saisis de panique quand nous le perdons ! La technologie a dépassé notre conscience, mais surtout elle nous a coupés de nos liens originels, alors que, rappelons-le, elle a été conçue grâce à des composants trouvés dans la nature.

F. L. – Je te rejoins sur les dangers de l'*hubris*, cette démesure que dénonçaient les Grecs, cette ivresse de la toute-puissance de l'être humain, qui pense pouvoir s'affranchir des lois de la nature. Elle est une des causes principales de cette crise systémique, mais il y en a d'autres. Au XVIIe siècle s'est développée une vision mécaniste et réductionniste du réel, mettant la quantité au cœur de tout, et non la qualité. Le mathématicien et philosophe français, René Descartes, en posant les bases de la science expérimentale, désenchante le monde, qui n'est plus considéré comme un organisme vivant, mais comme de la matière segmentable et analysable, composée de champs de force. Cette vision quantitative et cartésienne du monde a donné une méthode scientifique formidable, sur laquelle l'être humain a pu s'appuyer pour faire des expériences, permettant ainsi la révolution technologique. Elle a servi non seulement la science expérimentale, mais aussi le développement fulgurant du capitalisme qui a utilisé la planète comme un lieu de ressources pour produire de l'énergie et des biens matériels.

Pour autant, une méthode scientifique efficace n'est pas nécessairement une vision philosophique pertinente du monde. Est-il possible de réduire le réel à la somme des parties ? Est-ce que la somme des parties crée le tout ? Ou encore, est-ce que ce tout est plus complexe que la somme des parties ? À la vision mécaniste et réductionniste du monde s'oppose une vision organique, dans laquelle toutes les parties sont animées par quelque chose qui les relie. Ainsi, le monde ne serait pas seulement un lieu matériel dissécable, mais aussi un organisme vivant, régi par des lois qui nous échappent en partie. Le réel serait plus profond que celui qui est observable avec les outils actuels de la science. À la phrase de Claude Bernard, un des fondateurs de la médecine expérimentale : « L'âme n'existe pas, je ne l'ai pas vue au bout de mon microscope », s'oppose celle d'Antoine de Saint-Exupéry : « L'essentiel est invisible pour les yeux. »

N. H. – En effet, le capitalisme réduit tout à l'état de marchandise, même la santé, et considère la nature comme une addition de ressources mises à sa disposition. Il s'est constitué sur une exploitation effrénée des ressources naturelles pour les transformer en richesses monétaires et satisfaire la cupidité d'un petit nombre. Pour autant, je ne considère pas que c'est le capitalisme en soi qui est en cause – car il est un modèle moins pire que d'autres –, mais ses excès. Quand les êtres humains parviendront à se fixer des limites, ils pourront enfin répartir équitablement les richesses, au lieu de les centraliser, pour l'essentiel, sur des comptes bancaires offshore. Il ne faut pas oublier que l'économie moderne s'est fondée sur l'exploitation de ressources naturelles limitées. Le jour où elles disparaissent, c'est tout le modèle qui est ébranlé. Gardons à l'esprit que le capitalisme est vulnérable. Il faudrait se limiter à acheter uniquement ce qui est souhaitable pour le futur de la planète.

F. L. – La première réaction contre cette vision mécaniste, réductionniste et marchande du monde ne date pas d'aujourd'hui et du slogan altermondialiste : « Le monde n'est pas une marchandise. » Elle est venue du mouvement littéraire, culturel et artistique du romantisme, au tournant du XVIIIᵉ et du XIXᵉ siècles. Les romantiques offrent une vision du réel plus profonde que celle proposée par la vision cartésienne et reprise par l'idéologie capitaliste. Pour eux, le monde n'est pas fait de matière inerte, mais il est un organisme vivant. Même si leur démarche n'a pas eu d'impact sur la marche du monde, elle est importante, car très actuelle. Ils invitent l'être humain à s'épanouir, non pas en regardant de la matière désenchantée, mais en contemplant l'âme du monde. Cette idée rejoint celle de Platon, pour qui le corps humain est animé par une âme, lui conférant sa beauté, de même que la beauté de la nature provient d'une âme, d'une intériorité, qui n'est pas toujours visible avec les yeux du corps et analysable avec les outils de la science. Cette beauté cachée du monde nous est révélée par le poète romantique allemand Novalis comme le « réel absolu », comprenant à la fois une dimension intérieure et une autre extérieure.

N. H. – « Poète » et « prophète » sont deux mots qui ne sont pas si éloignés l'un de l'autre. Ce qui n'est peut-être pas une simple coïncidence… Pour moi, la poésie apparaît bien souvent comme une prophétie. Comme le prophète, le poète éclaire au-delà des réalités visibles et se trouve en avance sur son époque. Les deux sont des guides pour l'humanité. Quand

Jacques Chirac déclara « Notre maison brûle, et nous regardons ailleurs », lors de son discours d'ouverture du IVe sommet de la Terre, en 2002, à Johannesburg, en Afrique du Sud, il s'était inspiré de cette phrase de Victor Hugo : « La nature nous parle, mais nous ne l'écoutons pas. » J'ai retrouvé chez les poètes des formes de prémonition, comme chez Rimbaud ou encore chez Baudelaire : « Homme libre, toujours tu chériras la mer ! La mer est ton miroir ; tu contemples ton âme dans le déroulement infini de sa lame. » Quand l'être humain regarde la mer et ce qu'il en a fait, c'est bien souvent son inconséquence qu'il observe. L'avenir de l'Homme reste scellé à celui des océans qui sont notre matrice originelle. Nous devons les protéger pour des raisons alimentaires, mais aussi pour des raisons climatiques puisqu'ils stockent efficacement du CO_2.

À travers leur intelligence et leur sensibilité, les poètes offrent une vision puissante et prémonitoire. À la manière d'un éclaireur, Victor Hugo exprime avec ses mots mes intuitions profondes, notamment à travers ce texte magnifique et prophétique : « La grande erreur de notre temps, cela a été de pencher, je dis même de courber l'esprit des Hommes vers la recherche du bien-être matériel. Il faut relever l'esprit de l'Homme, le tourner vers la conscience, vers le beau, le juste et le vrai, le désintéressé et le grand. C'est là et seulement là, que vous trouverez la paix de l'Homme avec lui-même et par conséquent avec la société. » Ou encore, à travers celui-ci : « Le poète doit marcher devant les peuples comme une lumière et leur montrer le chemin. »

F. L. – Se relier poétiquement à la vie nous met en joie. Comme toi, j'ai besoin de lire de la poésie presque tous les jours pour me ressourcer et porter un autre regard sur le monde. C'est pourquoi les romantiques ont valorisé l'expression poétique et loué les vertus de l'imagination, notamment par le travail des frères Grimm, qui ont compilé quantité de légendes populaires pour écrire leurs fameux contes, qui nourrissent notre imaginaire depuis l'enfance. Mais ils n'ont pas été les seuls à être en réaction contre la mécanisation du monde et à offrir une relation à la nature autre qu'utilitariste. Au XIXe siècle, le mouvement transcendantaliste américain – Henry David Thoreau, Ralph Waldo Emerson – tente aussi de reconnecter l'être humain à ses racines naturelles. De même, un siècle plus tard, dans les années 1960, la Beat Generation s'est développée aux États-Unis et au Royaume-Uni, avant de s'étendre à la plus grande partie du monde occidental. À travers ce mouvement de contre-culture, des écrivains tels Jack Kerouac et Allen Ginsberg offrent aux classes moyennes américaines, obsédées par la consommation, le confort et le bien-être matériel, un autre regard sur le monde, inspiré en partie par les sagesses orientales. C'est toute une génération qui s'engage dans une quête spirituelle et d'intériorité, qui donnera naissance, entre autres, au mouvement du développement personnel.

Son but est aussi de renouer avec une nature vivante et enchantée, et de rechercher un mode de vie qui ne soit plus fondé uniquement sur la quantité.

Nos sociétés sont appelées à opérer un changement de paradigme. Quittons le règne de la quantité, à l'origine de la crise systémique, pour aller vers une exigence de qualité et envisager le monde comme un organisme vivant. Cette recherche d'équilibre entre l'environnement, soi-même et les autres devrait permettre à l'être humain de vivre, non plus selon le critère quantitatif du « toujours plus », mais selon le critère qualitatif du « mieux-être ». Entretenons une relation harmonieuse avec notre environnement et prenons le temps de vivre. La vision quantitative réduisant tout aux chiffres, à la performance et à la rentabilité détruit, d'une part, l'équilibre des sociétés humaines en accroissant les inégalités et en créant du ressentiment, et, d'autre part, celui de la planète, en pillant ses ressources limitées sans respecter la complexité des écosystèmes. Elle est une fuite en avant complètement illusoire. Selon l'organisme de recherche Global Footprint Network, si tous les habitants du monde consommaient sur l'année autant que les Américains, il faudrait cinq planètes comme la nôtre pour répondre à leurs besoins ! Pour l'Inde, 0,7 planète suffirait, et pour la France, 2,7.

N. H. – Tu touches à l'essentiel, qui n'est malheureusement pas toujours évident à percevoir dans le brouhaha précipité et confus de notre société. L'être humain entretient depuis trop longtemps cette illusion que posséder, c'est exister. En réalité, l'âme du monde est malade et c'est la bataille de l'esprit qu'il nous faut mener. Serons-nous capables de sonder les racines de la situation pour aller au-delà des symptômes ? Là est la vraie question à se poser pour entamer ce tournant fatidique de l'humanité. Tous ces formidables outils démocratiques, historiques, économiques et technologiques dont nous avons hérité nous ont permis de faire avancer notre civilisation, mais nous nous sommes perdus dans cette profusion de découvertes. Il existe peut-être d'autres urgences que celle d'aller sur Mars au XXIe siècle !

Si l'intelligence ne chemine pas entre le cœur et l'intuition, elle se pervertit au fil du temps. Pour toucher l'âme de chacun dans un monde qui pousse à l'anecdote et à la simplification, il faut provoquer une introspection intime, culturelle et civilisationnelle. Quel bonheur d'être en phase avec soi-même et d'accepter ses faiblesses, au même titre que ses vertus ! L'Homme doit accepter avec humilité ses limites, revoir ses priorités et définir son capital de valeurs. Les limites au niveau écologique s'évaluent en fonction de ce que la planète peut produire et donner à l'être humain, et les limites au niveau économique et social s'évaluent en fonction de ce que ce dernier peut supporter comme inégalités. Celles-ci ne sont pas plus fortes qu'au siècle dernier, mais sont tellement criantes et visibles par tous qu'elles en deviennent insupportables.

Le biologiste et historien Jared Diamond, dans son livre *Effondrement*[4], montre le dénominateur commun des civilisations qui ont péri. Toutes ont franchi les limites en échouant à trouver l'équilibre entre leur soif de consommer et ce que l'écosystème pouvait leur fournir. Pour cheminer dans le bon sens, il faudrait s'astreindre, individuellement, à suivre une discipline : expérimenter le champ des possibles, en toute connaissance de cause et sérénité, sans jamais le faire aveuglément.

Dans *Les Enfants du vide*, Raphaël Glucksmann écrit : « Le calme est la marque d'une infirmité lorsque la science commande l'inquiétude. La raison exige le vertige, mais nos passions nous enchaînent à nos modes de vie, de pensée, comme si une seconde peau nous mettait à distance du drame qui se joue. » En effet, chacun devrait comprendre qu'un modèle économique fondé sur une exploitation illimitée de ressources limitées n'est pas viable. Et que, pour éviter de passer de la rareté à la pénurie, des règles de modération s'imposent, bien au-delà des idéologies, des dogmes ou de la politique. Aussi, chacun peut comprendre que si, à l'avenir, 250 millions de personnes sont contraintes de se déplacer à cause de la montée des eaux ou d'autres catastrophes climatiques ou sanitaires extrêmes, le tribut humain risque d'être très lourd et les relations géopolitiques vont devenir incandescentes. L'indifférence, le mépris, le déni de quelques-uns face à ces réalités me laissent sans voix. Et l'histoire, là encore, n'oubliera pas cette attitude tragique. Confrontés à de telles évidences, nous devons prendre conscience que l'écologie est d'abord une science censée nous guider et nous réunir. Nous traversons une période d'enjeu universel, avec peu de temps devant nous, et nous n'avons pas encore universalisé nos consciences. Je l'ai constaté au niveau des Nations unies, qui sont encore trop une somme d'égoïsmes nationaux, et non une institution chargée des intérêts universels.

F. L. – Nous touchons là, une fois encore, à la « démesure », déjà dénoncée par les penseurs de l'Antiquité. Nous ne savons pas nous limiter, nous modérer, nous ajuster à notre environnement. Et, du coup, nous épuisons la planète. Ce qui est vrai à l'échelle collective l'est tout autant à l'échelle individuelle. Vouloir être efficace et performant dans tous les domaines est écrasant pour l'individu. Son véritable épanouissement passe, en fait, par l'acceptation de ses limites, de ses faiblesses, de ses fragilités. Plus jeune, je ne voulais pas être pris en défaut. Je souhaitais toujours trouver la réponse aux questions que l'on me posait, surtout lors de conférences ou d'interviews dans les médias. Jusqu'au jour où, au cours d'une intervention devant plus de deux mille personnes, quelqu'un a levé la main et m'a posé une question à laquelle je ne savais absolument pas répondre. Lâchant prise, j'ai accepté de dire : « Je ne sais pas. » Ce qui m'a soudain libéré d'un poids… et la salle entière a applaudi ! Depuis, plutôt que de prétendre avoir réponse à tout, il m'arrive souvent de dire : «Je ne sais pas, je n'ai pas la compétence pour répondre correctement à cette question. » C'est un exemple, et il y en aurait bien d'autres, qui montre à quel point nous nous mettons sans cesse la pression pour faire bonne figure, pour tenir notre statut social ou professionnel, alors qu'en fait ce serait tellement plus simple d'admettre notre ignorance et nos limites.

N. H. – Même comme ministre, il m'est arrivé de dire : «Je ne sais pas. » Ce qui, je pense, ne m'a pas fait perdre ma crédibilité, car on ne peut pas tout savoir ! « La connaissance, quelques lacunes dans l'ignorance ! » nous rappelle le sage. Tout au long de ma vie, j'ai cherché mes limites, sans pour autant les dépasser. J'ai eu la chance de pouvoir déployer mon potentiel, mais je ne me suis jamais surestimé : voler jusqu'au pôle Nord, descendre le Zambèze, nager avec les baleines et, dans un autre registre, entrer dans un gouvernement, être candidat à la présidentielle… J'ai toujours su où étaient mes limites. C'est sans doute le seul petit don que je me reconnais. J'ai profité de mon potentiel, pas à pas, parfois même en faisant des pas en arrière. Prenons un exemple qui peut paraître saugrenu. J'ai plongé un nombre incalculable de fois avec des requins. Pas par inconscience, ni par défi, juste pour apprendre et comprendre. Toujours, je m'entourais de spécialistes m'informant sur les différentes espèces, leurs manières de se comporter, les circonstances précises des attaques, etc.

Chaque fois que j'ai franchi des limites illusoires, j'ai pris le temps de rationaliser et d'évaluer les risques. Je n'ai jamais masqué ma peur, je l'ai rationalisée. Heureusement qu'elle a été une fidèle compagne. Elle m'a sauvé la vie de nombreuses fois, même si j'ai largement consommé mon capital chance. Combien de fois ai-je renoncé à un vol en parapente, à une plongée en eau profonde, à une confrontation avec le monde sauvage…, car la peur demeurait, témoignant soit de mon impréparation, soit de mon inaptitude. La peur est une vigie, à partir du moment où elle n'est pas paralysante. Elle nous a été confiée utilement par l'évolution pour nous permettre de réagir et de nous protéger face au danger. Il est normal qu'elle existe. Elle est une alliée précieuse sans laquelle nous ne vivrions pas longtemps. En revanche, si elle ne disparaît pas au moment du passage à l'acte, qu'il s'agisse d'une performance physique ou intellectuelle, mieux vaut ne pas se lancer. Avant d'être candidat à la présidentielle, je n'en ai pas dormi pendant un mois, et puis, dès que je me suis présenté, la peur a cessé. Elle est un indicateur, une sonnette d'alarme, qu'il faut apprendre à écouter. «Il faut avoir le courage d'avoir peur», disait le philosophe autrichien Günther Anders.

F. L. – Reconnaître sa vulnérabilité est important. Je reconnais sans problème que je ne suis pas toujours capable de mettre en œuvre tout ce que je prône dans mes livres. Je précise souvent, lors de conférences ou de séminaires, que je ne suis ni un sage, ni un «guide spirituel». Je poursuis une quête philosophique et spirituelle, je m'efforce d'être le plus cohérent possible entre mes paroles et mes actes, mais je ne suis pas toujours à la hauteur de mes convictions. Un jour, au cours d'un séminaire, je dis à l'assistance que je ne suis en rien un maître spirituel, et j'entends une dame dire à sa voisine dans l'assemblée: «Quelle humilité, cela prouve que c'est un grand maître spirituel!» Les gens ont tellement besoin de modèles qu'ils tendent à idéaliser les auteurs dont les ouvrages les aident à vivre mieux. Mais il faut rester lucide sur ses propres failles et limites et ne pas vouloir donner, ou entretenir chez les autres, une image idéale de soi. On peut savoir ce qu'il convient de faire, sans y parvenir toujours, et ce n'est pas non plus une raison pour renoncer à partager ses convictions.

N. H. – Je me méfie des puristes. Souvent, je dis que je ne suis pas né écologiste mais que je le suis devenu, tout en ajoutant: le suis-je encore? Je ne dissimule jamais mes incohérences. Comme toi, je prône un chemin avec des valeurs qui me guident, mais que je ne mets pas systématiquement en pratique. Je demande le droit à l'erreur et à la tolérance, si tant est que j'aie toujours à l'esprit le souci de m'améliorer. Plus jeune, j'ai connu une période d'insouciance et d'ignorance. J'ai été un gamin excité aimant piloter toutes sortes d'engins plus ou moins polluants. Depuis, j'ai cessé mes excès pour entamer un chemin de progrès en fonction de mes facultés. Je m'accorde quelques exceptions, car nul n'est parfait, et la volonté peut fléchir, mais je veille à garder une exigence. Par exemple, je n'ai pas totalement renoncé à consommer de la viande, mais j'ai réduit au maximum. Ou encore, l'année dernière, j'ai annulé une conférence à New York car, ne pouvant pas optimiser mon voyage avec d'autres rendez-vous sur place, l'aller-retour en avion me paraissait trop coûteux en empreinte carbone. Cela peut paraître dérisoire au regard de mon passif, j'en conviens, mais l'essentiel est que, désormais, et encore davantage depuis la crise du Covid-19, je regarde à deux fois avant de prendre l'avion. Dans ce domaine comme dans d'autres, ce qui compte est de poursuivre le sevrage ! Face à un choix, il s'agit de briser ses automatismes pour faire passer les possibles par le filtre de la conscience en se demandant : « Puis-je faire mieux ? Est-ce que cet acte est nécessaire ? » Chez les peuples racines que j'ai visités, la pensée précède toujours l'acte. Et c'est plus que jamais vrai. Nous devons nous débarrasser de nos comportements impulsifs et compulsifs de consommation afin de reprendre notre liberté. Il ne s'agit pas de se culpabiliser, mais de se responsabiliser. Évidemment, j'ai bien conscience qu'il est plus facile de s'améliorer à partir du moment où l'on bénéficie d'une tranquillité matérielle et psychologique…

F. L. — Je me méfie aussi de la quête éperdue de pureté, car elle peut être dangereuse, comme l'a si bien écrit l'essayiste Pascal Bruckner. Derrière cette quête se nichent souvent beaucoup d'intolérance et d'intégrisme. L'alimentation est un bon exemple. Je suis également flexitarien : je tends vers le végétarisme pour des raisons écologiques et éthiques. J'ai quasiment renoncé à la viande, mais il peut m'arriver d'en manger de temps en temps au restaurant, ou invité chez des amis, par convivialité ou par besoin. Je pense que les véganes sont plus cohérents que moi d'un point de vue moral, et vont jusqu'au bout de leurs convictions. Mais je déplore que certains d'entre eux soient intolérants, dans le jugement, et commettent des actes de violence contre les boucheries. La pureté peut en effet conduire au fanatisme, comme on le voit très bien aussi chez les intégristes religieux.

N. H. — Il s'agit de faire un examen de conscience au quotidien pour ne pas agir par pression, par conditionnement ou par obligation, et ainsi regagner sa liberté.

F. L. — Autre chose qui me frappe : la jeunesse et la force sont des idéaux de notre société moderne. Pourtant, l'horizon de la vieillesse et de la fragilité est aussi porteur de beauté. Tant que mon père était jeune, il se montrait autoritaire, autocentré et contrôlant. Ce qui ne l'a pas empêché d'accomplir de grandes choses pour la société, notamment en faisant adopter la première loi d'orientation en faveur des personnes âgées et des handicapés, alors qu'il était secrétaire d'État à l'Action sociale dans le gouvernement Jacques Chirac, lors de la présidence de Valéry Giscard d'Estaing. Avec l'âge, son caractère s'est adouci. Plus tolérant et humble, il s'est mis à l'écoute des autres. Et j'ai trouvé une qualité nouvelle dans la relation que j'entretenais avec lui. Entré dans l'acceptation de la perte de ses moyens physiques et intellectuels, il est devenu une meilleure personne.

La vulnérabilité permet de nous relier aux autres par nos faiblesses et nos fêlures, ce qui est porteur d'amour, de lien et de solidarité. Un conte africain illustre bien cette idée : une femme doit faire une heure de marche, matin et soir, pour aller chercher de l'eau, avec deux cruches suspendues sur un bambou, dont l'une est fêlée. Réalisant les efforts inutiles que faisait sa maîtresse, elle finit par lui avouer : « Tu perds trop d'eau en chemin, car je fuis. » La femme, en éclatant de rire, lui dit : « Mais je sais très bien que tu es fêlée ! » À cela, la cruche lui répond : « Alors pourquoi continues-tu à m'utiliser ? À cause de moi, tu fais davantage d'efforts. » Sa maîtresse lui confie alors : « Oui, mais grâce à toi et à l'eau que tu perds, goutte à goutte, des fleurs ont poussé sur le chemin jusqu'au puits. Et c'est pour moi une grande joie de les admirer matin et soir ! »

N. H. – Lors de la passation de pouvoir avec François de Rugy, le 4 septembre 2018, j'ai versé quelques larmes devant les caméras pour deux raisons. D'abord, parce qu'une grande partie du personnel du ministère était très ému et me fixait, les yeux embués. Pendant dix-sept mois, j'avais tissé des liens affectifs intenses avec eux, en partageant des peines, des joies, des rires et des colères. Je passais tous les matins dans le bureau des secrétaires pour plaisanter et échanger autour d'un café. Et il n'y a pas un employé du ministère qui n'a pas souhaité faire une photo avec moi, avant mon départ. Aussi, j'étais ému parce que triste de ne pas avoir réussi, malgré mes efforts, à insuffler le changement que je souhaitais, et de sentir la déception de celles et ceux qui m'avaient fait confiance. Le fait que certains se soient moqués de moi après ce moment très émouvant m'a frappé, comme si pleurer était une faiblesse. « Voilà un ministre qui pleure, il n'était pas à la hauteur ! » ai-je entendu. Je sais contenir mes sentiments, mais aussi les lâcher quand cela est nécessaire. Cette sensibilité est pour moi une vertu. Dans ma vie, j'ai eu trois équipes merveilleuses, celle d'*Ushuaïa*, celle de ma fondation et celle du ministère, dont je garde pour chacune d'entre elles un souvenir ému et une tendresse. Je ne sais fonctionner qu'à l'affect.

F. L. – Nous ne sommes pas des robots. Le refoulement des affects nous coupe d'une partie essentielle de notre humanité. Comme toi, je suis un être affectif, mais j'ai dû faire tout un travail intérieur pour ne pas me laisser submerger par mes émotions. Encore une fois, tout est question d'équilibre entre, d'une part, la raison, la lucidité, l'esprit critique, le discernement et, d'autre part, la dimension corporelle, affective, émotionnelle. Adolescent, je souffrais tant affectivement que j'ai préféré me couper de mes émotions. J'ai dû entreprendre une thérapie pour reprendre contact avec elles et les accueillir sans me laisser submerger par elles. Cet apprentissage me paraît primordial, tant elles sont une richesse nous reliant les uns aux autres. Je regrette qu'à l'école on n'apprenne pas aux enfants à les reconnaître et à mieux les gérer. En soi, aucune émotion n'est bonne ou mauvaise. Tout dépend du contexte et de l'idée – adéquate ou inadéquate, comme dit Spinoza – qui accompagnent l'émotion. Une peur fondée sur une idée inadéquate peut nous inhiber inutilement, mais une peur fondée sur une idée adéquate peut nous sauver la vie. Il est aussi des colères qu'il est préférable de retenir ou de différer, car elles peuvent conduire à une inutile montée de violence. Au contraire, il y a des colères qu'il est nécessaire d'exprimer, face à des injustices, par exemple. Une anecdote me revient lors d'un voyage en Inde, à l'âge de 20 ans. Effectuant un long trajet de deux jours en bus, entre Dehli et la région du Ladakh, je me retrouve assis aux côtés de deux Français baraqués, méprisants et insupportables. Lors d'une halte dans un village très pauvre, ils se saisissent de deux canettes de soda sans les payer à la petite fille en haillons qui les vendait au bord de la route. Face à cette injustice, une colère folle me saisit. Tremblant de rage, je leur dis : « Vous allez la payer immédiatement ! » Pourtant beaucoup plus forts que moi physiquement, ils ont payé et n'ont rien dit. Ils ont dû sentir ma détermination !

N. H. – La colère est souvent un trop-plein de sensibilité. Il m'est arrivé par le passé de la contenir pendant trop longtemps et d'exploser soudainement, au lieu d'exprimer mes frustrations au fur et à mesure. Une colère peut être évitée grâce au dialogue et à la communication. Aussi, j'ai toujours su m'excuser quand elle était non fondée. Ce qui peut déclencher de la colère chez moi, ce sont l'intolérance, la suffisance, l'injustice, le mépris, l'abus d'autorité et la mauvaise foi. Plus nous nous ouvrons à nos émotions, plus nos sens développent leur réceptivité et plus nous devenons sensibles au monde invisible. En Indonésie, j'ai passé deux heures à photographier toutes les trente secondes un nénuphar qui s'ouvrait. L'émerveillement est une force de commencement qui ne s'arrête jamais ! Je me réjouis d'avoir cette sensibilité, même si elle implique une réceptivité au positif comme au négatif. Il faut juste apprendre à la cultiver et à la gérer. Voici une jolie phrase de Romain Gary, dans *Les Racines du ciel* : « Cette protection de la nature qu'ils [les écologistes] réclament avec tant d'éclat, tant de ténacité, ne masquait-elle pas une tendresse généreuse envers tout ce qui souffre, subit et meurt, à commencer nous-mêmes ? » Contrairement à ce que pensent certains, ceux qui s'émeuvent du sort d'une coccinelle seront d'autant plus sensibles au sort de leurs concitoyens.

F. L. – En effet ! Et ceux qui disent aux militants de la cause animale qu'ils feraient mieux de s'occuper des humains ne font, bien souvent, strictement rien eux-mêmes pour les humains ! Ils sont uniquement dans une posture intellectuelle. « On n'a pas deux cœurs, un pour les animaux et un pour les humains. On a du cœur ou on n'en a pas », disait très justement Alphonse de Lamartine.

N. H. – Trop souvent, les hommes cherchent à se protéger de leur sensibilité… La tendresse, l'empathie et l'attention viennent de la même racine et concernent autant les hommes que les femmes.

F. L. – Tu touches là à une question qui me semble cruciale et qui est au cœur de notre propos. Notre société est globalement fondée sur des valeurs typiquement masculines. À cause de leurs différences biologiques, l'homme a davantage développé des qualités de prédation, de force, de conquête et d'ambition, alors que la femme s'est davantage révélée à travers des qualités liées à la protection de la vie, à la collaboration et à l'intériorité. Les Chinois parlent du yin et du yang, deux forces complémentaires qui habitent le cosmos et nécessaires au déploiement harmonieux de la vie. L'eau est yin, le feu est yang. Le ravin est yin, la montagne est yang, etc. Même si les deux se mêlent en chaque être humain, il y a probablement davantage de yin chez la plupart des femmes et de yang chez la majorité des hommes.

Depuis quelques millénaires, l'homme domine la femme, et les valeurs masculines ont pris le dessus sur les valeurs féminines, ce qui mène le monde à sa perte. Pendant l'ère paléolithique, il est très probable que les hommes ne se considéraient pas comme supérieurs aux femmes, ni que les valeurs masculines prédominaient. On peut encore l'observer, de nos jours, au sein de certains peuples premiers : les femmes peuvent gouverner la tribu, exercer des fonctions religieuses de chamanes, et tous cherchent à vivre en harmonie avec leur environnement. Dans l'histoire de *sapiens*, le culte de la déesse mère a précédé celui des dieux mâles. La femme était vénérée parce qu'elle donnait la vie. Grâce à la domestication des animaux et à l'élevage, l'homme s'est rendu compte qu'il fallait un mâle au milieu des femelles pour que la reproduction ait lieu. Ce qui a entraîné une dévalorisation du rôle de la femme et une revalorisation de celui de l'homme, car il donne la semence qui apporte la vie. Dès cette prise de conscience, les religions changent et la population commence à adorer des dieux masculins qui dominent les panthéons, tels que Zeus en Grèce, Amon en Égypte, ou Yahvé chez les Hébreux. On assiste ainsi à l'avènement des sociétés patriarcales : l'homme commande et la femme n'existe socialement que comme fille du père, ou femme du mari. Ce qui a pour conséquence la domination de l'homme sur la femme et l'imposition des valeurs masculines. Les fonctions de pouvoir et religieuses, notamment cléricales, sont investies par les hommes dans toutes les civilisations post-néolithiques.

Actuellement, nos sociétés sont face à la nécessité d'un rééquilibrage des droits entre l'homme et la femme, mais aussi entre les valeurs typiquement masculines et les valeurs typiquement féminines. Ce qu'évoque très bien le film de James Cameron, *Avatar*, qui montre que, contrairement à la Terre où l'emportent les valeurs masculines de domination, de prédation et de compétition, Pandora est la parabole d'un monde où les valeurs féminines, comme l'harmonie avec l'environnement, la collaboration et la protection des plus faibles, sont mises en valeur. C'est sans doute pour cela qu'il est devenu l'un des films les plus vus de l'histoire du cinéma et nous a tant touchés. Un rééquilibrage des droits entre les hommes et les femmes, mais aussi des valeurs féminines et masculines est une des conditions fondamentales de l'émergence d'une nouvelle civilisation plus harmonieuse et viable. Tant que les mâles gouverneront le monde et que les femmes auront moins de droits et moins accès à l'éducation que les hommes, le monde continuera d'aller dans la même logique destructrice. L'émancipation de la femme, à l'échelle planétaire, est la condition *sine qua non* du changement auquel nous aspirons. L'émergence récente de leaders femmes dans le monde politique, le combat écologique et l'entreprenariat est un signe encourageant, mais encore très insuffisant, d'une évolution en cours. Encore faudrait-il aussi que les femmes qui accèdent au pouvoir évitent de prôner des valeurs typiquement masculines de domination et de compétition.

N. H. – Dans le comportement et les qualités des hommes et des femmes, quelle est, selon toi, la part biologique innée et la part culturelle acquise ?

F. L. – Les deux sont importants, et il ne sert à rien de les opposer. Je pense, comme je viens de l'évoquer, que la différence biologique entre les deux sexes conditionne des qualités et des comportements distincts, mais que ceux-ci ont aussi été entretenus et renforcés par la culture. La fonction de la maternité chez la femme, par exemple, la porte vers l'empathie et la collaboration. Pour pallier ses périodes de fragilisation (menstruations, grossesse, allaitement), l'homme a développé des qualités de protection et pour rapporter de quoi nourrir sa famille, il est devenu un prédateur. On sait aussi que le cerveau de la femme et celui de l'homme comportent quelques différences non négligeables, qui peuvent induire des comportements spécifiques. Les cultures ont ensuite renforcé et souvent trop figé ces caractéristiques, qui sont devenues des stéréotypes : les petites filles doivent jouer à la poupée et les garçons à des jeux de guerre, alors qu'il existe des garçons qui ont une forte sensibilité féminine et inversement. Les pays du nord de l'Europe donnent un bon exemple du dépassement de ces stéréotypes sexistes : les hommes partagent les tâches ménagères avec les femmes, prennent de longs congés paternité et les femmes sont de plus en plus nombreuses à exercer des responsabilités politiques. Dans la plupart des pays occidentaux, l'absurde hiérarchie entre les sexes qu'a imposée la domination masculine pendant des siècles est heureusement remise en cause. On assiste de plus en plus à une prise de conscience de la part culturelle et sociale dans les comportements liés aux genres et à une acceptation sans discrimination des singularités et des choix de chacun. Au lieu d'opposer constamment nature et culture, il me semble important de garder à l'esprit que nous sommes à la fois des êtres naturels et culturels, façonnés par une biologie, mais aussi par des représentations et un discours social.

N. H. – Sur mon chemin militant, j'ai croisé davantage de femmes que d'hommes, dont les plus célèbres d'entre elles sont la merveilleuse éthologue Jane Goodall et l'écologiste indienne Vandana Shiva, avec qui j'ai eu le plaisir de faire un livre. Dans les mouvements associatifs, à commencer par ma fondation menée par une femme d'exception, Cécile d'Ostria, il y a une majorité de femmes. Aussi, en politique, dans le monde, il y a eu de grandes ministres de l'Environnement, comme la Kényane Wangari Maathai, Prix Nobel de la paix en 2004. Sans tomber dans le cliché, je pense qu'il faut être imprégné de la cause pour être efficace, ce qui procède d'une sincérité, d'une sensibilité et d'une conviction qu'ont plus naturellement les femmes.

F. L. – Un autre point, qu'il me semble important de souligner dans les grands bouleversements civilisationnels que nous vivons, concerne notre rapport à l'espace et au temps, qui sont les deux grands conditionnements de nos existences. Depuis quelques décennies, notre rapport à l'espace et au temps est complètement bouleversé. D'une part, l'espace s'est rétréci en faisant de la Terre un village, pour le meilleur et pour le pire. D'autre part, le temps s'est accéléré d'un point de vue subjectif. Notre perception du temps a changé.

N. H. – Pour prendre conscience de la relativité du temps, Albert Einstein incitait à mettre une minute sa main sur un poêle brûlant et une minute sur l'épaule d'un être cher… *(Rires)*

F. L. – Comme nous l'avons déjà évoqué à propos de la révolution numérique, nous vivons actuellement dans le monde une accélération des rythmes sociaux.

Il faut se réadapter en permanence à de nouveaux outils technologiques et de nouveaux modes de vie. Ce qui provoque le sentiment de ne plus avoir le temps de rien.

N. H. – Tout se fait dans l'urgence. Les médias n'y échappent pas. Une fois, un journaliste qui avait fait une erreur me concernant dans un article a eu cette phrase horrible : « Pardon, mais je n'ai pas eu le temps de vérifier. » Cette accélération finit par nous desservir !

F. L. – Apprenons à résister à cette accélération, à refuser de nous laisser happer dans cette fuite en avant permanente. Dans d'autres lieux ou à d'autres époques, « résister » signifie refuser de se soumettre à l'arbitraire, à l'injustice, à la puissance du tyran ou de l'envahisseur. Dans nos sociétés démocratiques, « résister » consiste davantage à refuser de se laisser contraindre par un système devenu fou et qui sacrifie la qualité de vie à l'idéologie mortifère du « toujours plus » et du « toujours plus vite ».

N. H. – Précipités dans la folle course du « toujours plus », nous n'avons pas une claire vision de là où nous allons et surtout de là où nous pouvons aller. S'il est évident qu'une société doit savoir prendre des risques, combien de catastrophes aurions-nous pu éviter si nous avions pris davantage le temps de nous interroger ?

Encore une fois, faire les choses uniquement parce que nous pouvons les faire n'est pas une raison suffisante. Dans mon portefeuille ministériel, j'avais, entre autres, les Transports, l'Énergie et la Mer. Un jour, on m'annonce la mise à l'eau au Havre d'un fleuron de notre industrie maritime, un bateau de 400 mètres de long, transportant 20 600 containers. J'ai été confronté à un paradoxe, car sur un plan technologique, il représente indéniablement une prouesse, mais au niveau écologique, une catastrophe. Ces navires transportent des biens de l'Europe vers l'Asie et, sur leur chemin, ils en croisent d'autres en sens inverse, ramenant des biens identiques. Soulignons en plus que ces géants de la mer ne sont soumis à aucune obligation de réduction de leur impact ! En tant que ministre chargé de la Mer, j'étais très mal à l'aise. Alors, j'ai demandé à un amiral responsable des Affaires maritimes : « Que se passe-t-il si un porte-containers de cette taille tombe en panne ? » Il m'a répondu : « Monsieur le ministre, on ne sait pas faire, on ne peut pas le remorquer. » Autrement dit, le jour où il y aura une avarie – ce qui arrivera très probablement –, 20 600 containers finiront au fond des océans.

J'ai été marqué par cette histoire racontée par le géographe Éric Julien, qui m'a servi d'intermédiaire pour visiter les Indiens Kogis dans la sierra Nevada, en Colombie. Un jour, il reçoit, pour une rencontre dans l'est de la France, des *mamus*, qui sont les guides spirituels des Kogis. Avec eux dans sa voiture, il traverse des tunnels. Or, pour ces Indiens, la montagne est sacrée. « Pourquoi avez-vous percé la montagne ? » demande l'un des *mamus*. « Pour aller plus vite », répond Éric. « Pour aller plus vite où ? » questionne encore le *mamu*. « Eh bien, pour aller plus vite, plus loin ! » précise le géographe. Et le *mamu* de répondre : « Mais, jusqu'où voulez-vous aller plus vite, plus loin ? » C'est sans doute la seule vraie question qu'il faudrait se poser collectivement. Pour gagner un quart d'heure de temps en TGV, faut-il détruire une vallée ? Est-ce que cela nous rend plus heureux ? Alors que j'étais chargé des Transports au gouvernement, je me suis rendu compte que de nombreuses communes de France souhaitaient être reliées à Paris par le TGV. Pour autant, est-ce le Graal absolu de poursuivre cet objectif plutôt que d'encourager un écosystème territorial ?

F. L. – L'Homme est un explorateur, au contraire des grands singes qui n'ont pas besoin d'aller au-delà de leur territoire tant qu'ils y trouvent de quoi subsister. Il est dans la nature humaine de vouloir aller toujours plus loin. La solution est de convertir cet appétit naturel et viscéral en passant de l'« avoir » à l' « être ». Ne supprimons pas le désir d'aller plus loin, mais transformons-le plutôt, convertissons-le, orientons-le vers d'autres objets, non destructeurs pour la planète. Nous pouvons essayer d'être comblés autrement, grâce à la connaissance, la contemplation, la spiritualité ou la solidarité. Encore une fois, tout repose sur la bonne orientation de nos désirs.

N. H. – Dans ta proposition d'orienter notre désir, la notion du choix est cruciale. Cédons à nos désirs, mais en les choisissant. Notre conscience, en lien avec l'esprit, peut imposer des limites à notre cerveau. C'est cette révolution du sens qu'il faut faire pour reprendre les commandes. Prenons l'exemple concret de la crise à Notre-Dame-des-Landes en 2018. Dans le Grand Ouest, il y a déjà neuf aéroports. Pourquoi en construire un nouveau, alors même que nous savons qu'il faut rationaliser à l'avenir le transport aérien ? Au-delà de la confrontation entre les « pour » et les « contre », chacun avait raison dans sa logique. D'un côté, il y avait ceux qui voulaient protéger la biodiversité, en préservant des zones humides et des terres agricoles, et qui avaient pris conscience que l'artificialisation des sols à outrance allait dans le mauvais sens. De l'autre côté, il y avait des acteurs politiques et économiques qui étaient dans la logique d'anticipation de l'augmentation du trafic aérien et qui n'avaient pas pris conscience de la rareté à venir des terres agricoles. Il n'y avait aucune mauvaise foi, mais deux lectures du monde qui s'affrontaient. Malheureusement, dans ce dossier, toutes les alternatives possibles, et il y en avait, n'avaient pas été étudiées en amont. Chaque commune devrait avoir un indicateur de l'artificialisation des sols et geler préventivement l'équivalent de surface agricole dont elle aurait besoin virtuellement pour nourrir sa population.

Concernant le trafic aérien, les flux tendus de passagers et de marchandises ne sont pas compatibles avec nos objectifs de réduction des émissions de gaz à effet de serre. Avant l'arrêt du trafic déclenché par la pandémie mondiale, ces dernières représentaient entre 3 et 4 %. En 2050, elles pourraient atteindre plus de 10 % du niveau actuel si nous choisissons de repartir sur le même rythme d'avant la crise. En 2019, alors que moins de 10 % de la population mondiale avait déjà pris l'avion, l'Organisation de l'aviation civile internationale (OACI) enregistrait plus de 4 milliards de passagers par an. En 2037, il était prévu que la barre des 8 milliards soit franchie. Même si les avions peuvent, dans certains cas, émettre moins de CO_2 par passager que la voiture[5], ses gaz à effet de serre se répandent avec plus d'impact dans l'atmosphère. Aussi, la comparaison s'arrête sur de courtes distances, puisque l'avion permet à l'être humain de rejoindre des destinations quasiment inatteignables en voiture. En outre, le bilan carbone de la construction d'un avion est lui-même très lourd. La question du transport aérien est donc centrale, alors même que le projet d'un troisième aéroport à Paris est évoqué et qu'Airbus table sur un doublement de la flotte mondiale à vingt ans. Un objectif largement remis en cause par la crise que nous venons de vivre.

Cette croissance du secteur aérien qui était anticipée, il va falloir y renoncer pour le transport des personnes, comme des marchandises. Tant qu'il n'y aura pas de rupture technologique, ce qui n'est pas à exclure à moyen terme, avec peut-être les moteurs à hydrogène, il n'y a pas d'autres alternatives que de réguler le trafic aérien, mais également maritime. Réguler est pour moi un acte de liberté permettant de ne pas subir. Dans ce domaine, comme dans bien d'autres, la vérité m'oblige à dire que nous n'échapperons pas à la mise en place d'instruments de régulation, imposant des normes et des quotas. Il faut nous fixer des principes régulateurs dans une gouvernance globale pour corriger et réparer les effets pernicieux du néolibéralisme. Nous n'avons pas d'autre choix que de ralentir et réduire nos échanges. Il faut s'y préparer. Il va falloir fermer des lignes qui sont en concurrence avec le rail, et établir un cahier des charges pour s'orienter vers des modes de propulsion moins coûteux en énergie. Nous serons soumis à un pilotage politique, au fil de l'eau, en fonction des avancées technologiques et des objectifs fixés concernant les émissions de gaz à effet de serre. Encore une fois, il s'agit de changer de paradigme en se demandant sincèrement si le bonheur du voyageur est proportionnel à la distance qu'il franchit. J'ai malheureusement longtemps cédé à ce leurre-là. Et je n'en suis pas totalement guéri, d'où la nécessité de règles communes, pour moi comme pour les autres.

Si les transports aériens et maritimes se dotaient dans l'avenir de moteurs à hydrogène, cela pourrait éventuellement changer la donne. Actuellement, la recherche travaille sur une nouvelle génération d'avions dont la consommation en kérosène serait réduite de 20 %. C'est bien, mais pas suffisant, surtout si le trafic aérien augmente en parallèle. Pour l'heure, il n'y a pas d'autres solutions que de se limiter et donc de taxer le kérosène comme les autres carburants, ce qui n'est actuellement pas le cas en France. Cette taxation devrait servir des projets de compensation carbone pour réhabiliter des écosystèmes. Les transports aériens et maritimes ne peuvent être exonérés d'une réduction de trafic. Celle des marchandises me paraît moins délicate à opérer que celle des personnes. Un trajet en avion ne devrait pas être plus abordable qu'un trajet en train. Un vol Paris-Lisbonne à trente euros ne tient pas compte de la vérité écologique ! Créer ce type d'incitation par le prix est incohérent avec les objectifs que la France et l'Europe se sont fixés. Nous n'aurons pas un monde sans avion, mais il ne sera plus possible d'aller à l'autre bout du monde pour une modique somme, et nous n'en serons pas plus malheureux. Car nous allons redécouvrir d'autres paradis. Ce flux tendu de personnes et de marchandises sur les océans et dans les airs n'est plus acceptable. Il est un trompe-l'œil écologique et économique.

Une régulation des flux de transport à l'échelle internationale s'avère indispensable, surtout depuis la pandémie mondiale. L'Europe pourrait jouer un rôle en taxant les vols qui se posent sur son territoire, ou les bateaux qui font escale dans ses ports, sans respecter les normes. Lorsque j'étais ministre, à l'occasion d'un voyage en Chine avec Emmanuel Macron, je me souviens d'entretiens avec le président Xi Jinping qui portaient sur le changement climatique et les enjeux écologiques, alors que, simultanément, une délégation chinoise négociait et signait des contrats pour acheter des centrales nucléaires et des Airbus à la France. Dans ce contexte, il était impensable d'évoquer la perspective d'une régulation à l'échelle internationale. J'ai vécu ce jour-là « en direct » toute l'incohérence de notre époque. Pour la résoudre, il faudrait fixer à l'industrie aéronautique et aux transporteurs internationaux des objectifs incontournables. À eux de s'adapter ou pas. La contrainte est, je le répète, la clé de toute créativité.

La limitation du trafic doit s'accompagner d'une réflexion de fond sur la relocalisation d'une partie de notre production et donc de notre économie. Pour tout ce qui participe des biens de première nécessité (santé, énergie, alimentation), nous devons retrouver une forme d'autonomie. Sans être autarciques, nous pouvons continuer de commercer avec le reste du monde, mais avec des clauses miroirs. Nos contraintes environnementales et sociales limiteront l'acheminement des produits depuis l'autre bout de la planète. Plutôt que de transporter des biens par avion en 24 heures, pourquoi ne pas les acheminer sur des cargos « green » en un mois ? Cela nous délivrerait d'une forme d'ébriété face à l'abondance des tentations et des sollicitations.

Notre modèle économique fondé sur la croissance – plus d'autoroutes, de TGV, d'aéroports, etc. – met du temps à être remis en cause, alors même que la France s'est engagée, lors de l'accord de Paris sur le climat en 2015, à réduire ses émissions de gaz à effet de serre. Or, les diviser par quatre d'ici 2050 demande plus qu'un effort ! L'être humain se fixe des objectifs, tout en étant incapable de réaliser ce qu'ils représentent et de les tenir. Il se débat inlassablement dans ce paradoxe entre les effets et les causes. « L'Homme est une étrange créature qui s'afflige des effets en ignorant les causes », disait avec un grand discernement Bossuet, homme d'Église, prédicateur et écrivain français.

Le vice de notre société est que ce qui se gagne en efficacité énergétique se perd en effet rebond. La réduction de la consommation d'énergie des objets est malheureusement compensée par leur augmentation en nombre. Au lieu d'avoir un seul ordinateur par foyer comme il y a dix ans, nous en avons aujourd'hui plusieurs, ainsi que des tablettes, des téléphones, etc. Nous sommes appelés à sortir du cercle vicieux du « toujours plus » qui nous mène dans cette impasse tragique d'un gâchis énorme. À confort ou service égal, nous pourrions facilement diviser par deux ou quatre, voire plus selon les secteurs, notre consommation énergétique.

F. L. – Et cela s'aggrave avec l'obsolescence programmée par les fabricants de tous ces appareils, afin de réduire délibérément leur durée de vie pour en augmenter le taux de remplacement. Cette obsolescence vise à créer un renouvellement sur le marché pour consommer encore et encore…

N. H. – L'obsolescence programmée est un principe utilisé dans l'économie linéaire. Les matériaux sont extraits, transformés et transportés avec une grosse consommation d'énergie pour être utilisés sur un temps court, voire unique, avant de devenir des déchets. Nous sommes entrés dans l'ère du jetable et de l'usage unique, alors qu'auparavant nous réparions. L'obsolescence est programmée par les industriels, avec une grande ingéniosité, sous différentes formes : soit le produit n'est plus utilisable, soit il perd en efficacité, soit un nouveau produit rend l'ancien obsolète, grâce à de nouvelles fonctions. Ce mode de fonctionnement n'est plus possible, même s'il a servi l'activité économique, et donc à créer des emplois. Dans les années 1930, aux États-Unis, l'industrie Ford qui fabriquait des voitures presque increvables a dû changer de stratégie pour rester compétitive et faire face à la crise et à l'explosion du chômage. L'obsolescence programmée s'est alors généralisée. Depuis, elle a été mise au jour et combattue par les consommateurs qui ont compris à quel point ils étaient manipulés par les industriels. Qui n'a pas fait l'expérience des mises à jour de téléphone ou d'ordinateur, qui rendent très rapidement le matériel obsolète ?

Au contraire, l'économie circulaire est une notion de bon sens, inspirée de la nature : rien ne se perd, tout se transforme. Les déchets (qui n'existent pas dans la nature) sont des sources de vie. Pour que tout et, à défaut, la majeure partie des composants d'un bien soient réutilisables, il faut penser, en amont, sa fabrication, sachant que les trois quarts de l'énergie dépensés pour le produire viennent de son extraction et un quart de sa production. Pour la main-d'œuvre, l'inverse est vrai : on en utilise davantage pour la transformation et la production que pour l'extraction. Remplacer des matières premières par des composants réutilisables génère simultanément plus d'emplois et moins de consommation d'énergie. Cette notion de *craddle to craddle*, née aux Pays-Bas, a abouti, par exemple, à construire des bâtiments dont les matériaux sont entièrement réutilisables. Ce qui devrait tendre à devenir la norme. Les entreprises seraient gagnantes si tous les déchets devenaient à nouveau des matières premières. Alors que beaucoup de matériaux sont réutilisables, d'autres ne le sont pas et doivent être bannis, comme certains polymères. La civilisation du déchet et du gâchis a vécu, elle n'a pas d'avenir. Chacun peut le comprendre à l'aune de cette phrase célèbre de l'économiste américain Kenneth E. Boulding : « Celui qui croit que la croissance peut être infinie dans un monde fini est soit un fou, soit un économiste. »

Nous devons échapper à cette folie des grandeurs. Les adeptes du slogan *Small and slow are beautiful* n'ont pas tout à fait tort. Sommes-nous plus heureux d'acheter un véhicule ou un appareil électroménager qui a traversé le Pacifique ou l'Atlantique, alors que nous pouvons en trouver un à peu près similaire mais produit en Europe ? N'y a-t-il pas une forme de névrose orchestrée à posséder des automobiles pouvant rouler à 200 kilomètres/heure, alors que la vitesse est limitée à 130 ? Collectivement, dans nos démocraties et à l'échelle individuelle, il est impératif de se poser la question, une fois encore, du sens du progrès : rend-il plus libre ou plus dépendant ?

Chapitre 8

Concilier l'unité et la diversité

> « *Tout ce qui arrive à la Terre, arrive aux fils de la Terre. Ce n'est pas l'Homme qui a tissé la trame de la vie : il en est seulement un fil. Tout ce qu'il fait à la trame, il le fait à lui-même.* »
>
> Chef indien SEATTLE

NICOLAS HULOT – Le monde aspire à une unité, mais tend à une uniformité. Là est la confusion et peut-être la tragédie. L'uniformité est stérile et à terme sans issue. Seule la diversité est féconde et gage d'avenir. Elle constitue toute la richesse de l'humanité. Ce mot « diversité » devrait être inscrit en lettres d'or et adossé aux frontons des édifices publics, à côté de la devise républicaine : « Liberté, Égalité, Fraternité, Diversité. » La diversité, à la fois culturelle et biologique, est nécessaire, car plus les connaissances, les expériences et les outils sont variés, plus l'être humain a de chances de bénéficier d'enseignements utiles pour surmonter les aléas de la vie. Un des drames qui frappe nos sociétés, sans même l'émouvoir, est malheureusement l'homogénéisation des cultures et de l'économie. L'Occident, prétendant à l'universel, refuse toute autre forme d'évolution. Or, la beauté de la nature et de l'humanité provient de sa pluralité. L'humanité plurielle et non moins unique est une réalité que nous avons tendance à ignorer. La diversité est une valeur ou un principe qui ne doit aucunement empêcher l'unité. Il s'agit de l'encourager dans tous les domaines, pour mutualiser les différences et en faire une richesse. Nous sommes tous, d'une manière ou d'une autre, des métis. La complexité de l'enjeu auquel *Homo sapiens* est confronté actuellement est de se fondre dans une forme d'unité supérieure, qui soit une unification et pas une uniformisation. C'est par la convergence de valeurs éthiques, et non de prouesses technologiques, que nous pourrons définir une vision de la place et du rôle de l'Homme.

FRÉDÉRIC LENOIR – Cette distinction que tu fais entre unité et uniformité est capitale. Notre monde a plus que jamais besoin d'unité, mais certainement pas d'uniformité. Le besoin d'unité est notamment manifeste sur le plan des valeurs, qui peuvent nous permettre de vivre ensemble à l'échelle d'une civilisation planétaire. Dans les années 2000, lors d'un débat sur l'universalité des droits de l'Homme, la liberté de conscience et d'expression était dénoncée par certains intellectuels des pays du Sud comme étant l'expression de la domination de la culture occidentale. Le dalaï-lama a démenti cette idée en affirmant qu'elle était une valeur universelle, à laquelle les bouddhistes adhéraient pleinement. À travers les cultures, si diverses soient-elles, émergent des valeurs partagées par tous, même si leur formulation varie. Par exemple, la valeur de justice est universelle. Pour fonctionner et être vivable, une société a besoin de justice et d'équité. Il faut que justice soit rendue en condamnant les coupables et qu'elle soit la même pour tous. La vérité, aussi, reconnue comme un fondement de la justice, est valorisée par rapport au mensonge dans toutes les cultures du monde. Tout comme la vertu d'humanité est naturelle et partagée par tous : en tant qu'êtres humains, nous nous devons une entraide mutuelle. Par exemple, si un enfant, même inconnu, tombe dans un puits, nous allons chercher à le sauver. Cette vertu d'humanité était déjà présente chez le philosophe chinois Mencius, au IVe siècle av. J.-C., sous le nom de *ren*. On la retrouve chez les stoïciens, dans l'islam et le judéo-christianisme. Enfin, la règle d'or ou l'éthique de la réciprocité : « Ne fais pas à autrui ce que tu ne voudrais pas qu'on te fasse » est présente dans toutes les grandes religions et cultures du monde. Même un enfant de 3 ans pleurant son jouet cassé par un autre est capable de la comprendre. À l'heure de la mondialisation, c'est en faisant émerger ces grandes valeurs éthiques universelles, à travers la diversité des cultures qui les ont portées, que nous pourrons répondre au besoin d'unité. Malheureusement, et c'est un drame, la majorité des êtres humains cherchent plutôt l'uniformité, c'est-à-dire à vivre selon le standard culturel américain tourné vers les biens matériels (habillement, alimentation, mode de vie, etc.), qu'à se rapprocher autour de valeurs communes.

N. H. – Nous tendons effectivement vers une forme de standardisation qui ne concerne pas seulement nos modes de vie et notre culture, mais aussi les espèces végétales et animales, avec la destruction de la biodiversité. Souvenons-nous, il y a une vingtaine d'années, de l'état de nos pare-brise quand on roulait longtemps en voiture ! Aujourd'hui, peu d'insectes s'y écrasent. La disparition des insectes, mais aussi des oiseaux, s'observe bel et bien à l'œil nu. Cet état des lieux devrait susciter une panique. «Si l'abeille venait à disparaître, l'Homme n'aurait plus que quelques années à vivre», célèbre phrase attribuée à Albert Einstein, vaut par son caractère prophétique. Nous réduisons la biodiversité, mais nous réduisons simultanément la biomasse, quantité de matière organique utilisable. Celle des océans, sous l'effet combiné de la surpêche, de la pollution, des espèces invasives, du réchauffement des eaux…, a été divisée par dix en cinquante ans. Aussi, les espèces vivantes se réfugient sur des territoires de plus en plus restreints. Si ces derniers sont détruits, ce sont des pans entiers de diversité animale, végétale et de micro-organismes qui disparaissent. La biodiversité a besoin d'espace pour survivre et ne peut s'épanouir sous cloche.

Il y a toujours eu des cycles de transformation sur la Terre, en termes de climat ou de biodiversité. Ce qui est nouveau, c'est l'accélération de ces cycles, passant de dizaines de siècles à quelques décennies. Elle prend tout le monde de court. Le vivant n'a plus le temps de s'adapter. L'érosion naturelle de la biodiversité a été multipliée de cent à mille, selon les périodes de référence. Elle est d'autant plus dramatique qu'elle n'a pas le temps d'être compensée par l'apparition de nouvelles espèces. En un siècle, c'est 50 % de la biodiversité qui sera définitivement menacée ou aura disparu, selon plusieurs rapports scientifiques alarmants. La partie visible est la disparition d'espèces inventoriées, la partie invisible est celle d'espèces que l'être humain n'a même pas eu le temps de découvrir, notamment dans les abysses.

Au cours des 500 derniers millions d'années, la vie a déjà disparu cinq fois, mais c'est la première fois que l'Homme, avec ses activités, en est le responsable. Il vient de surgir sur la planète et sa présence met déjà en péril plus de la moitié des espèces qui l'ont précédé. L'ère de l'anthropocène annonce une incidence globale significative de l'Homme sur l'écosystème. Cette destruction massive est un mauvais indice de civilisation qui porte à nous interroger sur la conscience de l'être humain, sur son éthique ainsi que sur son rôle. Le rapport de force entre lui et la nature s'est presque inversé. Il est quasiment devenu une force géologique. « Tout ce qui arrive à la Terre, arrive aux fils de la Terre. Ce n'est pas l'Homme qui a tissé la trame de la vie : il en est seulement un fil. Tout ce qu'il fait à la trame, il le fait à lui-même », disait Seattle, chef indien Suquamish, en 1854, devant le gouverneur du territoire de Washington. L'Homme ne peut s'exclure de la nature. Il appartient à un tissu fragile qui se délite dès lors qu'on en file une maille. L'Homme n'est pas un tout, il fait partie d'un tout. Et le tout lui est indispensable. L'un dépend de l'autre. La science reconnaît que tout a une raison d'être. Ce qui peut paraître insignifiant dans la nature joue parfois un rôle clé. La disparition d'un simple lichen peut mettre en péril tout un écosystème.

Dans ce tissu du vivant, l'être humain est un organisme parmi tant d'autres, doté de facultés singulières, certes, mais pas supérieur en résistance. Son arrivée sur la Terre étant relativement récente, il n'a pas fini son adaptation, ce qui le place dans une position vulnérable. Il n'est pas certain qu'il soit le dernier à disparaître, bien au contraire. En faisant disparaître la biodiversité, l'Homme prend le risque de disparaître lui-même. Quant à la Terre, elle survivra tant que le Soleil restera à cette distance et qu'aucune collision avec un astéroïde n'aura lieu. Il y a des milliers de manières pour la vie de se développer autres que par l'être humain. Dans mon esprit, l'écologie est le paroxysme de l'humanisme. À travers elle, c'est l'identité et la dignité de l'Homme qui se jouent. Où est sa dignité s'il se résigne à être le responsable de la destruction de la planète ? L'écologie donne l'occasion à l'Homme de se distinguer en prenant soin de l'ensemble des êtres vivants et de consacrer son unicité.

F. L. – Nous avons évoqué dans un chapitre précédent la question des semences et de leur captation par quelques multinationales, avec la complicité des États. Je me suis intéressé à la tomate, fruit que j'aime particulièrement. De nombreuses semences de variétés anciennes disparaissent chaque année pour tendre vers une forme d'uniformisation. Nous sommes en train de perdre un capital magnifique et un héritage unique. Les tomates hybrides, résultant d'un croisement de plusieurs espèces, ont été créées par des grandes firmes de l'industrie agroalimentaire pour améliorer la durabilité (plusieurs semaines) et l'uniformité (même calibrage). Comme la plupart poussent hors sol, elles perdent leurs qualités nutritionnelles et leur goût. Aussi, leur semence est à usage unique, au contraire des tomates paysannes, qui se transmettent depuis plusieurs générations. Encore une fois, les industriels sont dans la logique de la quantité, au détriment de la qualité. Les consommateurs ont un rôle à jouer en refusant d'acheter ces tomates sans saveur et si pauvres en nutriments ! Malheureusement, il est de plus en plus difficile de trouver des tomates paysannes sur les étals, car l'État français, même s'il tolère depuis peu le don ou l'échange de semences paysannes, interdit toujours d'acheter ou de vendre des semences traditionnelles, à cause d'un catalogue officiel qui impose la commercialisation des semences par quelques grands groupes, tels que Bayer-Monsanto ou Linagrain.

N. H. – C'est un scandale que l'histoire sanctionnera sévèrement ! Je n'ai jamais compris pourquoi il est si difficile de mettre un terme à cette situation. La complaisance ou l'indifférence avec laquelle les États ont laissé ce système s'organiser me rend furieux. « Les sauvages qui commettent ces forfaits sont effrayants, mais les civilisés qui les laissent commettre sont épouvantables », a dit Victor Hugo. Cette indifférence à laisser faire Monsanto m'indigne autant que l'acte en lui-même. Je me suis battu pour élargir ce catalogue officiel et autoriser la vente de ces semences paysannes. Depuis la nuit des temps, la nature nous lègue une variété de semences permettant de couvrir les aléas de la vie. Et quelques multinationales sont en train de supprimer cet héritage merveilleux en proposant de nouvelles semences génétiquement modifiées à usage unique. Les élites sont au courant depuis longtemps et la population commence à l'être. Comment est-il possible de priver un paysan de laisser une partie de sa récolte de côté pour réutiliser les mêmes graines l'année suivante ? Ou de vendre des semences à d'autres ? Aussi, avant de créer de nouvelles espèces, commençons déjà par protéger celles qui existent ! Un amendement a été proposé pour ouvrir le catalogue officiel aux semences paysannes. Il a été voté à la majorité par l'Assemblée nationale, puis a été retoqué par le Conseil d'État, sans avancer d'arguments. Ce que je ne peux expliquer.

Pendant la campagne présidentielle d'Emmanuel Macron, en 2017, j'avais suggéré de mettre en place des états généraux de l'alimentation, réunissant tous les acteurs – les membres de la société civile et des organisations telles que la FNSEA – afin de traiter les questions de fond, hors temps de crise. Très rapidement, j'ai été évincé du projet qui a été repris par le ministère de l'Agriculture. Un atelier, piloté par un député, Dominique Potier, avait été organisé pour déterminer les volontés des citoyens et consommateurs. Le jour de la présentation des résultats, j'ai refusé d'y participer, aux côtés du Premier ministre et du ministre de l'Agriculture. En colère, j'ai laissé ma chaise vide, car aucune des préconisations suggérées par les participants n'avait été retenue : une journée sans viande, des zones d'épandage de pesticides éloignées des habitations, etc. C'était navrant ! Car non seulement ces propositions allaient dans le bon sens, mais aussi des citoyens avaient pris le temps de participer à cet atelier, au détriment de leur travail et de leurs activités. Convoqué le lendemain par le Premier ministre, je me suis fait réprimander. À ses yeux, ce n'était pas le bon moment pour mettre en œuvre ces préconisations. Finalement, ce sont les filières traditionnelles qui ont été sécurisées.

Tout ce qui vit sur Terre est prodigieux. Nous ne pouvons pas avoir d'affection sélective, même si nous sommes plus sensibles au sourire d'un dauphin qu'à la danse d'une méduse. J'ai toujours eu du mal à croire que les êtres dotés d'un instinct étaient inférieurs à ceux doués d'une intelligence. Peu de gens ont autant observé la nature que moi. J'ai même vu des tardigrades ou « oursons d'eau », figés dans les glaces des pôles pendant des milliers d'années, reprendre vie. J'ai eu la chance, grâce à tous mes métiers, de prendre conscience des facultés exceptionnelles de la nature. Qui s'émerveille d'une plante qui traverse le bitume ? Qui s'étonne des papillons monarques, pas plus lourds qu'une plume, qui voyagent sur des milliers de kilomètres ? Nous nous vantons de nos prouesses technologiques, et je ne les minimise pas, mais l'ingéniosité de la nature, avec sa capacité à coopérer et à s'adapter, est tout aussi incroyable.

Je place l'humanité dans mes priorités, car j'en fais partie, mais j'ai cette conviction partagée par les scientifiques de faire partie d'un tout. Sans être aussi extrême qu'un jaïn (religieux adepte de la non-violence envers toute forme du vivant), j'essaie de ne jamais écraser un insecte, sauf peut-être par réflexe de défense. Les peuples racines ont gardé ce respect pour tout être vivant, ainsi que le sens de l'économie.

J'ai reçu cet enseignement dans la tribu indigène des Zo'é en Amazonie, dont la vie est une économie de pénurie. Comme pour les Touaregs ou les Toubous du Sahara, ils ne prélèvent dans la nature que ce dont ils ont besoin et vivent en harmonie avec elle.

F. L. – La distinction entre instinct animal et intelligence humaine, que tu viens d'évoquer, n'est pas scientifique, mais religieuse. Pour la plupart des religions, l'être humain dispose d'une âme spirituelle qui lui confère une intelligence radicalement différente de celle des animaux. Elle lui permettrait de communiquer avec Dieu, selon la phrase de la Genèse : « Dieu créa l'Homme à son image et à sa ressemblance. » Découle de cette croyance l'idée que les animaux n'ont pas d'intelligence qui leur permettrait de faire des choix libres, mais seulement des instincts les poussant à agir de manière aveugle, selon leur nature. Les philosophes grecs ont presque tous avancé cette conception religieuse. Selon les stoïciens, par exemple, seul l'être humain est pourvu du *logos* divin, et Aristote affirme que l'âme intellective (le *noos*) est le propre de l'Homme. Au XVIe siècle, Montaigne est l'un des premiers à montrer, avant la communauté scientifique, qu'il y a des intelligences animales différentes de la nôtre, très développées. Comme le montre aujourd'hui l'éthologie (la science du comportement animal), une diversité d'intelligences existe à travers les espèces et leur environnement. L'être humain, pour sa part, a développé une intelligence qui procède de la rationalisation, de la comparaison, de la raison logique spéculative et de la connaissance conceptuelle, à l'origine de son langage complexe et de sa conscience morale. Il a une forme d'intelligence unique, mais pas nécessairement supérieure à celle des autres, comme je l'ai déjà évoqué.

N. H. – Si les animaux ont plusieurs formes d'intelligence, ils doivent aussi avoir plusieurs formes de conscience. Je ne suis pas sûr que la conscience soit une prérogative humaine. Mon expérience avec les animaux, domestiques ou sauvages, ne fait pas de moi un savant, mais nourrit ma conviction. Il y a chez eux des affects, comme la joie, la peur ou la tristesse, mais aussi une forme de conscience. Je suis persuadé qu'un animal a conscience qu'il souffre ou qu'il va mourir. Il a conscience de lui, tout comme les autres animaux ou êtres humains qui l'entourent. Aussi, il est probable que les végétaux aient aussi une forme de conscience. L'ingénieur forestier Peter Wohlleben, dans son livre *La Vie secrète des arbres*, en fait d'ailleurs la démonstration. « Heureux celui qui comprend sans effort le langage des fleurs et des choses muettes », écrivait Charles Baudelaire. Ce langage des plantes a été pour moi le pourvoyeur de joies infinies. Mon père se courbait dès qu'il voyait une rose, et je fais comme lui aujourd'hui. Je sais que l'être humain a une capacité de communiquer avec les végétaux et les animaux qui ne demande qu'à être explorée.

Les langages secrets de la nature nous échappent encore en partie. Nous en savons si peu. Nous sommes à la préhistoire de nombreuses disciplines, dont l'éthologie. Il est étonnant de voir des éléphants se coordonner à des kilomètres de distance les uns des autres. Aussi, il est stupéfiant d'observer un pingouin plonger à 400 mètres de profondeur en mettant tous ses muscles en veille pour préserver la réserve d'oxygène nécessaire. Ou encore un colibri réduire son rythme cardiaque à un battement par minute, en hiver. Enfin, il est incroyable d'observer, sous l'eau, la façon stupéfiante qu'ont certains organismes à varier leurs formes ou leurs couleurs pour se faire passer pour ce qu'ils ne sont pas, en fonction des circonstances. Toutes ces facultés mille fois constatées expliquent mon état de vénération pour l'animal et le végétal. Je suis *addict* à la nature. « Le cœur de l'Homme éloigné de la nature devient dur », disait Standing Bear, chef Lakota (Sioux), alors que l'émerveillement qu'elle suscite procure suffisamment de dopamine pour enivrer n'importe qui. Oui, l'Homme qui se coupe de la nature se mutile !

F. L. – J'adhère totalement à ce que tu dis sur la conscience des animaux, sur la puissance de leurs émotions et j'ajouterais même sur leur compassion. J'ai visionné des vidéos qui m'ont bouleversé. Celle, par exemple, d'une femelle gorille devenue célèbre, Koko, née en captivité dans les années 1970, qui a appris le langage des signes auprès de l'éthologue américaine Penny Patterson, pour partager ses sentiments. Quand cette dernière lui apprend la disparition du petit chat dont elle s'occupait, elle se met à pleurer et exprime dans le langage des signes toute sa tristesse : « Koko, triste, a perdu une amie. » Bien d'autres vidéos prouvent que la compassion n'est pas le propre de l'être humain. Certains affirment aussi que la compassion chez les animaux n'existe qu'au sein d'une même espèce, contrairement à l'être humain capable de s'émouvoir pour d'autres espèces. Il n'en est rien ! Pour s'en convaincre, il suffit de regarder cette autre vidéo qui a fait le tour du monde. Au bord d'un point d'eau du parc national Kruger, en Afrique du Sud, on voit un impala se faire capturer par un crocodile. Un hippopotame accourt pour le sauver, fait fuir le crocodile, sort l'impala mortellement blessé de l'eau et ouvre délicatement sa gueule pour tenter de le réanimer avec son souffle.

N. H. – « L'Homme est un animal qui a trahi, l'histoire est sa sanction », disait de façon pessimiste le philosophe Emil Cioran. Donnons-lui tort. Quand François Hollande m'a missionné à la COP 21, j'avais proposé d'en faire l'ouverture avec un chimpanzé capable d'écrire tout un registre de mots sur un clavier. Sur scène, il se serait assis derrière un ordinateur relié à un écran géant, et aurait tapé la phrase suivante : « Devenez humains ! » Le Président avait souri, mais la plupart m'ont regardé comme si j'étais fou. C'est dommage ! J'aurais adoré !

F. L. – Un cochon, considéré comme du « minerai » dans les élevages industriels, serait aussi capable de le faire. Les études éthologiques, depuis quinze ans, montrent qu'il a une intelligence remarquable. En adaptant un outil à leur groin, deux chercheurs américains ont fait participer des cochons à des jeux vidéo et certains d'entre eux ont battu des chimpanzés ! Depuis que j'ai lu cette étude, je m'efforce de ne plus manger de porc. C'est ce que j'expliquais un jour à un ami philosophe canadien chez qui je prenais le petit déjeuner et qui s'étonnait du fait que je ne prenais plus de bacon avec mes œufs. Il m'a répondu en riant : « Ne me fais jamais lire cette étude : j'aime trop le bacon ! » Et c'est tellement vrai : nous avons si peu envie de modifier nos habitudes alimentaires que nous préférons faire l'autruche et ne pas savoir d'où proviennent nos aliments, quels dégâts écologiques et quelles souffrances animales ils ont pu causer.

En Afrique du Sud, je soutiens un sanctuaire de bébés rhinocéros dont les mères sont tuées par des braconniers pour leurs cornes. Celles-ci sont plus prisées que l'or ou la cocaïne, essentiellement par les Chinois et les Vietnamiens qui leur attribuent des vertus aphrodisiaques. Actuellement, le nombre de rhinocéros blancs dans le monde est estimé à environ 20 000 individus et le nombre de rhinocéros noirs à environ 5 000[1]. C'est une des plus anciennes espèces d'animaux qui est en train de disparaître sous nos yeux à cause d'une croyance absurde.

N. H. — En tant qu'envoyé spécial du président François Hollande pour la protection de la planète, j'avais fait une tournée africaine sur le thème du déclin de la faune sauvage, du braconnage et du trafic des espèces, dans la perspective d'organiser un sommet à Paris afin de mobiliser la communauté internationale. Je me souviens du récit des *rangers* en Afrique centrale qui me racontaient à quel point leurs moyens étaient dérisoires, face à des hommes équipés de kalachnikovs. Au cours de ce même périple, j'ai constaté les limites de l'efficacité des réserves et des parcs nationaux créés autrefois. Les animaux, plus ou moins protégés dedans, sont menacés dehors et n'osent plus en sortir. Le brassage génétique n'opérant plus, les effets de la consanguinité se font sentir. Les réserves devraient être équipées de corridors pour permettre aux espèces qui y vivent d'en changer, en fonction des besoins de reproduction et de nourriture. Comme ces migrations n'opèrent plus, certains territoires sont également saturés, comme l'an dernier au Botswana où des centaines d'éléphants ont dû être abattus à cause du surpâturage, du manque de nourriture et des conflits avec les agriculteurs. Pour 50 000 euros, ils peuvent être tués par de richissimes chasseurs de trophées, montés sur de gros 4 × 4 leur permettant de fuir en cas de charge. Une façon pour les autorités de réguler le nombre d'éléphants sur un territoire. Le paradoxe, c'est qu'ils sont en surnombre dans les zones protégées et en chute libre ailleurs. Le Botswana abrite un tiers des 415 000 éléphants sauvages d'Afrique, alors qu'ils étaient 13 millions il y a un siècle ! Une population qui a diminué de 110 000 individus en dix ans sous l'effet du trafic d'ivoire. Beaucoup d'entre eux ont fui les pays voisins pour se réfugier au Botswana échappant ainsi aux braconniers.

Par ailleurs, chaque jour, se dissipe la probabilité d'observer des grands singes en liberté au mitan de ce siècle. Si l'anthropomorphisme n'a pas opéré pour susciter un élan de protection efficace, chacun peut comprendre que c'est toute la grande faune africaine qui est menacée, et pas seulement elle. Car toutes les zones sont concernées. J'ai vu un monde relique que je ressens dans ma chair. Je suis un témoin privilégié de la destruction de la beauté et de la souffrance des animaux. Partout, la place du sauvage fond à vue d'œil. C'est ce constat qui a forgé ma conviction écologique, puis ma mobilisation.

F. L. – Au-delà de la disparition de la biodiversité, il y a aussi les déséquilibres que l'être humain introduit au sein des écosystèmes. L'harmonie est rompue. Dans le parc national de Yellowstone, aux États-Unis, par exemple, les gardes ont éradiqué les loups à des fins touristiques. Quelques années plus tard, il a été observé que les arbres de la forêt s'effondraient, provoquant, entre autres, des glissements de terrain. Les chercheurs ont découvert que les wapitis, en prolifération à cause de l'absence de prédateurs, endommageaient la végétation. Pour retrouver l'équilibre de l'écosystème, l'être humain n'a pas eu d'autres choix que de réintroduire les loups.

N. H. – Un écosystème est en effet un équilibre très subtil et fragile, élaboré sur un temps long. Souvent, l'être humain prend conscience du rôle d'une espèce au moment de sa disparition, ou du service rendu par un écosystème quand il est détruit. La valeur de ce que la nature nous prodigue au quotidien est inestimable. Il faut considérer tous les biens produits par ces écosystèmes, au premier rang desquels la nourriture, mais aussi les molécules pharmaceutiques, l'eau, les fibres et les ressources génétiques. Sans oublier tous les services écologiques invisibles, comme la régulation des crues, le filtrage de l'eau ou son stockage. À plus grande échelle, la forêt et les océans sont les gardiens des grands équilibres planétaires, dont le coût pour la société est sans fin dès lors qu'on les met en péril. Quel prix donner aux plaisirs procurés par le seul spectacle de la nature ? Quel prix donner au chant des oiseaux ou des baleines, aux frasques des dauphins, au parfum d'une rose, à la livrée d'une panthère, aux couleurs d'un poisson-clown, à la grâce de l'impala, à l'apparition d'une coccinelle ? Si l'on devait s'en priver, aucune économie au monde, aucune grande fortune ne pourraient compenser le préjudice subi.

Chapitre 9

Donner du sens

> «*Ce qui s'agite dans l'âme humaine, c'est la quête de sens.*»
>
> Georg Wilhelm Friedrich Hegel

FRÉDÉRIC LENOIR – Nous avons ouvert notre discussion par une interrogation sur la notion de progrès : qu'est-ce qui constitue véritablement un progrès pour l'être humain, au-delà de la progression cumulative des savoirs et des techniques, qui améliorent notre compréhension du monde et nos conditions de vie matérielle ? Cette interrogation nous conduit à poser la question du sens : quelle direction et quelle signification donner à nos vies et à nos actions ? À partir de quels critères et de quelles valeurs les orienter ? Qu'est-ce qui vaut et qu'est-ce qui ne vaut pas ? Qu'est-ce qui est important, futile, essentiel, superflu ? Cette question du sens est aussi vieille que l'humanité, mais elle prend un caractère nouveau, et je dirais même vital, aujourd'hui. Pour la première fois, tous les êtres humains sont interconnectés. La technologie a bouleversé notre rapport au monde. Ce changement extrêmement important affecte nos modes de vie et de pensée, alors que les grands récits religieux qui ont structuré nos civilisations s'effondrent. Ces bouleversements conduisent à une révolution des consciences. Ce n'est pas une transition anodine que nous vivons, mais un moment décisif pour l'avenir de l'humanité. Il s'agit de trouver de nouveaux repères, de nous réorienter, de déterminer ce qui est universel afin de construire, ensemble, le monde dans lequel nous désirons vivre.

NICOLAS HULOT – La convergence évolutive nous permet d'aboutir, à partir de parcours différents, aux mêmes convictions. Je suis persuadé que la quête de sens que nous nous devons d'entreprendre aujourd'hui consacrera ou non l'unicité de l'Homme. La religion montrait autrefois la direction, avant que la science l'efface en partie. Boutée hors des débats publics, cantonnée à la sphère privée, voire réduite au non-dit, la question du sens est la grande absente des médias de nos sociétés. C'est pourtant elle qui nous permettra de retrouver la pureté de ce qui se dissimule derrière le mot « progrès », trop souvent confondu avec une addition de puissances et une augmentation de l'efficacité. La dimension spirituelle a été engloutie par la société technologique, matérialiste et consumériste. Les prothèses technologiques masquent la réalité à cause du filtre qu'elles créent. Il s'agit d'en prendre conscience pour s'en libérer. Nous sommes confrontés à un grand défi qui est aussi la phase ultime de notre humanisation. Le murmure inaudible de la nature devient tonitruant à travers certains événements climatiques, c'est un message qu'elle nous envoie que nous nous devons de saisir.

F. L. – Il faut déjà commencer par accepter le réel tel qu'il est et ne pas le fuir. Pour répondre, par exemple, à la question «Comment peut-on avoir une croissance infinie dans un monde fini ?», il suffit de faire un exercice de lucidité avant de s'engager dans une logique de sobriété. Cette lucidité, vertu cardinale de l'être humain, conduit tout naturellement à la responsabilité. Pour créer une humanité plus digne, plus juste, plus épanouie, conciliant à la fois l'unité et la diversité, il est important de bâtir une éthique autour de cette question : quelles valeurs et quelles règles de vie choisissons-nous pour mener notre action ? Ce qui revient à poser la question du sens que nous entendons donner à notre vie.

N. H. – L'être humain s'est délié des deux infinis, l'infiniment petit et l'infiniment grand. Il s'est isolé dans sa propre dimension et fait cavalier seul dans la galerie du vivant. Tu as rappelé que tout ce qui crée un ordre symbolique – Dieu, la religion, la tradition – a été piétiné par les avancées technologiques, engendrant une forme de désarroi, très bien identifié par l'écologue René Dubos. La civilisation moderne a substitué au salut de l'âme l'idéologie consumériste. Là est la grande illusion. Victime de la croyance qu'il faille consommer pour exister, l'Homme finit par être « possédé », mais pas obligatoirement condamné, car il a l'opportunité de ramener un degré de conscience en lui. Reste à savoir si cela se fera dans un temps raisonnable et spontanément. Les sociétés doivent se réorganiser et inventer des espaces et des tribunes permettant à la conscience de surgir, c'est ainsi que l'être humain pourra déclarer la paix à la nature, s'y relier et lui redonner tout son prestige.

« L'Homme moderne s'enivre de dissipation. Abus de vitesse, abus de lumière, abus de toniques, de stupéfiants, d'excitants… abus de fréquence dans les impressions ; abus de diversité ; abus de résonances ; abus de facilités ; abus de merveilles ; abus de ces prodigieux moyens de déclenchement, par l'artifice desquels d'immenses effets sont mis sous le doigt d'un enfant. Toute vie actuelle est inséparable de ces abus. Notre système organique (…) se comporte, à l'égard de ces puissances et de ces rythmes qu'on lui inflige, à peu près comme il le fait à l'égard d'une intoxication insidieuse. Il s'accommode à son poison, il l'exige bientôt. Il en trouve chaque jour la dose insuffisante. (…) On nous inocule donc, pour des fins d'enrichissement, des goûts et des désirs qui n'ont pas de racine dans notre vie physiologique profonde, mais qui résultent d'excitations psychiques ou sensorielles, délibérément infligées », a écrit Paul Valéry. Tout était déjà énoncé il y a un siècle. Ces phrases résonnent et prennent leur relief aujourd'hui. Car, oui, il s'agit bien de faire une révolution de l'esprit !

F. L. – Face aux bouleversements scientifiques et technologiques, « le corps agrandi attend un supplément d'âme et la mécanique exigerait une mystique », écrivait Henri Bergson en 1932[1]. Qu'on l'appelle l'âme, la conscience ou l'esprit, peu importe, c'est son développement qui se joue, conjointement à celui de la matière. L'être humain a absolument besoin d'un surcroît de connaissance, de spiritualité et de sagesse intérieure, alors qu'il ne cesse d'être dans la projection extérieure. Ce qui nous unit d'ailleurs le plus est notre esprit et non nos corps et nos cultures si divers. Une vibration spirituelle rassemble tous les humains. J'ai constaté cela en rencontrant des gens très éloignés de moi, notamment lors de voyages à l'étranger. Malgré notre différence de culture, de langue ou de couleur de peau, il est possible de vibrer sur la même « longueur d'âme », grâce à un simple sourire, un échange de regards ou quelques gestes. Il suffit de s'observer en tant qu'individus doués d'une conscience. Avec les animaux aussi, il y a des partages silencieux riches d'enseignements. Tout cela se joue dans l'intériorité. Les Grecs avaient raison de dire que les yeux sont les fenêtres de l'âme. Comme l'ensemble du monde animé, l'être humain a une intériorité qui donne du sens à son corps, l'anime et l'oriente de telle ou telle manière. Carl Gustav Jung a écrit un livre au titre prophétique *L'Homme à la découverte de son âme*. À cause de sa fascination pour les objets et la science, l'humanité contemporaine s'est en partie amputée de son âme. Elle a oublié l'essentiel qui se vit dans cette intériorité secrète, réunissant tous les êtres entre eux.

N. H. – C'est un peu cela que j'appelle le sacré : cette vibration qui relie tous les individus entre eux et qui nous relie tous au monde.

F. L. – Tout à fait ! Mais entendons ici une définition anthropologique du sacré, et non sociologique. Sa définition sociologique provient d'Émile Durkheim et reste très présente dans les esprits : les grandes religions historiques sacralisent des espaces, ou des temps précis, afin de les distinguer du monde profane, alors que dans les religions premières, le sacré est partout. L'autre définition, anthropologique, du sacré, développée notamment par Rudolf Otto et William James, est celle qui devrait être réhabilitée : nous habitons dans un univers qui nous dépasse, face auquel nous ressentons crainte, émerveillement, et qui nous bouleverse. C'est cette expérience profonde que l'on peut qualifier de sacrée, ainsi que le lien mystérieux qui nous rassemble au-delà de toutes nos différences. « L'expérience la plus belle et la plus profonde que puisse faire l'Homme est celle du mystère », a dit Albert Einstein. Le sacré renvoie au mystère du monde et à l'énigme de l'existence, ce qui provoque en l'être humain un sentiment d'humilité.

Il est avant tout une expérience vécue. Les peuples premiers, qui vivent en communion avec la nature, éprouvent le sacré, notamment à travers des états modifiés de conscience. Connectés à leur intuition, ils développent des liens avec l'invisible et les esprits de la nature avec lesquels ils communiquent de manière non verbale.

Les grandes religions sont apparues au néolithique comme une domestication du sacré, l'être humain ayant cherché à l'apprivoiser, à le nommer, à le ritualiser. Elles partent du sentiment universel du sacré en l'encadrant pour créer du lien social autour de croyances et de valeurs partagées, comme je l'ai évoqué à propos de la dimension politique du religieux. En chaque religion, on retrouve une dimension politique et une gestion du sacré avec des rituels fondés sur des sacrifices. Cette logique de dons ou d'échanges entre humains et avec les divinités permet de résorber la violence inhérente à l'Homme, explique le père de l'anthropologie française, Marcel Mauss. L'étymologie du mot «sacrifice» en latin renvoie au «fait de rendre sacré». La religion se développe ainsi dans le «faire», donc dans l'efficacité et l'extériorité. Les êtres humains des civilisations antiques codifient le sacré plus qu'ils ne l'éprouvent, à l'image des Hommes préhistoriques et des peuples premiers.

C'est en réaction à cela qu'apparaissent, vers le milieu du premier millénaire avant notre ère, tous les grands courants spirituels de l'humanité.

Les sagesses orientales, à travers les Upanishad, le jaïnisme et le bouddhisme, naissent à contre-courant de la religion hindoue védique. Inspiré par la spiritualité des Upanishad, le Bouddha se révolte contre le système des castes et le brahmanisme en Inde. Il affirme que tous les êtres humains sont égaux en dignité et qu'il n'y a pas besoin d'être né dans la caste supérieure des brahmanes pour atteindre l'état d'Éveil. La libération est intérieure, elle ne passe pas par la religion, mais plutôt par la connaissance de soi. L'être humain vit dans l'illusion tant qu'il s'identifie à son ego et à sa personnalité sociale, mais aussi tant qu'il est esclave de son mental. Car la somme de toutes ses pensées l'empêche d'accéder directement à la vraie connaissance par le biais de son intuition. Il est coupé de son esprit. Le seul sacrifice qui compte dans les sagesses orientales, c'est celui de l'ego, permettant ainsi à l'être humain d'entrer dans une non-dualité et de comprendre qu'il fait partie de la nature et d'un tout. La méditation est un outil d'observation et d'introspection formidable pour en prendre conscience. Au lieu de se projeter uniquement vers le monde extérieur par l'action, il s'agit de développer une lucidité intérieure permettant d'entrer dans une attitude de responsabilité, de bienveillance et de compassion envers tous les êtres sensibles.

En Grèce, la philosophie (ou l'amour de la sagesse) naît également en réaction aux religions de la cité. Démarche de réflexion critique et de questionnement sur le monde, elle vise à développer chez l'être humain un comportement juste pour qu'il s'épanouisse à la fois personnellement et avec les autres. Les grandes écoles philosophiques – comme le platonisme, l'aristotélisme, le stoïcisme, l'épicurisme, le néoplatonisme, etc. – cherchent à rendre l'être humain plus lucide et responsable, capable de guider ses actions pour atteindre un bonheur vrai, profond, durable et partagé avec autrui. La spiritualité des Grecs est une sagesse fondée sur la pratique des vertus, telles que la justice, la tempérance, la force, la prudence. Aristote décrit la vertu comme un juste milieu entre deux extrêmes, permettant ainsi de bien orienter sa vie. La tempérance, par exemple, est un juste milieu entre la débauche et l'ascèse. La débauche est un excès d'appétence sensible qui peut être nuisible à l'être humain, mais l'ascèse aussi en est un, car ne pas jouir de ses sens n'est pas naturel. En somme, la tempérance n'est pas le renoncement au plaisir, mais le juste plaisir. Le courage est, quant à lui, le juste milieu entre la lâcheté qui nous fait fuir tout danger, et la témérité, qui nous amène à risquer notre vie sans raison valable. Redécouvrir l'usage de toutes ces vertus peut nous permettre de devenir des êtres humains responsables, justes et capables de s'autolimiter. Au fil de l'histoire, la philosophie a malheureusement oublié cette dimension spirituelle et éthique pour devenir une discipline purement conceptuelle. Ce n'est que depuis une trentaine d'années, sous l'influence en France de penseurs comme Pierre Hadot, Marcel Conche ou André Comte-Sponville, qu'elle renoue avec ses racines grecques, répondant à une quête de sagesse de nombre de nos contemporains.

Le confucianisme et le taoïsme sont également nés en réaction aux rituels désuets de la Chine antique. Confucius offre une sagesse fondée sur l'ordre du monde et l'observation de la nature. La nature peut inspirer nos actions, car elle est ordonnée, collaborative et régénérative. Le taoïsme s'inscrit dans la continuité du confucianisme, mais en étant moins moral et plus mystique. Pour les taoïstes, c'est le chaos qui prédomine sur Terre, et s'il y a un ordre, il est caché. Privilégiant l'observation afin d'agir de manière opportune, au bon moment, sans forcer les choses, les maîtres taoïstes nous invitent à développer des vertus d'adaptabilité, de souplesse, de flexibilité. Ce qui est une leçon fort utile pour nous autres Occidentaux.

Les prophètes d'Israël jusqu'à Jésus sont aussi dans une révolte face à la religion instituée. C'est d'ailleurs la raison pour laquelle la plupart d'entre eux ont été persécutés. Ils pensent que les sacrifices qui se font dans le Temple ne servent à rien si on n'aime pas son prochain et si on ne transforme pas son cœur. Nous assistons à une révolution de la conscience spirituelle, la religion ayant confondu la fin et les moyens. La loi est utile, en nous incitant à ne pas voler, tuer, etc., mais il ne faut pas l'idolâtrer, car elle n'est qu'un moyen. Jésus refuse de lapider la femme adultère, alors que la loi l'exige : « Que celui d'entre vous qui est sans péché soit le premier à lui jeter une pierre » (Jean 8, 7). Le pardon, l'amour et la miséricorde sont plus importants que la loi. Celle-ci doit permettre à l'individu de grandir et non l'écraser. La révolution interne du judaïsme prophétique aboutit au message des Évangiles, même si l'Église a finalement renoué avec les travers de la religion antique : sacraliser le moyen (l'institution, les sacrements, la loi) au détriment de la fin (l'amour du prochain et la conversion du cœur).

Les grands courants de spiritualité et de sagesses du monde sont donc nés, au sein ou en marge des religions, en réaction contre leur politisation, leur ritualisation et leur formalisme excessifs. Ils constituent un mouvement de libération de l'âme humaine qui aspire à la lucidité, à la responsabilité et à l'amour, dans le but de vivre en harmonie avec soi-même, avec les autres et avec le monde.

On n'a pas tant besoin aujourd'hui de religion que de spiritualité et de sagesse. On peut être spirituel et non religieux (c'est le cas de nombre d'athées humanistes), mais aussi religieux et non spirituel (comme les intégristes de toutes les religions), ou encore religieux et spirituel. Les deux ne vont pas forcément de pair. Ainsi, le philosophe André Comte-Sponville prône une spiritualité laïque, émancipée de toutes les croyances religieuses. La spiritualité est en train de s'émanciper du carcan religieux pour être accessible à tous ceux et à toutes celles qui ont besoin de cultiver leur intériorité. Pour moi, le véritable clivage n'est pas entre les croyants et les non-croyants, mais entre les individus qui ont une dimension spirituelle, une vie intérieure, et ceux qui n'en n'ont pas.

N. H. – Le progrès matériel doit s'accompagner d'un progrès spirituel si l'on veut renouer avec la promesse du temps ou l'espoir d'une amélioration continue de la condition humaine. Rien ne sert de multiplier et d'additionner les performances technologiques sans avoir une claire vision de leur finalité. Même le développement durable est une notion encore imprécise nous menant vers un horizon flou, alors qu'il devrait être un insatiable opérateur de sens. Nous devons vivre dans une société qui s'interroge en permanence sur la finalité de ses choix et sur leur compatibilité avec le réel. Alors, seulement, nous atteindrons la plénitude.

F. L. – Puisque nous partageons une même communauté de destins, il s'agit de redéfinir des valeurs universelles communes. Sans cela, comment vivre harmonieusement ensemble ? Ces valeurs nous permettent de déterminer ce qui est essentiel dans notre vie et ce qui ne l'est pas. Elles sont l'objectif ou l'horizon vers lequel l'être humain tend pour croître de manière harmonieuse : solidarité, fraternité, liberté, beauté, respect, justice... Pour atteindre une valeur choisie, il cherche à développer des qualités, que sont les vertus : humilité, bienveillance, modération, tempérance, courage, prudence, pardon, humour… Parfois, le lien est étroit entre une valeur et une vertu : c'est le cas de la justice, qui est autant un horizon à atteindre qu'une qualité à développer.

N. H. – L'un de mes premiers guides a été la beauté, car j'ai eu la chance d'en être un témoin privilégié tout au long de ma vie. Source d'humilité sur le mystère du monde, elle fait prendre conscience de la sacralité de la nature. Je suis intimement convaincu que c'est la beauté qui relie tous les êtres humains, quelle que soit leur culture, leur vanité ou leur addiction. Elle est un langage universel. Personne ne peut rester insensible au vol d'une libellule, au parfum du muguet, aux courbes des dunes, à l'écume des vagues, aux aurores boréales… La beauté de la nature est aussi un signe tangible vers l'incommensurable, une fenêtre vers l'énigme des origines.

F. L. – Kant définit ainsi la beauté : « Est beau ce qui plaît universellement sans concept. » Tout le monde éprouve cette beauté sans raison.

N. H. – La beauté de la nature nous enseigne l'harmonie, l'équilibre, la juste mesure qui font défaut dans le comportement humain. Du monde fractal à l'espace, il y a un ordre. La beauté se niche partout, jusqu'au fond des abysses. Il est magnifique d'observer la peau d'un requin-baleine ressemblant à une peinture aborigène ou bien la naissance d'un hippocampe nain. La beauté est un chemin qui nous guide peut-être vers ce que certains appellent Dieu et nous ramène au premier matin du monde. Elle est une force d'émerveillement pour celui qui sait orienter son regard, ses sensations et ouvrir ses champs émotionnels et de conscience. Je dois tout mon chemin à cette rencontre avec la beauté qui m'a mené vers le respect, le vrai, le juste et le nécessaire.

Quand j'étais enfant, j'aimais aller à la campagne, près d'Épernon, en Eure-et-Loir, dans une maisonnette située sur un lopin de terre sur lequel mon père passait des heures à faire des bouturages de roses et à planter des tulipes. Au milieu de cette petite parcelle de nature jardinée, j'étais heureux. À l'inverse, je me suis toujours senti mal à l'aise quand je m'éloignais de la nature. Elle est pour moi un réservoir infini de joie et d'équilibre. Après avoir observé et touché tous les animaux de la planète, un papillon ou une mésange m'émeuvent toujours autant. Au quotidien, je ne me lasse pas du spectacle des marées, j'ai l'impression de sentir le pouls de la planète.

Cette profusion de beauté m'a ébloui, éveillé et révélé comme faisant partie d'un tout. Je me considère un peu comme panthéiste. S'il y a un Dieu, il est dans cette beauté, dans chacune de ces manifestations ; pour moi, le sacré est avant tout dans la beauté de la nature. Je comprends l'émotion collective qui s'est emparée de tant d'individus en France et dans le monde quand Notre-Dame de Paris a brûlé, mais ne devrait-on pas ressentir la même quand la planète se consume un jour en Amazonie, le lendemain en Australie ?

F. L. – Comme toi, j'ai été éveillé à la spiritualité par la beauté. Mon cœur s'est ouvert la première fois à l'amour en regardant la beauté du monde. Un jour, mon père a voulu m'apprendre à chasser à l'arc dans la forêt. Alors qu'un faisan magnifique se mettait à voler, puis un deuxième, puis un troisième, il me dit : « Tire, tire, tire ! » Bouche bée, je n'ai jamais pu tirer. Je ne pouvais pas tuer un être vivant et encore moins mettre fin à cette beauté et à cette harmonie, comme ça, pour le plaisir de tuer. Autant je peux comprendre une chasse de subsistance ou même de régulation, autant je suis en totale incompréhension devant des individus qui chassent pour le seul plaisir de donner la mort.

Je suis aussi très mal à l'aise devant une corrida, même si les aficionados mettent en valeur la beauté du rituel de mise à mort. Je préfère la beauté de la vie qui éclot et s'épanouit à celle de la mise à mort. À peine âgé de 12 ou 13 ans, j'ai assisté à ma première (et dernière) corrida. J'en garde un souvenir éprouvant. Dès que le picador est entré dans l'arène sur son pauvre cheval terrorisé et a commencé à torturer le taureau avec sa pique pour l'affaiblir en sectionnant ses muscles, qui l'empêcheront ensuite de relever la tête, j'ai compris que les dés étaient totalement pipés. Que dans ce prétendu « noble et équitable combat entre l'homme et la bête », l'être humain ne laissait aucune chance à l'animal et que l'issue était quasi inéluctable. Je me suis mis à vomir et j'ai quitté l'arène. Les statistiques montrent que, depuis trois siècles, soixante matadors ont trouvé la mort dans les arènes du monde entier, alors qu'on tue en moyenne, chaque année dans le monde, environ 250 000 taureaux lors de corridas. Soixante hommes tués contre des dizaines de millions de taureaux sacrifiés : comment peut-on affirmer que le combat est équitable ? Il le serait peut-être si l'animal n'était pas essoufflé, affaibli et mutilé avant sa confrontation finale avec le matador qui vient lui donner l'estocade. Qu'en 2021 des êtres humains aient encore besoin d'assister à des mises à mort dans des cirques me laisse sans voix ! Mais comme le dit Spinoza, il ne suffit pas de s'indigner, encore faut-il essayer de comprendre.

Pourquoi des individus de tous horizons socioculturels prennent-ils autant de plaisir à assister à un spectacle de mise à mort ? Il est intéressant de constater que la corrida s'est fortement développée, lors de la première moitié du XXe siècle, à une période où les exécutions publiques tendaient à disparaître (la dernière en France a eu lieu en 1939). Certains individus, sans doute pour conjurer leur propre violence intérieure, aiment assister à la mise à mort d'autrui, que cet autre soit humain ou animal. Que ce soit dans la mise à mort publique, telle qu'elle était pratiquée, ou dans la corrida, tout est organisé à travers un rituel très élaboré pour valoriser la force, le pouvoir, la hiérarchie, et, pour finir, légitimer la mise à mort d'un être sensible. On retrouve aussi dans le rituel de la corrida cette valorisation de la puissance virile et de la domination typiquement masculine, que j'ai déjà évoquée, si chère aux sociétés patriarcales. À ce caractère hautement symbolique, s'ajoute bien entendu la dimension esthétique de la corrida, qui touche notamment certains artistes. On assiste à un drame bien ritualisé qui met en scène l'homme face à l'animal : le rouge du sang jaillit sur la peau noire du taureau ; le matador effectue de véritables pas de danse dans l'arène face à la bête agonisante, etc. Je peux comprendre cette attraction pour la corrida, sans pour autant la justifier, car je pense qu'elle relève d'une fascination pour la mort et d'un besoin d'exorciser sa propre violence. Mais je pense que l'être humain pourrait pratiquer cette catharsis autrement, de manière purement symbolique, sans mise à mort réelle. Et, encore une fois, je trouve la vie tellement plus belle que la mort, et surtout cette mort provoquée pour en faire un spectacle. Car, lorsqu'elle est naturelle, la mort ne me dégoûte pas. J'ai assisté, à moins d'une trentaine de mètres de moi, à la chasse d'une gazelle par un léopard et je n'ai pas eu le moindre haut-le-cœur lorsque le fauve a attrapé sa proie.

N. H. – « Le sauvage est un antidote indispensable à nos excès de civilisation », disait Gandhi. Je dirais, aussi, que la beauté est un antidote à notre lassitude. Il s'agit de déterminer ce qui nous en détourne et nous en divertit au mauvais sens du terme. La culture doit nous impliquer dans la nature, pas nous en éloigner.

F. L. – Qu'est-ce qui nous détourne parfois de cette beauté ? Mon ami Jean-Claude Carrière m'a raconté cette histoire indienne d'un riche brahmane qui amène son jeune fils au sommet d'une montagne. Il lui dit : « Regarde, mon fils, un jour, tout ça sera à toi. » L'enfant est très troublé et soucieux car, au vu de la dimension du territoire dont il héritera, il va falloir le protéger avec des milliers de gardes. Arrive un homme pauvre qui conduit son fils au sommet de la montagne et lui dit : « Regarde ! » Le fils, rempli d'amour face à la beauté du monde, contemple le paysage dans la joie et la plénitude. Porter un regard utilitariste sur le monde nous détourne de sa beauté et nous laisse dans l'inquiétude de notre petit moi. À l'inverse, s'émerveiller devant la beauté du monde nous amène à quitter notre ego et tout sentiment de dualité pour ne faire parfois plus qu'un avec l'objet de notre contemplation.

« La beauté sauvera le monde ! » a écrit Dostoïevski dans *L'Idiot*. Les penseurs du XIXe siècle ont bien pressenti l'évolution : la beauté peut nous ramener vers le sacré par-delà les religions. Tous ceux qui s'étaient coupés du sacré à cause des religions peuvent le redécouvrir à travers la beauté. Si elle seule ne sauve pas le monde, au moins elle contribue à nous réorienter vers l'essentiel !

N. H. – J'en suis convaincu. Il n'y a pas que la beauté d'un paysage, mais aussi la beauté des esprits, des gestes, des pensées, des regards, des corps, des mots… Elle se niche partout pour nous procurer des joies durables. Même dans la méditation, il est possible de s'évader par ses pensées dans une forme de beauté. Parfois, je me réfugie dans mes souvenirs et replonge dans des lieux comme le delta de l'Okavango, en Afrique. Je revois le reflet de ma petite montgolfière volant docilement au gré du vent comme une bulle de savon, au-dessus du fleuve et des antilopes, et je ressens un sentiment de plénitude. Quand, en plus, la beauté du monde se partage à deux dans un sentiment amoureux, on atteint le nirvana !

F. L. – Pour moi, rien n'est laid dans la nature. La laideur est l'invention de l'être humain. Où que je sois allé dans le monde, je ne me suis jamais dit que ce paysage, cette montagne, cette forêt ou cette plante étaient laids… Il en va tout autrement dans les nombreuses villes que j'ai visitées !

N. H. – « Le beau n'a qu'un type, le laid en a mille », écrit Victor Hugo dans la préface de sa pièce de théâtre *Cromwell*. La beauté est universelle et nous apprend à aimer sans comprendre, ce qui procure un plaisir indicible.

F. L. – Dans le film pour le cinéma *Le Cercle des petits philosophes*, la réalisatrice Cécile Denjean m'a acccompagné lors d'ateliers philo. Nous avons suivi des enfants d'une zone défavorisée de la région parisienne partis en classe verte en Normandie. Tous s'émerveillaient face à la beauté de la mer, comme si c'était inné. J'ai été frappé de découvrir aussi qu'ils étaient très sensibles à la question de la préservation de l'environnement, même s'ils vivaient quotidiennement loin de la nature.

Dans son dernier beau livre de photos, *Émerveillement*, Matthieu Ricard rapporte de nombreuses études américaines qui montrent que le lien à la nature est extrêmement précieux pour le bien-être mental et psychologique des enfants et améliore les résultats scolaires. Il rapporte aussi ces propos, que je trouve si justes, de Rachel Carson, l'une des pionnières de la protection de la nature : « Il y a une beauté symbolique aussi bien que réelle dans la migration des oiseaux, le flux et le reflux des marées, le bouton de fleur prêt pour le printemps. Il y a quelque chose qui guérit incommensurablement dans les refrains répétés de la nature – l'assurance que l'aube vient après la nuit et le printemps après l'hiver. (...) En cherchant à retrouver l'émerveillement, nous cultivons la capacité de voir au-delà de nous-mêmes, au-delà des limites de la bulle humaine, un processus qui rend humble[2]. »

N. H. – Je pense que la vision utilitariste ne doit pas se faire au détriment du charme des bâtiments dans les villes. « Dès qu'une chose devient utile, elle cesse d'être belle », soulignait le poète du XIXe siècle Théophile Gautier. De nombreux lotissements qui prolifèrent, notamment dans mon département, sont propres et utiles, mais souvent tristes et sans âme. En Scandinavie, j'ai vu des logements sociaux en bois colorés, aux jolies formes différenciées d'un bâtiment à l'autre, au milieu de jardins, de potagers ou de vergers partagés. Un effort est fait au niveau du design, de l'agencement et de la création d'espaces communs, dans un souci permanent de convivialité. Investir dans la beauté est pour moi un acte social, car celle-ci joue sur la psychologie des habitants. Les plus modestes ont droit aussi au charme et à la beauté.

Cette dimension se heurterait aux paramètres économiques d'après certains, alors que les exemples contrant cet argument ne cessent de se multiplier, chez nous comme ailleurs. En Île-de-France et en Ille-et-Vilaine, j'ai observé de magnifiques réalisations ayant respecté le cahier des charges économique des logements sociaux, et il y fait bon vivre. Je crois à une forme de facilité et presque de fatalité partagée entre le promoteur, l'architecte et les donneurs d'ordre qui sont souvent des collectivités.

Pourquoi ne pas créer les conditions dans les villes pour que les enfants, en priorité, deviennent sensibles à la beauté de la nature ? Car si cette sensibilité est innée, elle est bien enfouie et il nous faut la réveiller. Pourquoi ne pas imaginer une éducation à la nature, rationnelle et émotionnelle ? En créant le lien par l'émerveillement, le respect s'ensuit, comme une évidence. De nombreuses initiatives existent déjà dans les écoles à l'étranger, notamment en Europe du Nord, mais la France reste à la traîne.

F. L. – La beauté devrait être une priorité de l'éducation. Il s'agit d'offrir aux enfants la possibilité de développer ce lien avec la nature. Quelle autre valeur est essentielle pour toi ?

N. H. – Pour des questions morales et éthiques, la solidarité est pour moi une des valeurs cardinales de notre siècle, car elle est une condition non négociable de la paix dans le monde. Grâce aux nouvelles technologies et aux moyens de transport, le monde s'est brutalement connecté. Il n'y a presque plus aucun endroit sans un écran ouvert sur le reste du monde. Cette connexion a nourri le faux espoir que l'humanité allait se relier. Mais plutôt que de gommer les inégalités, à défaut de les avoir creusées, elle les a confrontées. En rendant possible la comparaison entre le sort des uns et des autres, elle a donné brutalement aux exclus une vue humiliante sur les inclus. Or, ajouter de l'humiliation à l'exclusion, comme le souligne le philosophe altermondialiste Patrick Viveret, est le germe de toutes sortes de conflits et de violences. Le bonheur des uns ne peut se faire ni sur le dos, ni à la vue du désespoir des autres.

C'est là que science et conscience doivent se combiner pour franchir une nouvelle étape. Afin de réduire les inégalités dans le monde, les pays ont tout intérêt à se considérer comme une seule et même communauté de destin et à mutualiser leurs moyens. Plutôt que de concentrer et d'épuiser les ressources, ils doivent se fixer des limites pour mieux les répartir et les partager. Entre ceux qui militent pour une société égalitariste et ceux qui optent pour un monde ultralibéral, il s'agit de trouver un équilibre pour inventer une société fondée sur la coopération, la protection et le juste échange. La solidarité, qui n'est pas l'égalitarisme, mais la recherche de plus d'équité, doit être encouragée, guidée et reconnue par les responsables politiques. Elle devient une loi essentielle, et pas uniquement pour des questions morales, mais aussi physiques. Partout dans le monde, la prospérité des uns sera menacée, tant que la misère des autres sera aussi criante.

Personne ne peut être condamné à devenir le spectateur passif et bienveillant de l'injustice qu'il subit. Comme simple exemple parmi tant d'autres, aussi longtemps qu'une mère en Afrique ignorera que les Occidentaux possèdent le médicament qui pourrait sauver la vie de son enfant, elle mettra son drame sur le compte de la fatalité. Mais quand elle découvrira, un beau matin, que la mondialisation a permis d'importer des bouteilles de Coca-Cola dans son village, mais pas de traitement antipaludéen, elle prendra conscience d'être victime d'une injustice absolue. Aussi, comment ne pas crier à l'injustice quand le même cyclone fait 4 morts en Floride et 4 000 à Haïti et que nul n'ignore, en premier lieu les victimes, d'où proviennent ces extrêmes climatiques si meurtriers ?

Actuellement, le déterminisme des individus vient prioritairement de leur lieu de naissance et de leur famille, alors que leur mérite personnel joue à la marge. Une sordide loterie géographique et génétique détermine à la naissance, non seulement tout un nombre de droits et d'espoirs, mais aussi l'espérance de vie. Ce qui est profondément injuste. Qu'une frontière, un mur ou un océan détermine arbitrairement le sort des Hommes est une situation insoutenable à la nouvelle lumière du monde. L'injustice constitue un danger pour la stabilité des pays. Il en va donc de l'intérêt commun de mieux répartir les effets bénéfiques du progrès.

L'histoire est rarement amnésique. Actuellement, les sociétés occidentales paient le prix de désastres qu'elles ont souvent couverts ou de tragédies qu'elles ont induites, comme le déplacement de populations, provoqué par les convoitises effrénées de ressources ou de territoires, pendant et après les colonisations. Sans sombrer dans la culpabilité, elles ne peuvent ignorer leur responsabilité, car leur émancipation s'est bien souvent faite au détriment d'autres peuples.

Quand des populations subissent les conséquences d'un phénomène dont elles ne sont pas responsables comme le changement climatique (accélération de la désertification, montée des eaux, ouragans, incendies, etc.), lui-même conséquence d'un mode de développement dont elles n'ont pas profité et qui, parfois, s'est fait à leur détriment, le fardeau devient insupportable. À la dette historique et économique s'adjoint la dette écologique. On ajoute de l'injustice à l'injustice et de la misère à la misère. Sans une once d'espoir, d'attention ou de reconnaissance, l'instrumentalisation devient possible et certains iront naturellement vers l'intégrisme ou le terrorisme, patries des exclus.

L'immigration anarchique, qui est une sinistre bande-annonce du futur, est le réflexe de ceux qui ont été dépossédés. Il y a chez eux une mémoire que j'ai bien ressentie sur le terrain. Les enfants des terres désertiques dont les parents ont été dépossédés connaissent la direction à prendre pour atteindre les lumières de l'opulence. Comment leur reprocher de vouloir les rejoindre ? Aucun mur ne pourra contenir ce mouvement des exclus vers les nantis. L'Europe ne peut aspirer à vivre en paix en laissant cette situation se dégrader sans réagir. La solidarité s'impose de manière urgente, ne serait-ce que par égoïsme. L'indifférence est aussi une forme de violence. Or, ce à quoi nous devons aspirer est la paix. Rappelons aux plus jeunes que la paix n'a pas été la norme dans l'histoire, mais plutôt l'exception. Nous devons tirer les dividendes de cette période exceptionnelle de paix que nous venons de traverser pour nous unir et faire de nos différences et de notre diversité une vertu féconde. L'heure n'est pas à construire des murs, mais plutôt à jeter des passerelles à tous les niveaux, psychologique, économique et intellectuel.

Le modèle économique doit être construit, ajusté, guidé et réglementé afin de mieux partager les instruments, la richesse et les succès du progrès. Aussi longtemps que les pays accepteront que le *shadow banking* (échanges purement spéculatifs) produise des milliards de dollars échappant à l'impôt, la solidarité au niveau monétaire et économique restera un vœu pieux. Savoir que 15 à 20 000 milliards de dollars dorment actuellement sur des comptes offshore, sans servir le monde, me rend fou ! Cette captation de richesse est le grand mensonge du siècle. La tyrannie de la finance multiplie l'accaparement et la concentration des biens vitaux au profit d'une minorité contre les damnés de la Terre. L'argent existe en quantité, encore faut-il aller le chercher là où il est. À travers cette mystification à laquelle nous participons tous, l'aide au développement représente des miettes. Elle est parfois encore l'argent des pauvres des pays riches qui va aux riches des pays pauvres, en tout cas tant que la corruption gangrène ces pays !

F. L. – La solidarité, comme valeur, est d'autant plus nécessaire que tous les êtres humains sont liés et interdépendants. Elle se nourrit de deux vertus fondamentales : la bienveillance et l'altruisme. La nature humaine est ambivalente, elle comprend un penchant égoïste et un penchant altruiste. Dans ce conte amérindien merveilleux, un vieil homme prend son petit-fils sur les genoux et lui dit : « Est-ce que tu sais qu'à l'intérieur de toi il y a deux loups, un blanc, gentil et généreux, et un noir, cruel et égoïste, qui combattent ? À ton avis, lequel des deux va gagner ? » Le petit garçon répond : « Je ne sais pas, grand-père… » Lequel conclut : « Celui que tu nourris ! » L'être humain a la capacité de faire le bien comme le mal : ce qui prendra le dessus en lui est ce qu'il nourrira, ce qu'il cultivera, ce qu'il choisira. Il est responsable de faire croître ou pas cette dimension altruiste qu'il porte en lui.

N. H. – Je revendique des petits moments d'égoïsme, nécessaires pour se reposer ! *(Rires)*

F. L. – Moi aussi, même si je sais que l'altruisme est meilleur pour l'être humain ! En s'appuyant sur la sagesse bouddhiste et de nombreuses études scientifiques, Matthieu Ricard nous montre que le fait d'être bienveillant rend plus heureux que d'être malveillant. La grande vague de bienveillance et de gratitude qui a entouré les soignants pendant cette crise a fait du bien à tout le monde, autant aux soignants qu'à nous-mêmes !

N. H. – Le docteur en neurobiologie Sébastien Bohler montre aussi que l'altruisme active le striatum, région très profonde du cerveau, qui permet à ce dernier de sécréter de la dopamine. « Il n'y a pas de mal à se faire du bien dans l'acte d'altruisme », souligne encore Matthieu Ricard. L'altruisme, le nec plus ultra de l'égoïsme, pourquoi pas... Même si le moine bouddhiste ajoute que « ce ne doit pas être la motivation première ». Une des grandes aventures du XXIe siècle est de découvrir le cerveau humain, un continent encore largement inexploré.

F. L. – Au-delà de l'altruisme, il y a la compassion. L'empathie, c'est ressentir les émotions d'autrui. La bienveillance, c'est vouloir le bien d'autrui. La compassion, c'est vouloir soulager ce dernier. Alors que l'empathie est une qualité naturelle, la bienveillance est une vertu morale, quand la compassion est une attitude spirituelle. Un être empathique est troublé par la souffrance d'autrui. Un être compatissant fait preuve d'une décision et d'un engagement pour l'aider à moins souffrir. L'acte de compassion relève d'un choix de l'esprit. La notion de bienveillance, impliquant la volonté de respecter tout être vivant et de ne pas faire de mal à autrui, se trouve au cœur du bouddhisme primitif. Mais, au fil des siècles, celui-ci a évolué de la bienveillance (*maitri*) à la compassion (*karuna*), les sages du grand véhicule (*mahayana*) affirmant qu'il ne fallait pas se contenter de ne pas vouloir faire de mal à autrui, mais qu'il fallait agir de manière active pour son bien. « Compatir » veut dire « souffrir avec », autrement dit entrer dans la souffrance d'autrui pour le comprendre et l'aider.

En Occident, cet amour actif irrigue le message biblique. Ne soyez pas indifférents aux autres, engagez-vous pour sauver les êtres humains, ne cesse de répéter Jésus à la suite d'autres prophètes juifs. Cet amour universel et inconditionnel, qui nous invite à aider tous ceux qui souffrent, les Grecs lui donnent le nom d'*agapé*, pour le distinguer de l'amour désir (*eros*) et de l'amour d'amitié (*philia*). L'être humain accepte de voir la souffrance d'autrui, de s'engager pour des causes, parce qu'il n'a pas envie d'être heureux seul, mais préfère partager son bonheur. Cet amour universel est une réponse au cynisme et à l'indifférence, et participe à l'amélioration du monde. Accessible à tous, il nécessite cependant un engagement volontaire.

N. H. – J'aime cette phrase de Pierre Teilhard de Chardin, théologien visionnaire : « Un jour, quand nous aurons maîtrisé les vents, les marées et l'apesanteur, nous exploiterons l'énergie de l'amour. Alors, pour la deuxième fois dans l'histoire du monde, nous aurons découvert le feu. »

F. L. – C'est magnifique ! L'autre valeur qui découle de la solidarité, mais plus affective, c'est la fraternité. Elle a été popularisée par le message chrétien : tous les humains sont frères, égaux en dignité, et se doivent secours mutuel, car ils sont fils du même Dieu. Mais cette notion de fraternité a existé antérieurement. Les stoïciens l'évoquent déjà, parce que les êtres humains partagent la raison universelle, le *logos*, lié au *logos* divin cosmique. Ils étaient contre l'esclavage et les hiérarchies mondaines. Aujourd'hui, ce qui nous rassemble, c'est notre communauté de destin.

N. H. – Avec la crise, la fraternité devient évidente et indéniable. Elle permet de nous rendre compte que nous ne pourrons pas seuls tirer notre épingle du jeu. La Providence, c'est nous. Il n'y aura pas de «je» sans «nous». Jamais la devise des mousquetaires n'a si bien résonné qu'en ces temps : «Un pour tous, tous pour un!» La fraternité comporte une dimension morale, alors que la solidarité est presque un principe physique.

F. L. – «Là où croît le péril croît aussi ce qui sauve», disait Friedrich Hölderlin, poète allemand de la période classico-romantique. Parce qu'il y a du péril, l'occasion d'être fraternel est encore plus forte. La solidarité est aussi à relier à la justice. La perception du juste et de l'injuste est universelle. Tous les êtres humains ont une aspiration profonde à la justice. Pour les Grecs, elle est à la fois une valeur, donc un objectif, mais aussi une vertu, donc un moyen. Toute organisation sociétale ne peut fonctionner que si elle est fondée sur une autre valeur fondamentale : la vérité. L'histoire a montré, dans le stalinisme par exemple, que la perversion de la justice par le mensonge était intenable. La justice implique aussi l'équité. Que certaines personnes échappent aux règles apparaît injuste et intolérable. À la triade républicaine « Liberté, Égalité, Fraternité », je préférerais « Liberté, Justice, Fraternité ». L'égalité pourrait supposer que les individus soient tous pareils, ce qui est absurde. En France, ceux qui sortent du lot sont mal vus. La logique trop égalitariste est problématique. Il faut accepter la diversité des individus, avec leurs parcours et leurs réussites, sans les jalouser. Comme toi, je préfère la notion d'équité à celle d'égalité.

N. H. – L'égalité peut mettre en péril la diversité. Elle est un mirage !

F. L. – Ces notions de solidarité et de justice font écho à une autre grande valeur : celle de liberté. Elle est fondamentale, même si l'Occident moderne l'a peut-être trop survalorisée au détriment de la solidarité et de la fraternité, et l'a peut-être aussi en partie dévoyée.

N. H. – Comme je l'ai déjà évoqué, l'étymologie du mot « liberté » vient de la règle que l'on se fixe à soi-même. La première des libertés de l'être humain est celle de se fixer ses propres limites. Utiliser son pouvoir n'est pas forcément un gage de liberté, mais souvent d'ébriété. On sait bien que la liberté des uns s'arrête où commence celle des autres. La liberté n'implique pas une absence de règles, qui définit plutôt l'anarchie. Dans une société, c'est au politique de fixer des règles individuelles et collectives, pour éviter la privatisation des biens communs. Ces règles s'imposeront tôt ou tard, de gré ou de force, au sein des institutions, n'en déplaise aux ultralibéraux. Ce n'est pas une question dogmatique, mais de bon sens, pour mieux organiser le partage et la répartition des ressources. Je le répète, dans un monde dynamique, si la richesse n'irrigue pas la pauvreté, c'est la pauvreté qui va se drainer vers la richesse.

Alors que l'être humain aspire à être libre, il est conditionné en permanence dans ses pensées, comme dans ses actes. Dans le goulag numérique des tentations, des suggestions et des insinuations, il est difficile de faire le tri. Exercer notre libre arbitre implique de faire passer par le filtre de la conscience tous nos choix économiques, sanitaires, politiques et idéologiques et de s'assurer de ne pas agir par mimétisme. Qui décide ? Au pied du mur, dans le chaos, c'est l'urgence qui risque d'imposer sa direction. Le monde tel que certains veulent le perpétuer n'a pas d'issue. L'autre solution est de le faire évoluer vers la mutualisation et l'unité, objectifs incompatibles avec le nationalisme et l'individualisme.

F. L. – La notion moderne de liberté renvoie à celle de l'autonomie du sujet souhaitant s'émanciper des contraintes extérieures imposées par la religion, la politique et la culture. L'idée est de pouvoir exprimer ses aspirations personnelles le plus librement possible : ses convictions, son mode de vie, sa sexualité, etc. Cette liberté de conscience et d'expression, actée par la Déclaration des droits de l'Homme et du citoyen de 1789 et par les démocraties modernes, pose la question des limites et des règles à s'imposer à soi-même. Déjà les Grecs, mais aussi Spinoza, affirmaient que la première des libertés était intérieure. Elle commence par l'introspection et la connaissance de soi. Si nos choix sont mus par nos affects inconscients, comme notre besoin de reconnaissance narcissique, nous ne sommes pas libres, mais esclaves. Ce que Freud a démontré dans la psychanalyse en soulignant les mécanismes de répétition liés à l'enfance. Tout cela nous conditionne autant, voire davantage, que la société. Sur le conditionnement social, je te rejoins. Combien de gens pensent agir en toute liberté, alors que le marketing et la publicité jouent sur leurs affects et leurs désirs ! À travers les technologies modernes, les puissances économiques de ce monde ont les moyens de tracer en permanence nos comportements afin de connaître avec précision nos désirs et ainsi nous orienter vers tel ou tel type d'achat. Deux conditionnements altèrent donc notre liberté en permanence : le conditionnement psychique et le conditionnement social.

À ces deux aliénations s'ajoute peut-être une « servitude volontaire », pour reprendre l'expression si forte de La Boétie. L'être humain peut-il assumer sa liberté, ou en a-t-il peur ? Dans *Les Frères Karamazov*, Dostoïevski imagine le retour du Christ sur Terre, pendant l'Inquisition en Espagne. Reconnu par une foule enthousiaste, Jésus est immédiatement emprisonné par Torquemada, le Grand Inquisiteur, qui le condamne à mourir sur le bûcher dès le lendemain. Avant son exécution, il vient lui rendre visite en prison. S'ensuit un monologue passionnant du Grand Inquisiteur s'adressant à Jésus. Après lui avoir demandé pourquoi il était revenu « nous déranger », selon son expression, il lui explique que son message est totalement utopique car il s'est trompé sur la nature humaine : l'être humain n'aspire aucunement à la liberté, mais à la sécurité. Il veut la soumission à une autorité qui garantit sa sécurité. L'Église a répondu à ce besoin en lui assurant son salut par les sacrements.

Aujourd'hui, c'est, hélas, toujours vrai, mais nous avons changé d'autorité : nous ne voulons plus nous soumettre aux autorités religieuses, mais nous abdiquons bien souvent notre liberté et notre esprit critique au profit d'une standardisation de la pensée et de nos modes de vie, profondément influencés par le marketing, le matraquage publicitaire et la logique consumériste dominante. Obsédés par la sécurité et le confort matériel, mais aussi par le divertissement, nous sommes amenés à exercer de moins en moins souvent notre liberté de pensée. C'est ce qu'avait si bien résumé le poète romain Juvénal qui affirmait qu'il fallait donner au peuple «du pain et des jeux» (*Panem et circenses*) pour le satisfaire et le rendre docile. Et comme je l'ai déjà exprimé, je suis aussi inquiet des nouvelles pertes de libertés qui pourraient surgir au nom de la lutte contre le terrorisme ou une pandémie. Nous devons rester extrêmement vigilants à ne pas abdiquer nos libertés fondamentales au nom de la sécurité.

N. H. – La camisole a changé de forme, elle est devenue plus insidieuse. Notre exigence de liberté doit lutter contre les asservissements clandestins. Des «standards» nous ont été imposés, alors que nous pensons les avoir choisis. Nous nous sentons épiés, manipulés et pas forcément par le politique. Comme nous avons livré beaucoup de nous à la sphère économique, celle-ci peut anticiper notre consommation et créer des besoins. Nous avons hérité de libertés individuelles qui ont été arrachées parfois par le sang. La meilleure manière d'honorer ceux qui ont fait ces sacrifices est de s'efforcer de trouver un sens et une direction à notre vie. J'ai conscience de ce privilège, car j'ai visité tant de pays où ces libertés n'étaient pas encore acquises ou étaient remises en cause.

Dans cette crise existentielle individuelle et collective que nous sommes en train de traverser, trouver du sens est un exercice auquel nul ne doit se soustraire, car il est la clé de l'épanouissement et du bien-être. C'est une discipline qui nécessite des réajustements en permanence, afin de ne pas se laisser happer par des conformismes et des mimétismes, et anesthésier par un confort intellectuel, matériel et social. Chacun doit essayer de sortir de l'habitude d'avoir un rapport utile aux choses. Il en va de notre liberté.

F. L. – La capacité de donner du sens est particulièrement nécessaire dans les moments tragiques de l'existence. C'est ce qu'a tenté de démontrer Viktor Frankl, psychiatre, disciple de Freud. Étant l'un des rares rescapés d'Auschwitz, il a développé une théorie du sens de la vie, la logothérapie, à partir de cette constatation : ceux qui survivaient le mieux aux camps nazis avaient développé une vie intérieure leur permettant de donner du sens à leur existence. Malgré l'horreur, ils gardaient l'amour de la vie et entretenaient l'altruisme. Tandis que Freud considère que l'être humain est mû par la recherche du plaisir, lequel fonde son bonheur, Frankl pense que le besoin de sens est tout aussi essentiel pour s'épanouir et traverser les épreuves de la vie. Pendant la Seconde Guerre mondiale, les résistants étaient motivés par un idéal religieux, communiste ou humaniste.

Individuellement, nous donnons tous un sens à nos activités. Exercer un métier, fonder une famille peut donner du sens à notre vie. Mais, au-delà, nous pouvons être animés par un sens plus profond, plus spirituel, afin de répondre à la question existentielle : pourquoi la vie sur Terre vaut-elle la peine d'être vécue ? Pousser la réflexion sur le sens permet de ne pas être déstabilisé par les accidents de la vie, comme la perte d'un emploi ou le décès d'un proche. Henri Bergson disait : « La vie est une machine à faire des dieux. » Réaliser notre pouvoir créateur pour améliorer le monde, faire progresser l'humanité, enrichir la société, ouvrir de nouvelles voies, apporter davantage d'harmonie donne un sens à l'existence. C'est le « sens du sens », le sens ultime, que l'être humain peut trouver de diverses manières.

N. H. – C'est le sens partagé qui nous redonnera l'unité tant recherchée. L'ensemble de la population ne se bat pas spontanément pour un idéal, car pour certains individus, la vie est une souffrance continue. Mais le devoir de ceux qui voient un peu de lumière est de passer chaque action au tamis de la question du sens. Le plus difficile dans la société actuelle est de s'imposer des moments de pause pour jauger la cohérence de sa vie à l'aune de ses actions. La société s'étiole et se fragmente. Un monde qui serait l'addition de parcours solitaires, sans liens solidaires, serait dénué de sens. Le sens doit être ce drain qui fait converger vers l'humain et relie tous les êtres dans une forme d'unité. J'espère sincèrement que cette crise sanitaire va être un point de bascule vers cela. Pas juste un éclat de lucidité, mais un phare invincible où convergeront toutes nos sagesses.

F. L. – Il n'est pas forcément nécessaire que tous les individus aient conscience des enjeux, même si ce serait l'idéal. Il suffit qu'une partie significative de la population joue le rôle de levier pour entraîner les autres. Par une élévation de sa conscience, un seul Homme peut même faire basculer un pays entier. Ce fut le cas de Nelson Mandela. Il a su élever tous ses compatriotes en privilégiant le pardon à la vengeance. Plus qu'une vertu, le pardon est aussi une valeur qui polarise au niveau individuel, mais aussi collectif. Pour Victor Hugo, dans l'opprimé d'hier, il y avait l'oppresseur de demain. Rompre le cycle de la violence demande une élévation de conscience et une vraie spiritualité.

Le pardon est un acte intérieur puissant et tellement lumineux qu'il bouleverse tout le monde. Dans un procès, voir des parents pardonner à l'agresseur de leur enfant est une leçon de vie. Sortir de la loi du talion (« Œil pour œil, dent pour dent ») et de l'instinct de vengeance permet de grandir en humanité. Le pardon, conscient et sincère, requiert une grandeur d'âme. Il ne s'agit pas d'oublier, mais de comprendre l'oppresseur qui était peut-être mû par des causes et des souffrances inconscientes. Socrate disait déjà que le mal venait de l'ignorance : « Nul n'est méchant volontairement. » Lors de sa crucifixion, Jésus dit : « Père, pardonne-leur, car ils ne savent pas ce qu'ils font » (Luc 23, 34). Autrement dit, ceux qui assistent à son exécution et se moquent de lui ne savent pas que Jésus est innocent et qu'ils sont manipulés par des prêtres qui veulent sa mort pour conserver leurs privilèges.

N. H. – On admire souvent des parcours qu'on se sent incapable de reproduire. Un homme comme Nelson Mandela qui, pour sa couleur de peau, son combat pour l'équité et la justice, a payé vingt-sept ans de sa vie en prison, n'a eu de cesse qu'il ne s'inscrive dans le pardon et la tolérance pour donner à son pays, l'Afrique du Sud, la démocratie. Il a même réussi à fraterniser avec son «ennemi» Frederik De Klerk et à faire jaillir en lui une humanité. J'ai rencontré plusieurs de ses compagnons de cellule, et tous m'ont raconté que son humanité était tellement contagieuse que ses pires geôliers ont été transformés par lui. Être capable, au sortir d'une captivité très rude, de transcender la haine en amour est profondément inspirant. Il était un guide «par l'humain» dans un pays qui ne pouvait quasiment s'en sortir que par le chaos. Avec l'apartheid, l'injustice et le racisme étaient inscrits dans la Constitution. Alors que la haine est contagieuse et se propage très vite, Nelson Mandela a réussi à y mettre un terme.

En tant que jeune photographe, j'ai beaucoup «couvert» l'Afrique du Sud. Nelson Mandela a toujours été mon héros et je n'imaginais pas le rencontrer un jour. Aucun parcours, aucun esprit ne m'a autant inspiré que lui. Lors de longs échanges avec Jacques Chirac à la Mairie de Paris, puis à l'Élysée, je lui avais confié que je ne pourrais me prosterner que devant deux hommes, le premier étant Victor Hugo et le second Nelson Mandela, qui n'avait jamais cédé à la haine. Plusieurs années plus tard, il m'a demandé de l'accompagner pour un voyage officiel en Afrique australe, car je me battais pour inscrire le delta de l'Okavango au Patrimoine mondial de l'humanité. Invité à un dîner entre autorités au Cap, capitale de l'Afrique du Sud, réunissant 800 convives, soit 100 tables de 8, je me suis retrouvé assis à côté d'un ancien compagnon de cellule de Nelson Mandela. Alors que le repas se faisait attendre, avec en toile de fond la musique de Johnny Clegg, j'observais depuis un moment les officiers de sécurité du président Chirac aller de table en table, semblant chercher quelqu'un, jusqu'à ce que l'un d'eux s'adresse à moi : « Monsieur Hulot, le président de la République souhaiterait vous voir. » Très étonné, je leur emboîte le pas pour prendre un escalier, puis un couloir sombre. Une porte s'ouvre alors sur un bureau à peine éclairé où se trouvait le président de la République d'Afrique du Sud. À ses côtés, Jacques Chirac me dit : « Tu voulais rencontrer Nelson Mandela... eh bien, le voici ! Je vous laisse. »

Ce moment est l'un des plus forts émotionnellement que j'ai vécus. Encore aujourd'hui, les larmes me montent aux yeux quand j'y pense. Me retrouvant seul avec lui, je lui dis dans un anglais approximatif : « Monsieur le Président, je me sens ridicule. Je n'ai cessé de rêver de vous rencontrer, mais je suis si ému que je ne peux plus rien vous dire. » S'approchant de moi pour me serrer l'avant-bras, il me répond avec une grande gentillesse, bienveillance et élégance : « Mais, vous n'avez pas à être impressionné, c'est moi qui suis impressionné ! » Il ne savait pas qui j'étais, même si Jacques Chirac avait dû lui parler de moi très brièvement. Pendant dix à quinze minutes, nous avons échangé. Il m'a posé quelques questions sur mon engagement écologique. J'avais conscience qu'il fallait savourer chaque seconde de cet entretien. Pourtant peu impressionnable, je me sentais presque hypnotisé. Ses yeux me faisaient un bien fou. Je le trouvais beau. Et j'avais envie de le serrer dans mes bras. Parfois, on peut être déçu par ses héros, mais pas par Mandela, car il n'a aucune face cachée décevante. Cet homme n'a cessé de grandir en humanité. L'histoire, je suis d'accord avec toi, peut basculer sur l'esprit d'un grand homme.

F. L. – Ma rencontre avec le dalaï-lama a été pour moi aussi décisive et inspirante que la tienne avec Nelson Mandela. Cet homme porte toute la tragédie du génocide culturel du peuple tibétain, envahi en 1949 par la Chine, dans l'indifférence mondiale. J'ai eu la chance de le rencontrer douze fois, pour ma thèse sur le bouddhisme et l'Occident, pour l'écriture de deux livres sur l'histoire du Tibet et puis pour diverses interviews dans les médias. Chaleureux, les bras toujours ouverts, avec beaucoup de rires et un grand sens de l'humour, il m'accueillait chaque fois en me donnant l'impression d'être très important. Comme pour Mandela, le pardon est chez lui une seconde nature. Quand il me racontait l'invasion du Tibet par les Chinois, il n'émettait jamais de jugement. Lors d'un entretien, il m'a même dit : « Je vous en supplie, ne dites pas de mal des Chinois ! » Quand on pense à tout le mal que les autorités chinoises disent de lui... Malgré la mort de dizaines de milliers de Tibétains, il fait preuve de compréhension, de tolérance et d'ouverture envers les Chinois. Il est la personnalité contemporaine que j'ai rencontrée qui m'a le plus bouleversé. Je vais te raconter un souvenir personnel marquant.

Il s'agit d'une rencontre avec le dalaï-lama à Dharamsala, le 20 avril 2001. J'étais revenu dans la petite ville indienne où siège le gouvernement tibétain en exil pour l'interroger sur les pages les plus complexes de l'histoire récente du Tibet pour la rédaction d'un livre (*L'Épopée des Tibétains. Entre mythe et réalité*). J'étais accompagné de mon coauteur, le tibétologue Laurent Deshayes. Le dalaï-lama fut fidèle à lui-même : drôle, chaleureux, incisif. Il n'esquiva aucune question et n'a été heurté par aucune d'entre elles, même celles très défavorables aux Tibétains. Nous ressortîmes ravis de cette rencontre. Mais le plus émouvant était à venir. La veille de cet entretien, nous avions rencontré à l'hôtel deux Anglais, Simon et son fils Jack, 10 ans. L'épouse de Simon était morte quelques mois plus tôt, après une longue maladie et de grandes souffrances. Les problèmes qui s'étaient posés à Simon étaient très nombreux, on l'imagine, mais l'un d'eux était très particulier : comment fêter le premier anniversaire de

Jack après la mort de sa mère ? Pour ne pas se tromper, il préféra demander à son fils ce qui lui ferait plaisir. La réponse n'a pas manqué de l'étonner : rencontrer le dalaï-lama ! Simon avait donc écrit à l'adresse mail de son bureau, en Inde, et, à sa grande surprise, il avait reçu une réponse de son secrétariat privé. On lui annonçait qu'il avait un entretien de cinq minutes, le temps d'une bénédiction, le dalaï-lama s'excusant de ne pouvoir recevoir Jack le jour de son anniversaire, mais seulement le lendemain. Le père et le fils étaient ravis.

Au moment où nous quittions le bungalow du dalaï-lama, nous croisâmes Simon et Jack qui devaient être reçus juste après nous. Je me souviens encore très bien de cet instant où les deux Anglais, qui allaient être accueillis par leur hôte, pénétrèrent dans la pièce de réception, tandis que je me retournais juste le temps d'apercevoir le dalaï-lama agiter au loin la main en notre direction en ultime signe chaleureux d'au revoir. Nous nous attendions à ce qu'ils regagnent très vite l'hôtel. Ils ne rentrèrent que bien plus tard, profondément bouleversés. Leur rendez-vous avait duré plus de deux heures et Jack portait à l'épaule un long tube de plastique. Voici les propos que nous a rapportés Simon, que mon ami Laurent Deshayes a eu la bonne idée de retranscrire aussitôt pour ne pas en perdre une miette : « J'ai d'abord raconté au dalaï-lama la mort de mon épouse, et j'ai fondu en larmes. Il m'a pris dans ses bras, puis Jack. Il s'est alors mis à pleurer lui aussi, nous accompagnant mon fils et moi dans nos larmes. Puis il m'a demandé ma religion : je lui ai parlé de mes origines juives, et je lui ai dit ce que j'avais longtemps refoulé, la déportation de ma famille à Auschwitz. Une blessure profonde s'est réveillée en moi, l'émotion m'a submergé, j'ai pleuré à nouveau. Le dalaï-lama m'a repris dans ses bras. J'ai senti ses larmes de compassion : il pleurait avec moi, autant que moi. Je suis resté longtemps entre ses bras. Je lui ai ensuite parlé de mon itinéraire spirituel : mon manque d'intérêt pour la religion juive, ma découverte de Jésus à travers la lecture des Évangiles, ma conversion au christianisme qui fut, il y a vingt ans, la grande lumière de ma vie. Puis, ma déception en ne retrouvant pas la force du message de Jésus dans l'Église anglicane, mon éloignement progressif, mon besoin profond d'une spiritualité qui m'aide à vivre et mon intérêt pour le bouddhisme dans sa version tibétaine.

« Le dalaï-lama regarda alors les trois *thangkas* que nous venions d'acheter dans une boutique de Dharamsala et que Jack voulait qu'il bénisse pour son anniversaire. À ma grande stupéfaction, et sous le regard peiné et horrifié de Jack, il repoussa les trois *thangkas* en lançant un "*not good!*" sans appel. Il demanda alors à son moine serviteur quelque chose et lorsque le moine revint, il était chargé d'un grand rouleau : une magnifique *thangka* du Bouddha avec de splendides brocarts. Jack n'en revenait pas, et lorsque le dalaï-lama s'est mis à écrire une dédicace dans le cartouche sur le brocart inférieur, Jack l'a interpellé en lui demandant de signer Kundun, comme le film. Dans un éclat de rire, le dalaï-lama a écrit en tibétain cursif et en alphabet occidental : "Pour Jack, de la part de Kundun, le dalaï-lama Tenzin Gyatso" et la date.

« Ne sachant comment le remercier, tant je voyais le bonheur dans les yeux de mon fils, j'ai eu l'idée de lui offrir la croix que ma femme m'avait donnée avant de rendre son dernier souffle. Comme je lui expliquais pourquoi je lui offrais cette croix, je me remis à pleurer et le dalaï-lama est venu à nouveau nous serrer dans ses bras, Jack et moi, en pleurant lui aussi. Tous ceux qui étaient là, son traducteur, son secrétaire particulier et le moine serviteur avaient les larmes aux yeux. Puis le dalaï-lama est resté silencieux. Il s'est retourné vers son secrétaire, lui a dit quelques mots en tibétain. Ce dernier est sorti de la pièce pour revenir rapidement avec un petit triptyque orthodoxe représentant le Christ et la Sainte Vierge. J'étais stupéfait. Le dalaï-lama refusa la croix, parce qu'elle était trop importante pour Jack et pour moi, et il me donna le triptyque en disant : "Bouddha est ma voie, Jésus est ta voie." Les larmes me sont encore venues aux yeux, des larmes de joie profonde. J'ai brusquement retrouvé l'amour que j'avais pour Jésus, lors de ma conversion vingt ans plus tôt. J'ai compris que j'étais resté chrétien. Je recherchais dans le bouddhisme un support de méditation mais, au fond, rien ne me bouleversait plus que la personne du Christ. En moins de deux heures, le dalaï-lama m'a réconcilié avec moi-même et a guéri des blessures si profondes. Avant de partir, il s'est adressé à Jack en lui disant : "Tu sais, Jack, je vais bientôt aller en Angleterre, ce serait bien que l'on s'y voie, si tu le veux. Écris-moi, envoie-moi des mails, Kundun te répondra !" »

Quand Simon nous raconta son histoire extraordinaire, il avait en permanence les yeux humides. De notre côté, nous eûmes aussi plus d'une fois les larmes aux yeux, pendant que Jack, fièrement, serrait contre lui son tube en plastique renfermant son trésor. Cette rencontre a eu lieu sans observateurs et sans caméras. Le leader tibétain n'avait rien à gagner à passer deux heures avec ce père et son fils qui étaient de parfaits anonymes, ni aucune raison de feindre une telle tolérance et une telle compassion à leur égard. Il fut lui-même : un être humain sincère et bon.

N. H. – À un autre niveau, j'ai aussi été touché par la compassion désintéressée de Jacques Chirac. Avec Sophie Marceau, j'ai été le parrain pendant vingt ans d'une association, Arc-En-Ciel, dont la vocation était de réaliser les rêves d'enfants très malades. Un jour, un des enfants, malheureusement décédé depuis, souhaitait visiter l'Élysée. La fille du président, Claude Chirac, toujours réceptive, me répondit : « On va l'inviter à déjeuner avec sa famille, en plus de la visite. » Quelque temps plus tard, Alain, le président de l'association, m'a raconté que le petit garçon et ses parents avaient déjeuné avec Bernadette et Claude Chirac dans les jardins du palais. Puis un garde républicain avait demandé au garçon de le suivre. Ils ont alors visité les grandes salles de l'Élysée avant de se retrouver dans la cour d'honneur où toute la Garde républicaine, sabre au clair, était alignée. Le petit garçon a traversé cette haie pour rejoindre Jacques Chirac qui l'attendait au bout. Le Président l'a pris par l'épaule et l'a emmené dans son bureau pour passer une demi-heure avec lui. Ce moment n'a jamais été médiatisé. Un tel geste, sans attente de retour, me touche, car il donne du bonheur à tout le monde. Dans le bonheur des autres, nous trouvons aussi le nôtre.

F. L. – Et quel personnage du passé t'a le plus inspiré dans ta vie et dans ton action ?

N. H. – Tu t'en doutes : Victor Hugo, l'homme des utopies ! Humaniste à part entière, il avait cet amour de l'être humain dans toute sa diversité et se plaçait toujours du côté des faibles, avec une bienveillance, une tendresse et une implication qu'il a portées jusqu'à sa mort. Il n'avait pas seulement une tendresse littéraire, mais aussi quotidienne. Cet homme aurait pu s'isoler dans sa bulle d'intelligence, or il a visité toute sa vie des prisonniers, des malades et des misérables. Il était et restera un éclaireur qui transforme le sombre en clair. À travers son génie littéraire et poétique, ses mots ont délié des sentiments nichés en moi. À la question pourquoi j'aimais tant voler et m'élever dans les airs, j'ai trouvé la réponse chez Victor Hugo : « Il faut libérer l'Homme de son tyran. Quel tyran ? La pesanteur. Ouvrons la vieille cage des siècles, c'est la mise en liberté du genre humain. L'Homme devient oiseau, mais quel oiseau ? L'aigle plus l'âme. » Je nourris une vraie fascination pour cet auteur, qui confine au culte. J'ai même ramassé des glands du chêne des États-Unis d'Europe qu'il a planté, le 14 juillet 1870, dans son jardin de Hauteville House, à Guernesey, pour les mettre en terre chez moi. Comme ils n'ont toujours pas poussé, je réitérerai l'expérience.

Tel un guide spirituel, il a aussi forgé mes valeurs. J'admire son parcours ponctué par son courage politique, quand il s'est opposé à Napoléon et qu'il a transcendé son exil en production littéraire. J'ai découvert le quotidien de Victor Hugo dans *Choses vues*, son journal intime, avant de plonger dans son œuvre. C'est une entrée formidable pour découvrir cet homme qui a traversé le XIXe siècle dans toutes ses sphères. Ses rencontres avec des politiques, des musiciens ou des petites gens sont toujours assorties de commentaires. À travers toute son œuvre que je possède en édition originale, j'ai découvert un sens de l'humour incisif : « Les plus petits des esprits ont les plus gros préjugés » et le génie des formules, comme « La mélancolie, c'est le bonheur d'être triste » ou « L'intuition est la vigie de la raison ». Son amour de la vie me touche, ses relations particulières avec les femmes, comme son spiritisme tenace, font définitivement de lui un être à part.

F. L. – Cet amour pour Victor Hugo est un autre point commun que nous avons ! Je le cite aussi très souvent dans mes livres – comme dans mon dernier roman *La Consolation de l'ange* –, et ses *Contemplations* sont toujours posées sur ma table de nuit. Et, comme tu l'as très bien dit, il reste d'une étonnante modernité et actualité.

N. H. – Et toi ? Parle-moi d'un guide du passé qui t'a particulièrement inspiré et que tu trouves actuel ?

F. L. – Mon premier éditeur, Claude Durand, l'ancien P-DG des éditions Fayard récemment décédé, m'avait posé la même question et je lui avais répondu : « Il y en a trois : Socrate, Jésus et Bouddha. » Il m'a alors convaincu de leur consacrer un livre. Depuis, j'ai découvert un autre penseur moins connu, mais qui a tout autant bouleversé ma vision du monde et que j'admire profondément : Baruch Spinoza. J'ai déjà plusieurs fois évoqué sa philosophie au cours de nos discussions : c'est le grand penseur du désir et de la joie. En même temps, il a redéfini philosophiquement le concept de Dieu de manière radicale en l'identifiant à la nature, mais une nature qui est à la fois matière et esprit, ce qui en fait un penseur non matérialiste, sans faire de lui pour autant un adepte d'une religion. Il serait trop long de résumer en quelques pages les aspects profondément novateurs et actuels de sa pensée. Je te dirai juste un mot de l'homme et de trois éminentes qualités qu'il possède, qui font que je l'aime tant : son courage, sa liberté et sa lucidité. Il est né et a grandi dans le ghetto juif d'Amsterdam, mais dès l'adolescence, il a commencé à formuler de vives critiques à l'égard du texte biblique, qu'il connaissait par cœur en hébreu. Il en pointait les nombreuses contradictions et affirmait qu'il ne pouvait être le fruit d'une révélation divine, mais bien plus celui de l'imagination des prophètes et du besoin de légitimation religieuse de la conquête politique des Hébreux. Il finit par être violemment banni de la communauté juive à l'âge de 23 ans. Perdant sa famille, ses amis et ses revenus, il se consacra entièrement à la philosophie et gagna modestement sa vie en fabriquant des verres optiques. Il tomba amoureux de la fille de son maître, un ancien jésuite défroqué, mais celle-ci épousa finalement l'un de ses camarades, qui accepta de se convertir au catholicisme selon le désir de la jeune femme. Il mena donc une existence assez solitaire et très frugale, refusant tout soutien politique ou financier qui aurait pu lui faire perdre sa liberté. C'est ainsi qu'il déclina des postes universitaires prestigieux. On tenta de l'assassiner et il conserva toute sa vie le manteau dont le cuir épais de mouton lui avait sauvé la vie. Il mourut à 45 ans dans la solitude et le dénuement, mais sans jamais avoir trahi une seule de ses convictions et il laissa à la postérité son chef-d'œuvre posthume, *L'Éthique*, qui allait devenir le livre de chevet de Goethe, Nietzsche, Einstein ou Bergson.

En lisant sa correspondance, je n'ai jamais observé de ressentiment ou d'aigreur dans ses propos, mais j'ai remarqué chez lui une ironie joyeuse et un grand sens de l'humour. Quand les chrétiens s'opposaient violemment à lui, il ne manquait pas de leur faire remarquer que, dans les Évangiles, jamais Jésus ne jugeait son prochain. Après sa mort, son premier biographe, un théologien protestant, souhaitait démontrer que Spinoza était extrêmement dangereux pour la religion. Il commence toutefois sa biographie en reconnaissant que, malgré leur divergence d'idées, il est en profonde admiration devant l'homme, car tous ceux qui l'avaient côtoyé ne tarissaient pas d'éloges sur sa simplicité, sa joie permanente, son attention et sa bienveillance. En tout point, sa vie était en cohérence avec sa pensée.

N. H. – Baruch Spinoza ou Victor Hugo sont des guides qui peuvent continuer à nous éclairer, même au-delà de leur mort. Dans mon parcours de vie, j'ai eu la chance d'en rencontrer deux autres, Théodore Monod et Paul-Émile Victor, aujourd'hui malheureusement décédés. J'ai une profonde gratitude envers eux, car ils sont venus à moi pour me montrer la direction à prendre et m'insuffler énergie et confiance. Ils possédaient tous deux des valeurs inspirantes pour notre société contemporaine.

Théodore Monod (1902-2000) était un scientifique, biologiste, naturaliste, explorateur, humaniste au regard visionnaire. Il avait déjà 80 ans quand j'ai partagé avec lui, à dos de dromadaire, une expérience de dénuement dans le désert de l'Adrar mauritanien. Je me souviens de cette formule magnifique qu'il m'a offerte : « Le désert est une somme de soustractions. » Le vide et l'absence de distraction dans cet espace ouvrent la porte à l'attention, au partage, au dialogue, tant intérieur qu'extérieur. Comme le désert ne peut pas offrir ce qu'il n'a pas, il n'y a pas d'autre choix que de se concentrer sur l'essentiel. Il invite à se satisfaire de la simplicité, comme le reflet d'une pierre polie ou le toucher rugueux d'un fossile. Il réenchante la vie et lui redonne de l'intensité à travers l'expérience de la sobriété. La vie trouve sa place en se dépouillant. Il offre une expérience qui relie et libère de l'inutile. « Le Sahara nous enseigne à ne pas gémir et à ne pas parler inutilement », n'avait de cesse de répéter Théodore Monod. Forgeant ma conviction écologique, cet homme m'a apporté un regard critique sur les travers et les excès de notre civilisation. Quand j'ai créé ma fondation, il n'hésitait pas à traverser tout Paris pour participer au conseil d'administration, dont il était un des membres fondateurs. Son attention et sa bienveillance m'ont porté. À tous ceux qui ne le connaissent pas encore, je ne peux que les encourager à s'enivrer de ses livres !

Paul-Émile Victor (1907-1995), scientifique, ethnologue et explorateur, m'a également inspiré. Passionné par l'histoire des pôles, j'ai d'abord été touché par ses livres. Alors qu'il faisait une conférence sur un bateau de croisière en Bretagne, je l'ai rencontré la première fois en compagnie d'Hubert de Chevigny, un ami avec qui je préparais une expédition au pôle Nord. Dès le premier contact, j'ai eu l'impression de le connaître depuis toujours. Après lui avoir présenté notre projet de voyage initiatique, quoique prétentieux et un peu vain, il nous dit : « Vous êtes de sacrés veinards, j'irais bien avec vous ! » Ce à quoi je lui ai répondu : « Chiche ! » L'année suivante, lors d'une deuxième expédition avec mon ami (la première ayant échoué), nous avions réussi à atteindre le pôle Nord géographique en ULM. Un vieux Dakota devait nous récupérer à Resolute Bay, notre camp de base, dans le Grand Nord canadien. Une fois arrivé au sol, alors que ses hélices continuaient à tourner dans un brouhaha sans nom, la porte latérale s'est ouverte sur la silhouette de Paul-Émile. Descendant les quelques marches de l'avion, il a embrassé la glace et a pleuré. L'enfant enfoui en lui rêvait d'aller à la croisée des méridiens, mais le scientifique ethnologue qu'il était n'avait aucune raison d'y aller. Sur « le clou du monde », quelle que soit l'orientation que nos pas prennent, ils vont vers le sud. Ce jour-là, il m'a enlacé, avec une émotion inouïe, alors que notre petite performance n'avait rien d'extraordinaire comparée aux siennes. Il ne saura jamais combien sa reconnaissance et son amitié ont compté pour moi.

Focalisant sur la partie à améliorer en moi, j'ai toujours eu le syndrome de l'imposteur. Je n'ai jamais compris ce que Théodore Monod ou Paul-Émile Victor me trouvaient et pourquoi les émissions de télévision que j'animais marchaient aussi bien. Souffrant d'un gabarit plutôt frêle et de n'avoir pas fait d'études, je me suis souvent senti complexé. Et j'ai dû me construire sur ces particularités. Ce qui m'a sans doute servi de garde-fou et permis d'échapper au piège de la notoriété. Beaucoup de personnalités sont perdues entre ce qu'elles aimeraient être, ce qu'elles pensent être et ce que le public pense qu'elles sont. Quand Jacques Chirac m'a appelé au téléphone pour me proposer d'être ministre, en 2001, je me trouvais dans les Alpes-de-Haute-Provence avec mon fils Nelson dans les bras. Il m'a donné un jour pour réfléchir, mais c'était tout réfléchi, j'ai refusé, car je ne m'en sentais pas une seconde capable. Avec le temps, j'ai gagné en maturité, en confiance (quoique toujours modérée) et en connaissance de la complexité politique. J'ai accepté la proposition d'Emmanuel Macron, tout d'abord parce que je sentais que ce serait sans doute ma dernière occasion d'être ministre, aussi parce que je ne voulais pas avoir le regret de ne pas avoir tout essayé. Enfin, parce que j'ai eu foi en la jeunesse et l'énergie de cet homme qui a cassé les silos de la politique.

Malgré le nombre de conférences que je fais

chaque année, j'ai toujours un fond de trac avant de monter sur une scène. Comme je ne sais pas m'appuyer sur un texte, car je perds en spontanéité, je n'ai rien pour me donner confiance, même si je réussis toujours à transmettre mon message. Pour les interviews à la télévision, c'est la même angoisse, je n'y vais jamais le cœur léger. Peut-être aussi parce que j'ai conscience qu'il est plus facile de perdre en crédibilité plutôt que d'en gagner ! Dans une conférence ou à la télévision, au-delà des arguments rationnels, des « pâtes humaines » se rencontrent à travers une sensibilité et une sincérité. Ce qui crée le lien avec le public ne vient pas de ce que l'orateur raconte, mais du cœur qu'il met dans ses paroles. Aussi, l'humour est un instrument magique pour créer du lien. Un trait d'humour détend toujours l'assistance par le rire qu'il provoque. Et un rire rapproche ceux qui le partagent. L'humour est la revanche de l'esprit quand on ne maîtrise pas une situation.

Un jour, je cherchais le dénominateur commun de tous ceux que je considérais comme mes amis. Il n'y avait aucun point commun apparent dans les caractères, l'origine sociale ou la profession. Le seul était l'utilisation de l'humour et de l'autodérision. « Le rire est cette pointe d'épingle qui crève le ballon du "je" gonflé d'importance », écrivait Romain Gary. Rire le plus fréquemment possible est pour moi essentiel. C'est presque un réflexe d'hygiène mentale. Il est tellement bon de rire ou de provoquer un rire ! Je voudrais *a minima* inscrire le sourire au patrimoine mondial. Un conflit va être amplifié par un visage qui se ferme, mais peut être désamorcé par un sourire.

F. L. – Je suis d'accord avec toi. L'humour est une vertu qui nous aide à vivre. Non seulement, il aide à créer du lien social, à désamorcer la violence, à se mettre à distance par rapport au tragique, mais aussi par rapport à soi-même. On l'a observé pendant le confinement par toutes les vidéos échangées, dont certaines étaient vraiment très drôles. Elles nous ont aidés à mieux vivre cette situation inédite. L'humour permet de se moquer de ses travers, de ses défauts et de ses vices. À la satire et à l'ironie qui peuvent être violentes et méchantes, je préfère l'autodérision.

N. H. – Les grands Hommes savent se moquer d'eux-mêmes, à l'image de Jacques Chirac. Qu'est-ce qu'il a pu me faire rire en se moquant de ses propres maladresses ! François Hollande a beaucoup d'esprit et d'humour. Emmanuel Macron a des formules très drôles aussi. Dans certaines sphères politiques ou économiques, rire représente une forme de vulgarité, une faiblesse de l'esprit ou une distraction inconvenante. Au contraire, je crois que cela fluidifie parfois la pensée. On peut être très sérieux sans se prendre au sérieux !

F. L. – Il faut se méfier de quelqu'un qui n'a pas du tout d'humour. C'est glaçant et déshumanisant.

N. H. – Seuls ceux qui me connaissent bien savent que j'ai la dérision, l'humour et l'autodérision chevillés au corps. Ce sont pour moi des antidotes au stress dont j'ai eu besoin, notamment lors de mon passage au gouvernement. Au début, cela a déconcerté. Quand quelqu'un m'appelait «Monsieur le ministre», je répondais très sérieusement «Non, Monsieur le ministre d'État», avant d'ajouter «Monsieur le ministre des tas d'ennuis!» *(Rires)* Face à une tension ou à une fatigue, un rire ou un sourire ont l'effet d'un élixir de jouvence. J'aime faire des blagues. Lors d'un Conseil des ministres, assis aux côtés de l'ancien ministre de la Cohésion et du Territoire, Jacques Mézard, j'ai discrètement glissé ses lunettes de vue dans la poche de ma veste. Au moment de prendre la parole pour une communication assez solennelle, il s'est mis à les chercher sans succès, jusqu'à ce que je les lui tende. Surpris, il me dit: «C'est incroyable, tu as les mêmes que les miennes!» *(Rires)*

F. L. – La capacité de se mettre à distance, à travers l'autodérision, rejoint une forme d'humilité. La distance de l'esprit pour mieux accepter la tragédie de la vie est un trait éminemment spirituel. «La vie est une suite de problèmes et de souffrances, mais le pire c'est qu'elle s'arrête», a dit Woody Allen! Cette formule condense avec humour quelque chose de très profond. Rien ne dépasse pour moi l'humour juif.

Je me suis posé la question de savoir d'où venait cet extraordinaire sens de l'autodérision. Cela tient sans doute à la notion d'élection : cela peut être très lourd de faire partie du « peuple élu » par Dieu, surtout si on ne se sent pas meilleur que les autres. Une histoire juive illustre bien cela. Se promenant dans le désert de Judée, un rabbin de Jérusalem s'exclame : « Merci, mon Dieu, de m'avoir choisi en me faisant naître dans le peuple élu, et au sein de l'élection, de m'avoir choisi comme rabbin pour guider ma communauté ! » À ce moment-là, il tombe dans un ravin et, dans sa chute, a le réflexe de s'accrocher à une petite branche. Paniqué, il crie : « Y a quelqu'un ? » Grand silence. Il lance à nouveau : « Y a quelqu'un ? » Une voix, extrêmement belle, sortie de nulle part, lui répond : « Je suis là, mon enfant, j'ai entendu tes prières. Lâche ce buisson et mes anges viendront te porter délicatement jusqu'en bas du précipice… » L'homme regarde vers le vide, toujours aussi paniqué, et crie : « Y a quelqu'un d'autre ? » *(Rires)*

N. H. – C'est vrai que les personnes les plus spirituelles ont toujours beaucoup d'humour. J'aime cette phrase du dalaï-lama, à la fois profonde et drôle : « Si vous avez l'impression d'être trop petit pour pouvoir changer quelque chose, essayez donc de dormir avec un moustique et vous verrez lequel des deux empêche l'autre de dormir ! »

F. L. – Dans son salutaire *Petit manuel de résistance*

contemporaine, Cyril Dion cite les travaux de nombreux auteurs (George Marshall, Nancy Huston, Yuval Harari, etc.) qui nous rappellent que toute la force de *sapiens* vient de sa capacité à coopérer avec ses semblables à partir d'une croyance partagée dans un récit, c'est-à-dire une histoire, qui donne du sens à son action.

L'histoire de l'humanité nous montre que toute civilisation est fondée sur un grand récit. Ce qui permet aux individus de vivre ensemble et de construire une culture, c'est d'avoir un récit commun. Dans notre civilisation occidentale, la Bible a été le texte fondateur du grand récit qui a forgé l'Europe. Fondé sur la foi, il a permis au plus grand nombre de partager les mêmes valeurs et de bâtir une civilisation millénaire. À partir de la seconde moitié du XVIIIe siècle, ce récit a commencé à être remplacé par celui du progrès, avec la croyance qu'on allait faire le bonheur de l'humanité grâce à la raison, à la science, au déploiement de la technique et de la connaissance. La foi religieuse a cédé la place à la foi dans le progrès par la seule raison humaine. Cela s'est traduit dans le domaine politique par l'idéal républicain. Puis, se sont développés les nouveaux récits, brefs et tragiques, des grandes idéologies marxistes et nazies.

Nous venons d'assister en l'espace de quelques générations à l'effondrement de ces grands récits religieux, du progrès et politiques. La seule idéologie qui résiste, c'est le capitalisme ultralibéral et le règne de l'argent. C'est ce que recherche la majorité des gens, mais ce n'est pas un grand récit. Le consumérisme, qui favorise plus l'égoïsme individuel que le bien commun, n'est porteur d'aucun idéal collectif. Le drame de notre civilisation, c'est qu'elle a perdu tous les récits qui lui ont permis de grandir et qu'elle n'a aujourd'hui pour seul horizon que l'égoïsme individuel, avec toutes ses conséquences désastreuses pour la planète et les équilibres sociaux. La grande question, et elle se pose aujourd'hui à l'échelle planétaire, est de savoir comment fonder du lien social, comment créer une communion entre les humains, comment vivre ensemble sans grand récit, ou plus précisément sans idéal collectif partagé par le plus grand nombre. Car les grands récits du passé n'étaient pas non plus sans inconvénients. La part fictive et idéologique qu'ils contiennent ont aussi conduit à des dérives meurtrières. Au nom de la chrétienté, combien d'hérétiques a-t-on massacrés ? Au nom de la nation, combien d'hommes sont morts au front dans cette absurde guerre de 1914-1918 ? Prenons un autre exemple toujours actuel : les États-Unis. Nombre d'Américains adhèrent encore à son mythe fondateur : l'élection divine de la nation américaine, sorte de nouvel Israël, pour apporter la liberté au monde. Ce mythe est toujours véhiculé par la propagande culturelle du pays, notamment cinématographique. Il donne une grande force à cette nation et soude son peuple à chaque crise majeure. Mais il sert aussi d'alibi à la politique américaine de domination économique et militaire du monde. Lorsque George

W. Bush veut faire la guerre en Irak pour en contrôler le pétrole, il ne parle pas d'économie, mais de « croisade contre l'axe du mal ». Les GI ne viennent pas prendre le contrôle d'un pays, mais libérer un peuple opprimé. Il faut donc se méfier de la part irrationnelle et mythique des grands récits qui peuvent être instrumentalisés par le politique à des fins de domination. Plutôt que d'inventer un nouveau récit fondé sur une croyance ou un mythe, cherchons plus modestement un nouvel idéal ou un projet collectif, fondé sur la raison et les valeurs qui nous tiennent à cœur.

N. H. – En effet, nous sommes dans un profond désarroi. Je pense comme toi que ce qui fait défaut à l'humanité, ce ne sont pas les moyens, mais une vision partagée, une intelligence et une volonté collectives. En les faisant émerger demain, nous pourrions sans doute tout résoudre. Mais avant de construire cette vision collective, il faut passer par une révolution des esprits. Nous évoluons au sein d'une société qui crée de la confrontation et des divisions factices. Toutes les cellules qui reliaient – familiales, géographiques, territoriales, religieuses – ont volé en éclats. Même au cœur de la crise sanitaire, nous avons réussi à nous diviser autour de la communauté scientifique. Pour emmener un peuple dans une direction, il faut se retrouver sur l'essentiel. Actuellement, nous en sommes absolument incapables. Il y a une forme de complicité tacite entre les politiques et les médias, pour entretenir l'affrontement. C'est le règne de la division et de la polémique, ou encore la culture du ring. Combien de fois ai-je vu des hommes ou des femmes politiques se taper sur l'épaule à la buvette de l'Assemblée, avant de s'injurier à la tribune ou de s'étriper sur des plateaux de télévision, pour enfin se saluer presque amicalement en coulisses ! Victor Hugo disait que le drame de la politique était qu'elle préférait la consigne à la conscience. Les esprits partisans se repaissent de ces confrontations et abdiquent leur conscience individuelle au profit de l'inconscience collective.

Au-delà de ce constat, puissions-nous partager une vision nouvelle pour l'humanité et une stratégie pour changer de paradigme. Le temps nous manque, ainsi qu'une volonté et une intelligence collectives. Dans un moment aussi déterminant, sans doute le plus crucial que nous ayons jamais connu, il est capital de nous unir sur l'essentiel, le vital, et de donner la priorité à ce qui nous rassemble et non pas à ce qui nous ressemble. À l'évidence, la gravité de la crise rend dérisoires, obscènes même, nos sempiternels préjugés et divisions. En cela, la crise est une magnifique opportunité de nous relier, de nous unir et de mettre fin à la balkanisation des esprits. La tribu humaine est appelée à se ressouder autour de sa communauté de destin. « Il faut reconnaître en tout Homme notre compatriote », enseigne Montaigne.

F. L. – Je me demande si ce n'est pas la catastrophe écologique, doublée des crises sanitaires qui lui sont corrélées, qui pourrait susciter un nouvel idéal collectif. Est-ce que finalement ces catastrophes ne sont pas ce qui va nous réunir et nous permettre de créer de nouveaux liens de solidarité et de communion ? Comme nous l'avons répété tout au long de ce livre, la famille humaine se trouve confrontée à un même destin. Les jeunes le sentent très bien, et c'est la raison pour laquelle ils sont de plus en plus nombreux à se mobiliser autour de la cause écologique. C'est encourageant que les étudiants de grandes écoles de commerce exigent des grandes entreprises qu'elles affichent leurs ambitions en matière d'écologie et de développement durable avant de les rejoindre. C'est formidable tous ces jeunes qui manifestent pour la planète, et je suis stupéfait de voir des intellectuels français les critiquer. Le procès, par exemple, intenté à Greta Thunberg est honteux. Au lieu de lui répondre sur le fond, on l'attaque sur son âge, son physique et son autisme. Or elle développe des arguments scientifiques et éthiques solides, qui nous invitent à une révolution politique, sociétale et de nos modes de vie pour éviter la catastrophe annoncée, comme l'ont également fait récemment mille scientifiques dans une tribune publiée dans *Le Monde*, en appelant à la désobéissance civile[3]. On peut comprendre que ce soit très dérangeant pour beaucoup, ou que ses propos parfois abrupts et son ton moralisateur puissent agacer, mais éviter ce débat crucial pour se moquer d'elle avec cynisme me semble le signe d'une profonde défaite de la pensée. Les jeunes nous montrent l'exemple à suivre : changer nos modes de vie et de pensée pour améliorer l'état du monde et éviter un effondrement des écosystèmes. Il ne s'agit pas d'inventer une nouvelle religion ou une nouvelle idéologie politique, mais de redécouvrir des valeurs universelles naturelles qui nous permettent de vivre en meilleure harmonie ensemble et avec notre environnement : la beauté, la justice, la solidarité, la fraternité, la liberté, tant politique qu'intérieure… Il s'agit, grâce à la prise de conscience engendrée par la crise écologique et sanitaire, de nous réunir derrière ce désir d'un monde meilleur et viable pour les générations futures. C'est une motivation qui peut habiter et réunir tous les individus, au-delà des cultures. Et c'est aussi une invitation à redécouvrir, avec humilité, la dimension sacrée de la nature et de la vie.

N. H. – Cette crise écologique et sanitaire a la vertu de nous rappeler que nous vivons en équilibre sur un fil de soie et que nous faisons partie d'un miracle ! Ne pas en avoir conscience ouvre la porte à tous les abus et à toutes les vanités. « Ce n'est pas un signe de bonne santé mentale que d'être bien adapté à une société malade », comme le dit Krishnamurti. N'oublions jamais que dans le domaine du vivant, l'Homme est une possibilité parmi des milliards d'autres qui a eu la chance de tomber sur la combinaison gagnante. Il doit acter sa puissance, mais également sa dépendance et fixer des limites à ses ambitions. S'il fait partie d'un tout, il ne peut se substituer au tout. Confronté au mystère des origines, l'être humain doit se rendre compte que ses prouesses technologiques et ses découvertes scientifiques et médicales ne font pas de lui un dieu. Il serait temps qu'il prenne conscience de sa fragilité et de sa vulnérabilité en devenant un observateur attentif et soigneux de la nature. Le sens et la conscience feront que l'humanité ne sera pas qu'un simple aléa de l'univers.

Je suis touché par le fait que tu exprimes cette nécessité de revenir à des valeurs et à des vertus prônées par les Grecs : le respect, la mesure, la limite, la responsabilité, la solidarité, etc. Nous devons en être les jardiniers. Il faut les faire jaillir en chacun d'entre nous pour échapper aux sables mouvants de la profusion de moyens, accéder au bonheur et décider de la direction à prendre ensemble. Le sens doit être un opérateur de conscience, permettant de faire le tri. Il est le filtre entre le possible et l'impossible, l'utile et le futile, l'essentiel et l'accessoire, le réel et le virtuel. Ne laissons personne décider de la vie que nous souhaitons vivre. Nous sommes à un carrefour sublime où se joue notre survie. Ne nous voilons plus la face. Ensemble, nous devons poser la trame d'un nouveau monde et revoir l'ambition du projet humain. Une seule chose doit agiter notre esprit : la quête de sens.

Épilogue

Par des chemins et des rencontres très différents, nous sommes parvenus, l'un et l'autre, à un constat similaire. Le système capitaliste libéral et les bouleversements technologiques qui l'ont accompagné ont apporté d'indéniables bienfaits à l'humanité. Mais force est de constater qu'aujourd'hui ce système est à bout de souffle et produit plus d'effets pervers qu'il ne génère de bienfaits. Si l'extrême pauvreté a globalement diminué sur l'ensemble de la planète, on assiste dans de nombreuses régions du monde à une paupérisation des classes moyennes et populaires et à un accroissement des inégalités au sein des mêmes pays : les riches sont de plus en plus riches, les plus défavorisés de plus en plus fragiles. Nos libertés sont doublement menacées : d'un côté, par les géants du web et les États qui espionnent des milliards d'individus, comme l'a révélé notamment l'affaire Snowden ; de l'autre, par la manipulation et la mise en addiction d'individus réduits à l'état de consommateurs dociles. Le consumérisme effréné a aussi pour conséquences de piller les dernières ressources de la planète, de détruire les écosystèmes et la biodiversité, de polluer l'air et les sols et de créer un réchauffement climatique aux conséquences catastrophiques.

Au-delà de ce constat, nous avons voulu démontrer dans ces pages que passer d'un monde à l'autre était possible, que nos désirs pouvaient se porter sur d'autres valeurs que la puissance, l'argent, la compétition, la consommation, la recherche du plaisir immédiat. Ce monde que nous désirons, avec tant de femmes et d'hommes, est fondé sur des valeurs et des vertus d'humilité, de collaboration, de sobriété, de solidarité, de lucidité, de beauté, de joie profonde. Nous désirons quitter ce monde du «chacun pour soi», pour vivre dans un monde de communion et de partage. Nous souhaitons passer de la logique quantitative et mortifère du «toujours plus», à celle, qualitative et joyeuse, du «mieux-être». Nous refusons la standardisation culturelle et opposons l'unité à l'uniformité. Nous nous révoltons contre les injustices et l'égoïsme de ceux qui veulent échapper à tout effort collectif. Nous sommes en colère contre cette logique prédatrice qui exploite tant d'hommes, de femmes, d'enfants, d'animaux et qui détruit la planète. Nous refusons que nos démocraties se muent en ploutocraties, c'est-à-dire que les détenteurs de la richesse soient les véritables décideurs politiques.

Nous essayons de changer nos habitudes de pensée et nos modes de vie pour participer à l'édification d'une nouvelle civilisation, fondée sur le respect d'autrui et de la nature. Comme beaucoup, nous rêvons d'un monde meilleur et nous refusons de baisser les bras : malgré la puissance des lobbies économiques et le manque de volonté politique, il n'y a aucune fatalité. Nous pouvons tous être les acteurs du changement vers cet autre monde. Le moment est opportun, c'est maintenant qu'il faut agir. La crise que nous traversons montre notre incroyable fragilité. Nous avons de plus en plus le sentiment que tout le système pourrait s'effondrer comme un château de cartes. Il est probable que nous allons nous relever, même si les plus pauvres et les plus vulnérables auront beaucoup plus de mal à le faire. Mais combien de temps encore allons-nous rester debout ? Jusqu'à quelle nouvelle crise, plus grave encore ? Ne repartons surtout pas dans les logiques anciennes, bien que tant d'êtres humains, aveuglés ou cyniques, s'y accrochent encore. Le vieux monde est déjà condamné. Comme nous n'avons cessé de le rappeler, il est condamné par la finitude de notre planète et la trop forte pression que nous exerçons sur elle. Un monde nouveau pourrait surgir de la chaîne des catastrophes climatiques et sanitaires que nous subissons, qui ne cesseront de s'amplifier et qui finiront par ouvrir les yeux au plus grand nombre. Mais comme nous sommes engagés dans une course contre la montre, n'attendons pas que le pire arrive pour nous lancer dans cette indispensable révolution de la conscience humaine.

Puisse ce livre y contribuer modestement et mobiliser un maximum de consciences pour favoriser le passage nécessaire d'un monde à l'autre.

N. H. et F. L.

Notes

Chapitre 1
Quel progrès ?

1. Brigitte Perucca, « Espérance de vie, une croissance éternelle », *Le Monde*, 16 décembre 2010.
2. Perrine Mouterde, « Coronavirus : la dégradation de la biodiversité en question », *Le Monde*, 4 avril 2020.
3. *Ibid.*
4. « La crise du Coronavirus est une crise écologique », entretien avec Coralie Schaub, *Libération*, 26 mars 2020.

Chapitre 3
Le règne de l'argent

1. Alain Supiot, *L'Esprit de Philadelphie, la justice sociale face au marché total*, Seuil, 2010.
2. Petites et moyennes entreprises.
3. Très petites entreprises.
4. Politique agricole commune.
5. Serge Latouche, *La Décroissance*, PUF « Que sais-je ? », 2019.
6. « "Le capitalisme n'est pas mort, bien sûr, mais il a de sérieux problèmes" : à Davos, des inquiétudes et des promesses », Isabelle Chaperon, *Le Monde*, 24 janvier 2020.

7. Source CSA et ministère de la Transition écologique et solidaire.

8. Pascal Demurger, *L'entreprise du XXIe siècle sera politique ou ne sera plus*, Éditions de L'Aube, 2019.

9. Site du ministère de l'Économie.

10. Alternatives économiques.

11. Ensemble des méthodes de protection des végétaux qui utilisent des mécanismes naturels. Il vise à la protection des plantes en privilégiant l'utilisation de mécanismes et d'interactions qui régissent les relations entre les espèces dans le milieu naturel.

12. ONG Bloom.

Chapitre 4
Les limites du politique

1. Adam Nossiter, *"Macron Beat Back the Coronavirus. France Is Not Impressed"*, *New York Times*, 5 juin 2020.

2. 1946-2006.

3. Processus d'évaluation mené par la Fondation Nicolas Hulot pour la Nature et l'Homme.

4. Jacques Crozemarie est le fondateur de l'ARC (Association pour la recherche sur le cancer) en 1962. En 1991, un rapport confidentiel de l'inspection générale des affaires sociales dénonce la mainmise de M. Crozemarie sur l'affectation des dons pour la recherche (28 % seulement contre 72 % pour son fonctionnement et sa publicité). Il fut condamné à quatre ans de prison pour abus de confiance et abus de biens sociaux.

5. Régis Debray, *Le Siècle vert*, Gallimard, «Tracts», 2020.

Chapitre 6
Mirage du virtuel, éloge du réel

1. « Smartphone porn use set to rise dramatically by 2020 », *The Telegraph*, 13 février 2018.
2. Bruno Patino, *La Civilisation du poisson rouge*, Grasset, 2019, p. 49.
3. *Vanity Fair*, juillet 2018.

Chapitre 7
Du « toujours plus » au mieux-être

1. « Migrations : la bombe à retardement climatique », *La Tribune*, 10 juillet 2018.
2. Seuil, 2019.
3. Naomi Oreskes et Erik M. Conway, *Les Marchands de doute*, Le Pommier, 2012.
4. Gallimard, 2006.
5. Ministère de la Transition écologique et solidaire, guide Information GES des prestations de transport.

Chapitre 8
Concilier l'unité et la diversité

4. Chiffres WWF.

Chapitre 9
Donner du sens

1. *In* Henri Bergson, *Les Deux Sources de la morale et de la religion*, Félix Alcan, 1932.
2. Matthieu Ricard, *Émerveillement*, La Martinière, 2019, p. 86.

3. « L'appel des 1 000 scientifiques, "Face à la crise écologique, la rébellion est nécessaire" », *Le Monde*, 20 février 2020.

Table

Avant-propos 9

I.	Quel progrès ?	15
II.	Tout est question de désir	46
III.	Le règne de l'argent	72
IV.	Les limites du politique	133
V.	De l'intérêt individuel au bien commun ...	227
VI.	Mirage du virtuel, éloge du réel.........	262
VII.	Du «toujours plus» au mieux-être	286
VIII.	Concilier l'unité et la diversité..........	327
IX.	Donner du sens	345

Épilogue............................ 411

Notes 415

OUVRAGES DE NICOLAS HULOT

Tabarly : 45 ans de défi, Pac, 1976.
Ces enfants qui souffrent, Pac, 1978.
Chasseur de Pôles, Albin Michel, 1989.
Les Chemins de traverse, Lattès, 1989, Pocket, 1990.
États d'âme, Lattès, 1991, LGF, 1992.
Questions de nature, Plon, 1995, Pocket, 1996.
À mes risques et périls, Plon, 1998, Pocket, 2000.
Pour que la Terre reste humaine, Seuil, 1999, Points, 2001.
Ushuaïa nature : paradis au bout du monde, Michel Lafon, 2000.
Planète nature, Michel Lafon, 2000.
Ushuaïa nature, vol. 2, Voyages au cœur de l'extrême, Michel Lafon, 2003.
Le Syndrome du Titanic, Calmann-Lévy, 2004, Le Livre de Poche, 2004.
Écoguide de A à Z : pour les juniors, Le Cherche Midi, 2004.
Ushuaïa, le grand album, Michel Lafon, 2004.
La Terre en partage : éloge de la biodiversité, La Martinière, 2005.

Graines de possibles, regards croisés sur l'écologie (avec Pierre Rabhi), Calmann-Lévy, 2005.
Pour un pacte écologique, Calmann-Lévy, 2006.
Le Syndrome du Titanic, 2, Calmann-Lévy, 2009.
Parcs nationaux en France (avec Patrick Desgraupes et Michel Fonovitch), Aubanel, 2009.
Nos années Ushuaïa, 25 ans d'émerveillement, éditions du Toucan, 2012.
Plus haut que mes rêves, Calmann-Lévy, 2013, Points, 2014.
Osons ! Plaidoyer d'un homme libre, Les Liens qui Libèrent, 2015.
Mon petit écologuide de A à Z, Le Cherche Midi, 2015.
Les Zo'é à la frontière du monde (avec Carlo Santantorio et al.), éditions de la Flandonnière, 2017.
Le Cercle vertueux (avec Vandana Shiva et al.), Actes Sud, 2018.

Vous pouvez retrouver l'actualité
de la Fondation Nicolas Hulot
pour la Nature et pour l'Homme
sur www.fnh.org

@FondationNH

OUVRAGES DISPONIBLES DE FRÉDÉRIC LENOIR

Essais et documents

Vivre! dans un monde imprévisible, Fayard, 2020, Le Livre de Poche, 2021.
Méditer à cœur ouvert, Robert Laffont, 2018, Pocket, 2019.
La Sagesse expliquée à ceux qui la cherchent, Seuil, 2018.
Le Miracle Spinoza, Fayard, 2017, Le Livre de Poche, 2019.
Lettre ouverte aux animaux (et à ceux qui les aiment), Fayard, 2017, Le Livre de Poche, 2018.
Philosopher et méditer avec les enfants, Albin Michel, 2016, Le Livre de Poche, 2020.
La Puissance de la joie, Fayard, 2015, Le Livre de Poche, 2017.
François, le printemps de l'Évangile, Fayard, 2014, Le Livre de Poche, 2015.
Du bonheur, un voyage philosophique, Fayard, 2013, Le Livre de Poche, 2015.
La Guérison du monde, Fayard, 2012, Le Livre de Poche, 2014.
Petit traité de vie intérieure, Plon, 2010 ; Pocket, 2012.

Comment Jésus est devenu Dieu, Fayard, 2010 ; Le Livre de Poche, 2012.

La Saga des francs-maçons, avec Marie-France Etchegoin, Robert Laffont, 2009 ; Points, 2010.

Socrate, Jésus, Bouddha, Fayard, 2009 ; Le Livre de Poche, 2011.

Petit traité d'histoire des religions, Plon, 2008 ; Points, 2011.

Tibet, 20 clés pour comprendre, Plon, 2008, Prix « Livres et droits de l'homme » de la ville de Nancy ; Points, 2010.

Le Christ philosophe, Plon, 2007 ; Points, 2009.

Code Da Vinci, l'enquête, avec Marie-France Etchegoin, Robert Laffont, 2004 ; Points, 2006.

Les Métamorphoses de Dieu, Plon, 2003, Prix européen des écrivains de langue française 2004 ; Plon, « L'Abeille », 2019.

L'Épopée des Tibétains, avec Laurent Deshayes, Fayard, 2002.

La Rencontre du bouddhisme et de l'Occident, Fayard, 1999 ; Albin Michel, « Spiritualités vivantes », 2001 et 2012.

Le Bouddhisme en France, Fayard, 1999.

Fiction

La Consolation de l'ange, roman, Albin Michel, 2019.
Cœur de cristal, conte, Robert Laffont, 2014 ; Pocket, 2016.

Nina, avec Simonetta Greggio, roman, Stock, 2013, Le Livre de Poche, 2014.

L'Âme du monde, conte de sagesse, NiL, 2012 ; version illustrée par Alexis Chabert, NiL, 2013, Pocket, 2014.

La Parole perdue, avec Violette Cabesos, roman, Albin Michel, 2011 ; Le Livre de Poche, 2012.

Bonté divine !, avec Louis-Michel Colla, théâtre, Albin Michel, 2009.

L'Oracle della Luna, roman, Albin Michel, 2006 ; Le Livre de Poche, 2008.

La Promesse de l'ange, avec Violette Cabesos, roman, Albin Michel, 2004, Prix des Maisons de la Presse 2004 ; Le Livre de Poche, 2006.

Le Secret, fable, Albin Michel, 2001 ; Le Livre de Poche, 2003.

Entretiens

Oser l'émerveillement, avec Leili Anvar, Albin Michel, 2016.

Sagesse pour notre temps, avec Leili Anvar, Albin Michel, 2016.

Dieu, entretiens avec Marie Drucker, Robert Laffont, 2011 ; Pocket, 2013.

Mon Dieu… Pourquoi ? avec l'abbé Pierre, Plon, 2005.

Mal de Terre, avec Hubert Reeves, Seuil, 2003 ; Points, 2005.

Le Moine et le Lama, avec Dom Robert Le Gall et Lama Jigmé Rinpoché, Fayard, 2001 ; Le Livre de Poche, 2003.

Sommes-nous seuls dans l'univers ?, avec J. Heidmann, A. Vidal-Madjar, N. Prantzos et H. Reeves, Fayard, 2000 ; Le Livre de Poche, 2002.

Entretiens sur la fin des temps, avec Jean-Claude Carrière, Jean Delumeau, Umberto Eco, Stephen Jay Gould, Fayard, 1998 ; Pocket, 1999.

Le Temps de la responsabilité. Entretiens sur l'éthique, postface de Paul Ricœur, Fayard, 1991 ; nouvelle édition, Pluriel, 2013.

Direction d'ouvrages encyclopédiques

La Mort et l'immortalité. Encyclopédie des croyances et des savoirs, avec Jean-Philippe de Tonnac, Bayard, 2004.

Le Livre des sagesses, avec Ysé Tardan-Masquelier, Bayard, 2002 et 2005 (poche).

Encyclopédie des religions, avec Ysé Tardan-Masquelier, 2 volumes, Bayard, 1997 et 2000 (poche).

Vous pouvez retrouver l'actualité
de Frédéric Lenoir sur son site
www.fredericlenoir.com
et soutenir ses actions
en faveur des enfants sur
seve.org

@FredericLenoirOfficiel

Le Livre de Poche s'engage pour l'environnement en réduisant l'empreinte carbone de ses livres. Celle de cet exemplaire est de :
300 g éq. CO₂
Rendez-vous sur
www.livredepoche-durable.fr

PAPIER À BASE DE FIBRES CERTIFIÉES

Composition réalisée par MAURY-IMPRIMEUR

Achevé d'imprimer en France par
CPI BRODARD & TAUPIN (72200 La Flèche)
en août 2021
N° d'impression : 3044447
Dépôt légal 1re publication : septembre 2021
LIBRAIRIE GÉNÉRALE FRANÇAISE
21, rue du Montparnasse – 75298 Paris Cedex 06

44/2581/8